Sprachdidaktik

Akademie Studienbücher

Sprachwissenschaft

Monika Budde, Susanne Riegler,
Maja Wiprächtiger-Geppert

Sprachdidaktik

Akademie Verlag

Die Autorinnen:

Monika Budde, Dr. phil., Jg.1962, ist Akademische Rätin am Institut für Germanistik (Schwerpunkt Sprachdidaktik) an der Universität Flensburg. Sie hat die Kapitel 2, 3, 6 und 10 verfasst.

Susanne Riegler, Dr. phil., Jg. 1973, ist Professorin für Grundschuldidaktik Deutsch an der Universität Leipzig. Sie hat die Kapitel 1, 4, 7, 8 und 9 verfasst.

Maja Wiprächtiger-Geppert, Dr. paed., Jg. 1975, ist Leiterin der Professur Deutschdidaktik am Institut Primarstufe der Pädagogischen Hochschule der FH Nordwestschweiz. Sie hat die Kapitel 5, 11, 12, 13 und 14 verfasst.

Bibliografische Information der Deutschen Nationalbibliothek
Die Deutsche Nationalbibliothek verzeichnet diese Publikation in der Deutschen Nationalbibliografie; detaillierte bibliografische Daten sind im Internet über http://dnb.d-nb.de abrufbar.

ISBN 978-3-05-004627-3
© Akademie Verlag GmbH, Berlin 2011

www.akademie-studienbuch.de
www.akademie-verlag.de

Einband- und Innenlayout: milchhof : atelier, Hans Baltzer Berlin
Einbandgestaltung: Kerstin Protz, Berlin, unter Verwendung des *Orbis sensualium pictus* (1658) von Johann Amos Comenius.
Gesamtherstellung: Druckhaus »Thomas Müntzer« GmbH, Bad Langensalza

Printed in Germany

Sprachdidaktik

1 Sprachdidaktik als wissenschaftliche Disziplin

Abbildung 1: Albert Anker: *Die Dorfschule von 1848* (1896)

Das Ölbild „Die Dorfschule von 1848" des Schweizer Malers Albert Anker zeigt die Innenansicht einer Dorfschule im 19. Jahrhundert. Der kleine Klassenraum ist mit etwa 40 Knaben und Mädchen gut gefüllt; für die nötige Disziplin sorgt der Lehrer, den Albert Anker sicher nicht von ungefähr mit einem Rohrstock in Szene gesetzt hat. Die Werkzeuge in der Ecke des Klassenraums verweisen darauf, dass der Lehrer sich neben der Schule als Handwerker ein Zubrot verdienen musste; der Lehrerberuf galt damals wenig und wurde entsprechend schlecht entlohnt. Auch eine geregelte Lehrerausbildung gab es zu dieser Zeit noch nicht – es genügte, wenn der Lehrer selbst einigermaßen über die Fähigkeiten im Lesen und Schreiben verfügte, die er im Sprachunterricht an seine Schüler weitergeben sollte.

Würden wir mit diesem Dorfschullehrer tauschen wollen? Wohl kaum. Lehramtsstudierende durchlaufen heute eine mehrjährige hochschulische Ausbildung, die sie nicht nur in fachlicher, sondern vor allem auch in fachdidaktischer Hinsicht für ihre künftige praktische Arbeit als Deutschlehrerinnen und Deutschlehrer in der Schule qualifiziert und ihnen – anders als dem Dorfschullehrer im 19. Jahrhundert – ein professionelles Unterrichtshandeln ermöglichen soll. Für den sprachunterrichtlichen Teil des Deutschunterrichts wird das entsprechende didaktische Wissen von der Sprachdidaktik bereitgestellt.

Was aber verbirgt sich eigentlich genau hinter dieser Wissenschaftsbezeichnung? Mit der Klärung einiger grundlegender Fragen kann die Sprachdidaktik als Wissenschaft genauer konturiert werden: Gefragt wird nach dem Gegenstand des Faches, seinem Selbstverständnis und nach den zentralen Aufgaben, die einer „praktischen Wissenschaft" wie der Sprachdidaktik zukommen.

In einem zweiten Schritt wird mit einem Rückblick auf wesentliche Meilensteine der jüngeren Fachgeschichte zumindest in groben Zügen nachgezeichnet, wie die Sprachdidaktik Deutsch in den letzten 60 Jahren zu dem wurde, was sie heute darstellt. Schließlich wird die jüngste Entwicklung des Faches seit Anbruch der Nach-PISA-Ära skizziert und die aktuelle Diskussion umrissen.

1.1 Gegenstand, Selbstverständnis und Aufgaben der Sprachdidaktik

1.2 Schlaglichter auf die jüngere Fachgeschichte

1.3 Sprachdidaktik nach PISA

1.1 Gegenstand, Selbstverständnis und Aufgaben der Sprachdidaktik

Die Sprachdidaktik Deutsch befasst sich mit dem Lehren und Lernen in dem Teilbereich des Deutschunterrichts, der – gegenüber dem auf literarische Lernprozesse zielenden Literaturunterricht – als *Sprach*unterricht betrachtet wird. Die an vielen Hochschulen übliche Aufspaltung der Deutschdidaktik in die beiden Teildisziplinen Literatur- und Sprachdidaktik ist der Herkunft des Faches aus der Germanistik und deren innerfachlicher Gliederung in Sprach- und Literaturwissenschaften geschuldet; als Dritte im Bunde wird gelegentlich noch eine neben Sprach- und Literaturdidaktik eigenständige Mediendidaktik Deutsch reklamiert (vgl. z. B. Frederking u. a. 2008). Eine strikte Trennung und Abgrenzung der Gegenstandsbereiche dieser Teildisziplinen ist mit Blick auf einen sich als Einheit begreifenden Deutschunterricht allerdings weder möglich noch sinnvoll: Die Berührungen und Überschneidungen sind vielfältig und führen auch im Fach selbst zu unterschiedlichen Verortungen einzelner Arbeitsfelder. So wird etwa das Lesen als Ganzes – sein Erwerb ebenso wie das Lesen literarischer und nicht-literarischer Texte – von den Einen vollständig in die Zuständigkeit der Literaturdidaktik geschlagen (vgl. Ossner 2006), von den Anderen hingegen als „genuines sprachdidaktisches Gegenstandsfeld" zu einem zentralen Bestandteil der Sprachdidaktik erklärt (vgl. Bredel u. a. 2003, S. 11). Da die Aneignung von Literatur in der Regel Lesekompetenz voraussetzt, diese aber umgekehrt nicht in der Lektüre literarischer Texte aufgeht, ist die Didaktik des Lesens eine typische Schnittstellendidaktik. Im vorliegenden Band wird der Umgang mit Texten (und mit ihm das Lesen) aus konsequent *sprach*didaktischer Perspektive thematisiert (→ KAPITEL 6; zum literarischen Lesen und seiner Didaktik → ASB LEUBNER/ SAUPE/RICHTER).

Lange Zeit war die Sprachdidaktik Deutsch ausschließlich als eine Didaktik für den Unterricht in der Muttersprache konzipiert – für einen Sprachunterricht also, der darauf baut, dass die Schüler den Gegenstand des Unterrichts – die deutsche Sprache – als Erstsprache erworben haben und somit über ein natürlich erworbenes (implizites) Sprachwissen und Sprachkönnen verfügen. Diese Voraussetzungen treffen in unserer heutigen mehrsprachigen Lebenswelt nur noch auf einen Teil der Schülerschaft zu: Über ein Viertel der an unseren Schulen lernenden Kinder und Jugendlichen haben einen Migrationshintergrund (vgl. Statistisches Bundesamt 2009); in ihren Familien

Sprachdidaktik – Literaturdidaktik

Deutsch als Muttersprache

Deutsch als Zweitsprache

11

haben sie meist primär die nicht-deutsche Herkunftssprache der Eltern erworben und nutzen diese auch weiterhin als familiäre Kom-
munikationssprache. Die deutsche Sprache ist für sie in aller Regel
die Zweitsprache.

**Sprachkompetenz
in der Zweitsprache**

Nur sehr wenige dieser Schüler beherrschen die Zweitsprache
Deutsch bei Schuleintritt auf einem dem muttersprachlichen Können
vergleichbaren Niveau. Die meisten der in Deutschland geborenen
Kinder mit nicht-deutscher Familiensprache haben das Deutsche
zwar in einer für das kommunikative Alltagshandeln hinlänglichen
Qualität erworben, für die spezifischen sprachlichen Anforderungen
der Schule – insbesondere für solche im schriftsprachlichen Bereich –
reicht ihre Sprachkompetenz in der Zweitsprache jedoch (noch) nicht
aus. Im Konzept einer muttersprachlichen Didaktik sind die Lernbedürfnisse dieser Kinder und Jugendlichen nicht vorgesehen, sodass
die vorhandenen Sprachschwierigkeiten zum Teil über die Schuljahre
hinweg bestehen bleiben – mit fatalen Folgen für die weitere Schul-
karriere und die berufliche Zukunft. Auch wenn in die bestehenden
Bildungsbenachteiligungen selbstverständlich noch weitere Faktoren
hineinspielen – allen voran die oft ungünstigen sozialen Herkunfts-
bedingungen von Kindern und Jugendlichen mit Migrationshintergrund: Die Sprachdidaktik Deutsch steht angesichts dieser vielfach
nicht-muttersprachlichen Lernvoraussetzungen vor der Aufgabe, ihren bislang vorherrschenden muttersprachlich geprägten Sprach-
begriff zu überdenken und sich der Frage anzunehmen, wie der
Sprachunterricht *allen* Kindern und Jugendlichen gleichermaßen
sprachliches Lernen ermöglichen kann. Eine Didaktik für den gemeinsamen „Unterricht in der Landessprache" (Haueis 2007) muss

**Integrative
Sprachdidaktik**

sich unter den gegenwärtigen Bedingungen als eine integrative
Sprachdidaktik verstehen, die die verschiedenen sprachlichen Lernbedingungen und -voraussetzungen systematisch in ihrer Theoriebildung berücksichtigt und somit enge Bezüge zur Zweitsprachdidaktik
aufweist (→ KAPITEL 10; zu Deutsch als Zweitsprache → ASB RÖSCH)

Was kann, was soll die Sprachdidaktik Deutsch als wissenschaftliche Disziplin leisten? Ein in der Außenwahrnehmung des Faches
(und auch im Verständnis Studierender) prominentes Missverständnis
besteht darin, Fachdidaktik sei nichts anderes als eine Methodenleh-
re, die sich vor allem damit beschäftige, *wie* Inhalte vermittelt wür-

**Das alte Zwei-
Phasen-Schema**

den. Dieses Verständnis entspricht dem Zwei-Phasen-Schema, wie es
in der Bundesrepublik bis in die 1960er-Jahre hinein und in der ehemaligen DDR bis zu ihrem Ende Gültigkeit hatte: Die Fachwissenschaft kümmert sich um die Inhalte, und die Methodik arbeitet diese

Inhalte für die entsprechenden Schulstufen auf. Eine im eigentlichen Sinne didaktische Reflexion, d. h. ein Nachdenken „über Ziele des Unterrichts, über Auswahl der Inhalte und Begründung dieser Auswahl" (Eichler / Henze 1998, S. 101) war nicht vorgesehen – gerade darin aber besteht nach heutigem Verständnis die zentrale Aufgabe einer wissenschaftlichen Fachdidaktik.

Die Wende von der praxisorientierten Methodik hin zur Didaktik der deutschen Sprache ist in der Geschichte des Fachs maßgeblich mit dem Namen Hermann Helmers verbunden. In expliziter Abgrenzung zu der „unkritischen Rezeptologie" (Helmers 1966, S. 23) der damals verbreiteten Unterrichtsmethodiken legte Helmers 1966 eine systematische Gesamtdarstellung des Faches vor, die sich an der bildungstheoretischen Didaktik des Erziehungswissenschaftlers Wolfgang Klafki orientierte. Gemäß des von Klafki postulierten Primats der Didaktik räumte er dabei der Auswahl und Begründung von Unterrichtsinhalten (= Didaktik) gegenüber methodischen Überlegungen (= Methodik) grundsätzlich Priorität ein. Methodenbezogene Fragen sind demnach nur vor dem Hintergrund didaktischer Überlegungen zu Lernzielen und geeigneten Lerninhalten sinnvoll zu beantworten. Damit ist wohlgemerkt keine Unterordnung oder gar Geringschätzung, wohl aber eine *Nach*ordnung von Methodenentscheidungen verbunden. Das alte Zwei-Phasen-Schema ist heute somit einem Modell gewichen, das die Fachdidaktik als Vermittlungs- und Reflexionsinstanz zwischen Fachwissenschaft und Methodik ins Zentrum rückt: Fachwissenschaft – Fachdidaktik – Methodik (vgl. Eichler / Henze 1998, S. 101).

Vor diesem Hintergrund lässt sich nun genauer fassen, worin die grundlegende Aufgabe einer „praktischen Wissenschaft" wie der Sprachdidaktik besteht: Sie muss ein Wissen bereitstellen, das sich bei der Lösung praktischer Probleme insofern als handlungsleitend erweist, als es den in der Praxis Handelnden angemessene, d. h. didaktisch begründete und reflektierte Entscheidungen ermöglicht (vgl. Ossner 1993, 2001). Im Kern ist die Sprachdidaktik Deutsch daher eine Wissenschaft für Lehrer, die vor allem in der hochschulischen Lehrerbildung gelehrt wird. Das dort vermittelte sprachdidaktische Wissen lässt sich im Wesentlichen auf zwei Felder beziehen: auf die Unterrichtsgegenstände und auf den Lehr-Lernprozess im institutionellen Kontext (vgl. Bredel u. a. 1999).

- Das zu lehrende Wissen über die Gegenstände beschränkt sich nicht auf deren fachwissenschaftliche Beschreibung und Erklärung, sondern betrifft vor allem ihre didaktische Modellierung als *Lern-*

Von der Methodik zur Didaktik

Fachdidaktik als Vermittlungsinstanz

Die Sprachdidaktik als „praktische Wissenschaft"

Wissen über die Gegenstände des Unterrichts

13

gegenstände. Ein didaktisch akzentuiertes Gegenstandswissen zeichnet sich dadurch aus, dass es Fragen der Vermittlung und der Aneignung angemessen berücksichtigt und hierfür auch auf Ergebnisse der relevanten Bezugswissenschaften zurückgreift.

Wissen über Lehr-Lernprozesse

- Für die Gestaltung von sprachlichen Lehr-Lernprozessen im institutionellen Rahmen von Schule und Unterricht bedarf es eines Wissens über Konzeptionen des Lehrens und Lernens in den verschiedenen sprachdidaktischen Gegenstandsfeldern und nicht zuletzt eines Wissens über geeignete Unterrichtsmethoden. Eine besonders wichtige Rolle spielt hierbei die Kenntnis fachspezifischer Verfahren, die – anders als das allgemein-schulpädagogische Methodenrepertoire von Sozialformen, Handlungsmustern und Verlaufsformen – an die Behandlung sprachlicher Lerninhalte gebunden sind (z. B. Methoden zur Überarbeitung von Texten, Lesestrategien etc.).

Sprachdidaktische Forschung

In der sprachdidaktischen Forschung werden diese Felder sowohl theoretisch als auch empirisch bearbeitet. Während die sprachdidaktische Theoriebildung insbesondere mit der Entwicklung und Diskussion von didaktischen Modellen bzw. Konzeptionen befasst ist, konzentriert sich die empirische Sprachdidaktik auf die Erforschung der Wirklichkeit des sprachlichen Lehrens und Lernens. Beide Zugänge stehen in einem engen Wechselverhältnis: Nur durch empirische Forschung können theoretisch-konzeptionelle Entwürfe rational begründet und auf ihre Tauglichkeit im Praxisfeld überprüft werden, umgekehrt ist jede Empirie auf die sorgfältige theoretische Modellierung ihrer Gegenstände angewiesen. Die zunehmende empirische Fundierung der Sprachdidaktik Deutsch ist das Ergebnis einer noch recht jungen Entwicklung, die sich zwar schon in den 1980er- und 1990er-Jahren mit einer wachsenden Zahl an empirischen Untersuchungen bemerkbar machte, aber erst nach dem PISA-Schock der

„Empirische Wende"

Jahrtausendwende endgültig zu einer „empirischen Wende" der gesamten Deutschdidaktik führte (→ KAPITEL 1.3).

In der Konsequenz dieser disziplinären Neuausrichtung hat sich das Spektrum der Nachbar- und Bezugswissenschaften der Sprachdidaktik merklich erweitert. Da sich vor allem die empirische Sprachdidaktik in ihrer Forschungsmethodik stark an den Methoden pädagogisch-psychologischer und soziologischer Forschung orientiert, haben diese Wissenschaften für die Sprachdidaktik erheblich an Bedeutung gewonnen. Eine herausragende Stellung im Gefüge der Bezugswissenschaften kommt jedoch nach wie vor den verschiedenen sprachwissenschaftlichen Teildisziplinen zu: Dies betrifft nicht nur die Linguistik als Sprachwissenschaft im engeren Sinn (vor allem Grammatik, Semantik, Pragmatik), sondern gilt in besonderem Maße für die im Überschneidungsbereich zwischen Sprachwissenschaften und kognitiver Psychologie angesiedelten psycholinguistischen Bereiche der Spracherwerbs- und Sprachprozessforschung (Schreibforschung, Leseforschung u. a.). Nicht zuletzt teilt die Sprachdidaktik ihren Gegenstand mit den Erziehungswissenschaften, was sich in der Vergangenheit besonders in einer gemeinsamen Forschungstätigkeit von Grundschulpädagogik / -didaktik und Sprachdidaktik zum sprachlichen Anfangsunterricht niedergeschlagen hat. Die Allgemeine Didaktik hingegen hat ihren früheren Status als Leitwissenschaft für alle Fachdidaktiken, wie er z. B. in Hermann Helmers' Orientierung an der bildungstheoretischen Didaktik Klafkis deutlich zum Ausdruck kam, nahezu vollständig eingebüßt. Jedoch spielen allgemeindidaktische Überlegungen in den sogenannten schriftlichen Unterrichtsentwürfen im Rahmen der schulpraktischen Studien bis heute eine zentrale Rolle (→ KAPITEL 14).

Bezugswissenschaften der Sprachdidaktik

1.2 Schlaglichter auf die jüngere Fachgeschichte

In den ersten beiden Nachkriegsjahrzehnten orientierte sich die Sprachdidaktik ausnahmslos am Konzept der „muttersprachlichen Bildung", wie es in Fortführung von Gedanken Walter Seidemanns aus den 1920er-Jahren besonders von Leo Weisgerber vertreten wurde. Seidemann hatte den Deutschunterricht auf Grundlage des Begriffs der „inneren Sprachform", den der Universalgelehrte Wilhelm von Humboldt (1767–1835) geprägt hatte, in den Dienst einer „inneren Sprachbildung" gestellt: Oberstes Ziel des Unterrichts sei die Verwirklichung der bei Humboldt so genannten „inneren Sprachform", die Seidemann selbst als „‚Synthesis' zwischen Laut und Gedanke" beschreibt – die Erziehung zu einer Sprache also, in der sprachliche Form und Inhalt sich wesenhaft in einer „idealen Einheit" wechselseitig durchdringen (Seidemann 1927, S. 33 u. 31). An diese Position konnte Weisgerber in seinen Überlegungen zum Sprachunterricht als *Das Tor zur Muttersprache* anknüpfen (so der Titel des für die Lehrerbildung der damaligen Zeit maßgeblichen Standardwerkes von 1951). Diente bei Seidemann die „innere Sprachform" als Leitbegriff, so bildete bei Weisgerber die „Muttersprache" den Dreh- und Angelpunkt aller Überlegungen: Vordringlichste Aufgabe des Sprachunterrichts sei es, das „Hineinwachsen in

Muttersprachliche Bildung

die Muttersprache" beim Kinde in der bestmöglichen Weise zu befördern. Ebenso wie Seidemann ging auch Weisgerber davon aus, dass dieses sprachliche Wachstum mit einem Hineinwachsen des Kindes in die über Jahrtausende in der Muttersprache niedergelegten Denkweisen und Werte der Sprachgemeinschaft verbunden sei, mit einem „Nachbilden des muttersprachlichen Weltbildes im Bewusstsein des Einzelnen" (Weisgerber 1951, S. 30). Zwischen Sprache, Kultur und Denken besteht nach dieser Sprachauffassung, die sich wiederum auf sprachphilosophische Überlegungen Wilhelm von Humboldts zurückführen lässt, ein enger Zusammenhang.

Orientierung an Sprachvorbildern

Für einen Sprachunterricht, der sich den hehren Zielvorstellungen muttersprachlicher Erziehung verpflichtet fühlte, war die Orientierung an herausragenden Vorbildern, insbesondere an literarischen Texten, oberstes Gebot. Auch die Lehrperson erfüllte als Sprachvorbild eine wichtige sprachbildende Funktion; sie sollte die Schüler im mündlichen Sprachgebrauch an die Normen der hochdeutschen Schriftsprache heranführen. Der gesamte Sprachunterricht hatte auf diese Weise einen ausgeprägt bewahrenden, sprachpflegerischen Charakter; alles, was nicht geeignet schien, Form und Wert der Muttersprache angemessen zu repräsentieren, galt als Bedrohung und wurde (wie z. B. Comics) entsprechend abgewertet.

Abkehr von der Sprachinhaltsforschung

In den späten 1960er-Jahren kam es, ausgelöst durch Erneuerungsbestrebungen seitens der fachwissenschaftlichen Bezugsdisziplin, zu einer rasanten Abkehr von dem Konzept der „muttersprachlichen Bildung". Vor allem im Ausland hatte die Sprachwissenschaft zu diesem Zeitpunkt bereits eine Vielzahl neuer Ansätze und Theorien hervorgebracht, die der von Weisgerber vertretenen Sprachauffassung eine gänzlich neue Form der Sprachbeschreibung entgegensetzten. Die moderne, strukturalistisch orientierte Linguistik interessierte sich allein für die *Form*seite der Sprache und markierte somit einen deutlichen Bruch mit der „inhaltbezogenen Grammatik" Weisgerber'scher Prägung.

„Linguistisierung"

Die linguistischen Theorieentwürfe wurden jedoch nicht nur von der Sprachwissenschaft begeistert rezipiert, sondern zogen von Beginn an auch die Sprachdidaktik in ihren Bann. Mit (aus heutiger Sicht kaum mehr nachvollziehbarer) Euphorie wurden Modelle und Verfahren verschiedener linguistischer Ansätze in Sprachbücher übernommen und für den Sprachunterricht übersetzt, ohne diese Übernahme jedoch didaktisch und pädagogisch hinreichend zu reflektieren. Die noch junge Sprachdidaktik dieser Jahre verstand sich als reine Abbild- oder Umsetzungsdidaktik und beschränkte sich auf die didaktisch-methodische Aufbereitung von Erkenntnissen, die sie aus der Fachwissenschaft übernahm.

Diese im Rückblick häufig als „Linguistisierung" beschriebene sprachdidaktische Episode war allerdings nur von kurzer Dauer. Bereits ab 1970 zeichnete sich ein erneuter Paradigmenwechsel ab, der die weitere Entwicklung der Sprachdidaktik wesentlich beeinflusste: Die sogenannte „kommunikative Wende" markierte die entschiedene Hinwendung der Sprachdidaktik zu Fragen der Sprachverwendung und – damit verbunden – zu den konkreten sozialen Situationen, in denen Sprache als Mittel der Kommunikation von verschiedenen Menschen mit jeweils unterschiedlichen Absichten gebraucht wird. Diese sprachdidaktische Neuorientierung bezog ihre Impulse im Wesentlichen aus einer Entwicklung, die sich nahezu zeitgleich in der Linguistik vollzog (die sogenannte „pragmatische Wende"). Eine grundlegende Erkenntnis der zur Linguistischen Pragmatik weiterentwickelten Sprachwissenschaft bezog sich auf den *Handlungs*charakter sprachlicher Äußerungen, wie er sich vor allem aus der Sprechakttheorie ableiten ließ: Sprachgebrauch wurde als eine spezifische, nämliche symbolische Form des (sozialen) Handelns interpretiert und folglich als „sprachliches Handeln" bestimmt (vgl. Maas / Wunderlich 1972). Ein solch umfassendes Verständnis von „Kommunikation" spielte für die Begründung und Fundierung von Ansätzen einer kommunikativen Sprachdidaktik eine zentrale Rolle, ohne jedoch die sprachwissenschaftlichen Erkenntnisse unmittelbar für den Schulgebrauch zu didaktisieren. Die Sprachdidaktik der 1970er-Jahre positionierte sich selbstbewusst nicht länger als Abbild-, sondern als Anwendungsdidaktik (vgl. Becker-Mrotzek 1997).

Für die verschiedenen sprachdidaktischen Konzeptionen, die sich im Zuge der kommunikativen Wende herausbildeten, war „Kommunikation" der neue didaktische Schlüsselbegriff, der zugleich eine klare gemeinsame Zielrichtung für den Sprachunterricht vorgab: Die Schüler sollten befähigt werden, in allen für sie bedeutsamen Situationen angemessen zu kommunizieren, also so zu sprechen oder zu schreiben, dass sie ihre Intentionen unter Berücksichtigung des jeweiligen Adressaten und der sonstigen situativen und sozialen Rahmenbedingungen verwirklichen können. Der Unterricht sollte also weit mehr leisten als nur Wissen zu vermitteln; angestrebt wurde nicht weniger als der Erwerb von „kommunikativer Kompetenz", die die Schüler dafür ausrüstet, komplexe soziale Situationen zu bestehen und mitzugestalten. Hierfür musste der Sprachunterricht so organisiert werden, dass er kommunikatives Handeln in typischen und rele-

„Kommunikative Wende"

Kommunikative Sprachdidaktik

vanten Kommunikationssituationen ermöglicht. Dies wurde in den verschiedenen Ansätzen auf unterschiedliche Weise zu realisieren versucht: Während etwa Detlef C. Kochan mit seiner Methode des sprachdidaktischen Rollenspiels auf ein Probehandeln in fiktiven Sprachhandlungssituationen setzte (vgl. Kochan 1974), wandten sich andere entschieden gegen den Simulationscharakter solcher „Stell-dir-vor-Situationen" und favorisierten stattdessen ein Sprachhandeln mit Ernstfallcharakter in einem konsequent projektorientierten Sprachunterricht (vgl. Behr u.a. 1975). Bei alldem rückte auch die Art und Weise des kommunikativen Umgangs in der Klasse verstärkt in den Fokus der Aufmerksamkeit: Der Unterricht selbst sollte als intensive kommunikative Lernsituation genutzt werden, in der schrittweise ein zunehmend symmetrischer Kommunikationsstil verwirklicht und Meinungsverschiedenheiten, Missverständnisse und Konflikte metakommunikativ bearbeitet werden (vgl. Boettcher u.a. 1976).

„Kognitive Wende"

Eine weitere bedeutsame Neuorientierung der Sprachdidaktik machte sich seit den 1980er-Jahren bemerkbar. Angeregt durch die bereits in den späten 1960er-Jahren eingeleitete „kognitive Wende" in der Lernpsychologie richtete die Sprachdidaktik ihr Augenmerk zunehmend auf die Lernenden und die individuellen Prozesse des sprachlichen Lernens. In klarer Abkehr von den bislang vorherrschenden behavioristischen Lernvorstellungen wurde Lernen nicht länger als bloßer Reiz-Reaktions-Mechanismus modelliert, sondern im Sinne des kognitiven Paradigmas als selbstgesteuerte, konstruktive innere Tätigkeit begriffen, die ein aktives Subjekt voraussetzt. Vor diesem Hintergrund rückte die Frage nach den kognitiven Prozessen, die im Kopf des Sprechers bzw. Schreibers ablaufen, in den Fokus des sprachdidaktischen Interesses: „Was tun wir und worauf sind wir als Voraussetzungen angewiesen, wenn wir sprechen und schreiben oder wenn wir hörend und lesend Sprache verstehen?" (Eisenberg/Klotz 1993, S. 5)

Dieses neue Interesse an der Innenperspektive des sprachlich handelnden Subjekts führte – anders als die „kommunikative Wende" der frühen 1970er-Jahre – zu keiner Wende im Sinne einer programmatischen Neuausrichtung. Bei der „kognitiven Wende" handelte es sich vielmehr um eine kontinuierliche, allmähliche Entwicklung, die jedoch im Laufe der 1980er- und 1990er-Jahre in allen Bereichen des Sprachunterrichts deutlich spürbar wurde. Als gemeinsamer Nenner der Akzentverschiebungen kann das Bemühen um einen stärker lernerorientierten Unterricht hervorgehoben werden: Aufgabe der Lehr-

Lernerorientierte Sprachdidaktik

personen in einem kognitivistisch ausgerichteten Sprachunterricht ist es, die Eigenaktivität der Schüler anzuregen und somit die Konstruktionsleistungen der Lernenden gezielt zu unterstützen.

Eine wichtige Errungenschaft der „kognitiven Wende" ist nicht zuletzt das bis heute ungebrochene Interesse für die metasprachlichen Fähigkeiten (d. h. für das Nachdenken *über* Sprache) und – damit eng zusammenhängend – für die Sprachbewusstheit von Lernenden. Wurde die didaktische Bedeutsamkeit dieses kognitiven Konstrukts anfangs vor allem mit Blick auf den Schriftspracherwerb und grammatisches Lernen diskutiert, so wird Sprachbewusstheit heute zunehmend als zentrale Kategorie für den Sprachunterricht als Ganzen angesehen (vgl. Neuland 2002, S. 5) und sogar als „Leitbegriff der Deutschdidaktik" herausgestellt (Ossner 2006, S. 59; → KAPITEL 2.3).

Sprachbewusstheit als zentrale kognitive Kategorie

1.3 Sprachdidaktik nach PISA

Die jüngste Entwicklung seit 2000 steht ganz im Zeichen der durch den PISA-Schock ausgelösten bildungspolitischen Debatte um Kompetenzen und Standards. Das schlechte Abschneiden Deutschlands in der ersten internationalen Lesevergleichsstudie PISA (2000) hatte zu einer massiven Kursänderung in der Bildungspolitik geführt, die häufig mit der Formel „von der Input- zur Outcome-Orientierung" beschrieben wird. Demnach legen administrative Vorgaben zur Steuerung von Bildungsprozessen (z. B. Lehrpläne) nicht länger fest, welche konkreten Inhalte im Unterricht eines Jahrgangs zu behandeln sind (*input*), sondern benennen stattdessen Kompetenzen, die von den Schülern im Unterricht erworben werden sollen (*outcome*). Dabei wird davon ausgegangen, dass diese in Form von Kompetenzen beschriebenen kognitiven Fähigkeiten und Fertigkeiten die Schüler dafür ausrüsten, in gegenwärtigen und zukünftigen Lebenssituationen angemessen zu handeln. Nach der inzwischen fast klassisch gewordenen Definition des Psychologen Franz E. Weinert lassen sich Kompetenzen in diesem Sinne wie folgt beschreiben:

Von der Input- zur Outcome-Orientierung

„Unter Kompetenzen versteht man die bei Individuen verfügbaren oder durch sie erlernbaren kognitiven Fähigkeiten und Fertigkeiten, um bestimmte Probleme zu lösen, sowie die damit verbundenen motivationalen, volitionalen und sozialen Bereitschaften und Fähigkeiten, um die Problemlösungen in variablen Situationen erfolgreich und verantwortungsvoll nutzen zu können." (Weinert 2001, S. 27f.)

Kompetenzbegriff

Im bildungspolitischen Diskurs wird der Kompetenzbegriff von einer Reihe weiterer Schlagworte flankiert, die auf je unterschiedliche Aspekte der Bildungsdiskussion verweisen: „Standards", „Vergleichsarbeiten" und „Aufgaben". Ein unmittelbarer Zusammenhang besteht zwischen Kompetenzen und Standards. Wie die Bezeichnung bereits deutlich macht, handelt es sich bei Standards um normative Vorgaben, die festlegen, welche Kompetenzen die Schüler bis zu einer bestimmten Jahrgangsstufe erworben haben sollen (→ KAPITEL 3.2). Um zu evaluieren, ob diese Anforderungen von den Schülern tatsächlich erreicht werden, müssen die beschriebenen Kompetenzen in konkrete Aufgaben umgesetzt und mithilfe geeigneter Verfahren (z. B. Parallel- oder Vergleichsarbeiten) überprüft werden. Standards spielen folglich für die von der Bildungspolitik intendierte outcome-orientierte Steuerung des Bildungssystems eine zentrale Rolle.

Standards

In der Fachdidaktik Deutsch wurde der bildungspolitische Aufruf zu einer kompetenzorientierten Neuausrichtung des Fachs sehr ambivalent aufgenommen. Zwar besteht heute weitgehend Einigkeit darüber, dass eine verstärkte Kompetenzorientierung für die weitere Qualitätsentwicklung von Deutschunterricht sinnvoll und auch notwendig ist. Die Kritik am Kompetenzbegriff richtet sich jedoch gegen die Verkürzung des Bildungsanspruchs von Schule auf die Verfügbarkeit von nützlichen, mit Blick auf das spätere Arbeitsleben verwertbaren Fähigkeiten und Fertigkeiten: Auch wenn die Vermittlung von Kompetenzen zweifellos eine zentrale Aufgabe von Schule darstellt, so gelte es doch im Auge zu behalten, „dass sich Schule dem Anspruch auf Menschenbildung stellen muss; diese greift über das, was in Kompetenzmodellen beschreibbar ist, hinaus" (Spinner 2008, S. 220).

Kritik am Kompetenzbegriff

Bei aller Kritik an der Unzulänglichkeit einer blinden Kompetenzorientierung darf nicht übersehen werden, dass der Kompetenzbegriff fraglos eine neue, für alle an Schule Beteiligten erhellende Sicht auf schulische Bildungsprozesse eröffnet: „Die Kompetenz wäre kein Fahnenwort, wenn nicht damit auch eine Verheißung verbunden wäre [...]." (Abraham u. a. 2007, S. 6) Die Ausrichtung an Kompetenzen hat nicht nur eine grundsätzliche Debatte darüber ins Rollen gebracht, welches Können Schüler im Sprachunterricht im Einzelnen erwerben sollen, sondern auch den Blick für den Unterricht selbst noch einmal geschärft: Wie lassen sich sprachliche Kompetenzen von Schülern möglichst genau erfassen? Und vor allem: Wie kann die Aneignung von Kompetenzen durch die Gestaltung von „kompetenzorientiertem Sprachunterricht" bzw. entsprechenden

Kompetenz-orientierter Sprachunterricht

Lernaufgaben sinnvoll unterstützt werden? Die Klärung dieser Fragen ist für die Qualitätsverbesserung von Unterricht zweifellos von größter Bedeutung.

Ein kompetenzorientierter Sprachunterricht setzt allerdings voraus, dass die angestrebten sprachlichen Kompetenzen mit Blick auf bestimmte Handlungsbereiche (z. B. Lesen, Schreiben) aufgeschlüsselt und differenziert beschrieben werden. Die Entwicklung von bereichsspezifischen Kompetenzmodellen, die Auskunft geben über zugehörige Teilkompetenzen und ggf. auch Kompetenzstufen, stellt eine der Kernaufgaben gegenwärtiger deutschdidaktischer Forschung dar (für die Literaturdidaktik: → ASB LEUBNER/SAUPE/RICHTER). Solche Kompetenzmodelle können Lehrpersonen dabei helfen, das Können ihrer Schüler einzuschätzen und zu beschreiben; sie bieten eine dem Lerngegenstand angemessene Folie, die die Einordnung von erbrachten Leistungen ermöglicht und Bereiche zukünftiger Entwicklung aufzeigt. Kompetenzen sind in dieser Hinsicht „Ausgangs- und Zielgröße des Lernens" gleichermaßen (Abraham u. a. 2007, S. 8).

Kompetenzmodelle als Voraussetzung

Dennoch gilt es zu bedenken, was in den zahlreichen kritischen Einwürfen zu der geforderten Kompetenzorientierung immer deutlicher zum Ausdruck kommt: Die Vermittlung von Kompetenzen im Deutschunterricht bedarf unbedingt einer gemeinsamen Grundorientierung, mithin einer übergreifenden Zielvorstellung, die auch als kritisches Korrektiv gegenüber den von außen an die Didaktik herangetragenen Erwartungen fungiert. Erst ein solcher „Denkrahmen" begründet und legitimiert die Fähigkeiten und Fertigkeiten, die für das Fach Deutsch als Kompetenzziele formuliert werden; er definiert quasi „das innere Feld, innerhalb dessen in einer Disziplin gedacht werden sollte" (Ossner 2001, S. 29). In deutlicher Abgrenzung zum Kompetenzbegriff wird neuerdings der Begriff der „Bildung" als notwendiger Denkrahmen für die Deutschdidaktik neu ins Spiel gebracht (vgl. Härle/Rank 2008). Das Konzept der sprachlich-literarischen Bildung steht für eine Zielvorstellung von Deutschunterricht, der nicht in der Vermittlung fachspezifischer Kompetenzen aufgeht, sondern sich einer übergreifenden Erziehungsidee verpflichtet fühlt (→ KAPITEL 2). Der Sprachdidaktiker Reinold Funke hat diese Zielvorstellung für das sprachliche Lernen wie folgt beschrieben:

Notwendigkeit eines „Denkrahmens"

> „Wenn man von sprachlicher Bildung redet, so weist man damit auf eine Herausforderung hin – sich nämlich auf ein sprachliches Lernen einzulassen, das daraus entsteht, dass im eigenen Sprechen-Können angelegte Potentiale sich entfalten [...]." (Funke 2008, S. 9)

Fragen und Anregungen

- Zeigen Sie auf, welche Aufgaben die Sprachdidaktik als wissenschaftliche Disziplin erfüllt.

- Nennen und erläutern Sie wesentliche Etappen der jüngeren Fachgeschichte. Welche Neuorientierungen sind für die großen „Wenden" in der Entwicklung der Sprachdidaktik kennzeichnend?

- Stellen Sie dar, welche Chancen, aber auch welche Risiken mit der verstärkten Kompetenzorientierung des Faches in der Nach-PISA-Ära verbunden sind.

Lektüreempfehlungen

- **Michael Becker-Mrotzek: Zum Verhältnis von Sprachwissenschaft und Sprachdidaktik**, in: Didaktik Deutsch 2, 1997, Heft 3, S. 16–32. *Grundlegender Beitrag, der schlaglichtartig die Entwicklung des Verhältnisses der Sprachdidaktik zu ihrer fachwissenschaftlichen Bezugsdisziplin aufzeigt.*

- **Dietrich Boueke: Fachdidaktik Deutsch in den neunziger Jahren. Anmerkungen zu ihrem Woher und Wohin**, in: Petra Josting / Jan Wirrer (Hg.), Bücher haben ihre Geschichte, Hildesheim 1996, S. 79–91. *Lesenswerter Überblick über die Entwicklung der Deutschdidaktik in den 1970er-, 1980er- und 1990er-Jahren.*

- **Jakob Ossner: Praktische Wissenschaft**, in: Albert Bremerich-Vos (Hg.), Handlungsfeld Deutschunterricht im Kontext, Frankfurt a. M. 1993, S. 186–199. *Wissenschaftstheoretische Reflexion über die Aufgabe einer Fachdidaktik Deutsch.*

- **Kaspar H. Spinner: Sprachlich-literarische Bildung oder Lese-, Sprech- und Schreibkompetenz?**, in: Gerhard Härle / Bernhard Rank (Hg.), „Sich bilden ist nichts anders, als frei werden." Sprachliche und literarische Bildung als Herausforderung für den Deutschunterricht, Baltmannsweiler 2008, S. 211–223. *Kritische Auseinandersetzung mit dem Begriff der sprachlich-literarischen Bildung im Kontext des Kompetenzbegriffs.*

2 Ein Denkrahmen für den Sprachunterricht

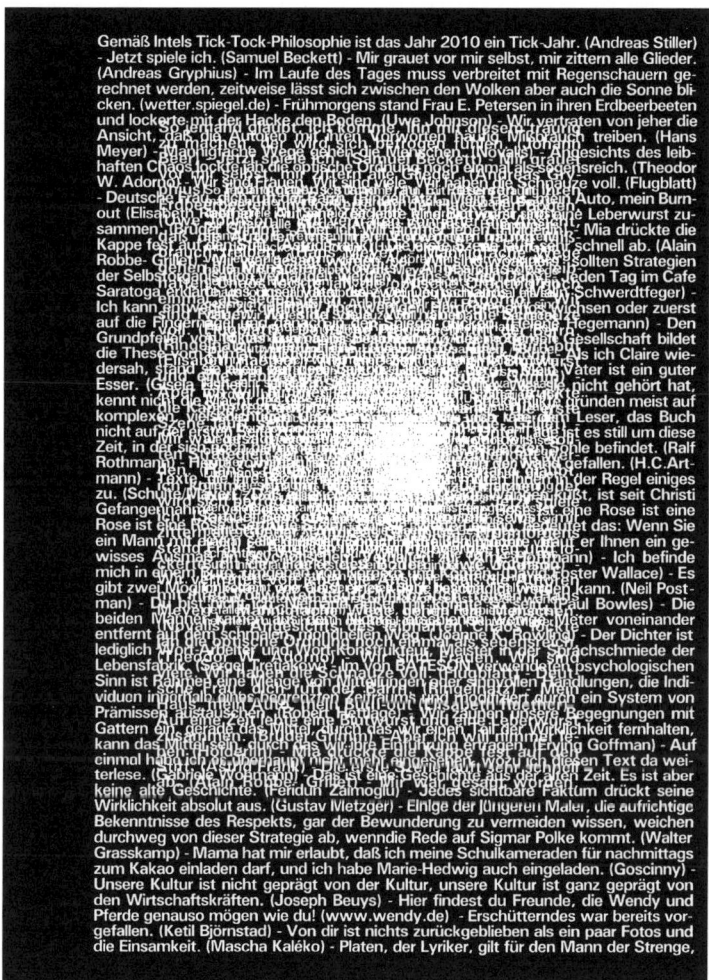

Abbildung 2: Rahmen (Grafik: Mathias Luhmann)

Die Abbildung lässt den Blick des Betrachters wandern. Er muss sich nicht festlegen. Er kann beginnen mit der ersten Spalte oder Zeile, sie lesen und verstehen wollen. Er findet Schrift und Form: Äußerungen von Menschen, aneinandergereiht, situationsentbunden; immer kleiner werdende Vierecke, aufeinandergelegt, umrahmend. Wörter und Buchstaben überlagern sich und bilden zur Bildmitte hin eine graue, helle, fast weiße Fläche, die weitere, dahinter liegende Fernen ahnen lässt. In diesem scheinbaren Wirrwarr von Hell und Dunkel, von Wörtern und Äußerungen werden gedankliche Anschlüsse verwehrt, neue konstruiert, spielerische Assoziationen ermöglicht. All das unterliegt einer genauen typografischen Struktur und Ordnung, die das Spiel mit Schrift, Form und Bedeutung erst ermöglicht. Die Gedanken des Betrachters können fortschweifen, doch sein Blick ist gebunden an den äußeren schwarzen Rahmen, den diese Anordnung von Schrift ihm vorgibt. Er ist Begrenzung, Orientierung und Spielraum zugleich.

Die Bedeutung der Sprache steht im Mittelpunkt der Überlegungen dieses Kapitels. Sie zielen darauf, einen Denkrahmen zu gewinnen, innerhalb dessen verständlich wird, welche Bedeutung das sprachliche Lernen in der Schule für die lernenden Menschen hat.

Der Gedankengang lässt sich im Überblick wie folgt skizzieren: Aufgrund dessen, was wir über die Entwicklung der Sprache im Laufe der Menschheit und ihre Rolle in kommunikativen Situationen wissen, können wir annehmen, dass sie von besonderer Bedeutung für die Ausbildung von Persönlichkeit ist. Das hat, wie ein Blick auf sprachwissenschaftliche Modelle der Funktionen von Sprache zeigt, damit zu tun, dass wir uns mit sprachlichen Zeichen wiederum auf sprachliche Zeichen beziehen können. Sprachliche Reflexivität und Sprachbewusstheit sind also als Möglichkeiten in der Sprache selbst angelegt. Daraus lässt sich das zentrale Ziel des Sprachunterrichts ableiten und begründen: die Befähigung der Schüler zu einem reflexiven Sprachgebrauch.

2.1 Sprache und Mensch

2.2 Funktionen von Sprache

2.3 Sprachreflexion und Sprachbewusstheit

2.4 Reflexives Sprachhandeln als Leitziel

2.1 Sprache und Mensch

Der Mensch hat im Laufe seiner Entwicklungsgeschichte ein Merkmal herausgebildet, das ihn von allen anderen Lebewesen unterscheidet: Er verfügt über Sprache. Mittels der Sprache kann der Mensch mit anderen in Kontakt treten und sich mit ihnen über Vorstellungen, Erfahrungen und Sichtweisen bezogen auf die vergangene, heutige und zukünftige Welt und Kultur verständigen. Er kann seine Erkenntnisse, Erfahrungen und Gedanken schriftlich aufzeichnen, um sie zu strukturieren, zu konservieren und an andere weiterzugeben. Zudem kann er sich an der Vielgestaltigkeit der Sprache, ihrer Schönheit und Ausdruckskraft erfreuen und – insbesondere durch die Literatur – Zugang zu neuen und fremden Gedankenwelten finden. Mittels der Sprache findet der Mensch auch seine Zugehörigkeit zur Gemeinschaft, denn er ist ein soziales Wesen, das gemeinsam mit anderen überleben und zusammenleben will und muss.

Die Sprachfähigkeit des Menschen hat sich im Laufe der Evolution stufenweise entfaltet und verfeinert. Dabei liegen die Anfänge der Sprachtätigkeit vermutlich weiter zurück, als lange angenommen: Bereits der vor ca. 1,9 Mio. bis 0,4 Mio. Jahren lebende Homo erectus war, wie aufgefundene Objekte mit Ritzzeichen belegen, zu symbolischer Tätigkeit in der Lage und verfügte somit über eine elementare Vorbedingung für den Gebrauch von Sprache. Mit Sicherheit lässt sich allerdings erst für den vor ca. 400 000 bis 30 000 Jahren lebenden Neandertaler nachweisen, dass er Sprache verwendete. Auch wenn die Protosprache des archaischen Menschen noch sehr viel weniger komplex war als die des modernen Menschen, bedeutete der Übergang von der Verständigung mit Gesten zu verbaler Kommunikation doch einen erheblichen Fortschritt: Erst durch die Kommunikation mittels Sprache wurde menschliches Handeln möglich, das über die elementaren Bedürfnisse der Anpassung an die Umwelt zum Zwecke des Überlebens hinausging (vgl. Haarmann 2006, S. 27–34).

Sprachentwicklung in der Menschheitsgeschichte

Die sich im Laufe der Evolution entwickelnde Sprache trug dazu bei, den Menschen zu zwei Leistungen zu befähigen: zum einen zur Bewältigung von Alltagsproblemen und zum anderen zur Tradierung von Erfahrungsinhalten, verbunden mit der Möglichkeit, Ideen zu überliefern (vgl. Haarmann 1996, S. 219–222). Die Ritzzeichen des Homo erectus zeugen von dem Bedürfnis, sich Aufzeichnungen über Wild- und Früchtevorkommen, Jahreszeiten, über gefahrvolle und ungefährliche Gebiete zu machen. Sie lassen vermuten, dass schon damals Sprache genutzt wurde, um Alltagsprobleme zu bewältigen.

Evolutionäre Bedeutung von Sprache

Spätere Höhlenzeichnungen des Homo sapiens belegen die Verwendung von Symbolen, die offensichtlich mehr als das leisten: Sie nehmen auf nicht-alltägliche Erlebnisse wie Geburt, Tod und Not Bezug, aber auch auf Nicht-Präsentes, wie es in Mythen, magischen Vorstellungen, Fantasien und Träumen vergegenwärtigt wird.

Mit dem Zusammenschluss der Menschen zu Gemeinschaften, insbesondere um das Zusammenleben nach innen und nach außen abzusichern, kam eine weitere Leistung der Sprache hinzu: Es mussten Verabredungen getroffen und Regeln des sozialen Miteinanders ausgebildet werden. Das macht eine Verständigung notwendig, die sich u. a. darauf bezieht, die eigenen Gedanken, Bedürfnisse und Bestrebungen mitzuteilen, psychische und physische Sachverhalte zu erklären, gemeinsame Vorhaben zu planen, auf den Partner einzuwirken und Beziehungen herzustellen sowie aufrechtzuerhalten (vgl. Hildebrand-Nilshon 1980). Diese Art der sprachlichen Verständigung ist gemeint, wenn im Folgenden von kommunikativen Fähigkeiten die Rede ist.

Die drei genannten Leistungen, zu denen Menschen durch die Sprache befähigt werden, sind auch erkennbar, wenn man den Spracherwerb eines einzelnen Menschen betrachtet. Das Kind erwirbt die Sprache seiner Gemeinschaft bzw. der Kultur, in der es lebt, durch die Interaktion mit seinen Bezugspersonen. Dabei äußert es zunächst konkrete Bedürfnisse, deren Artikulation das Überleben sichert und Alltagsprobleme löst, wie Nahrung zu bekommen oder die Nähe der Mutter herbeizuführen. Später lernt das Kind, dass mit den Wörtern Bedeutungen vermittelt werden, die sich nicht nur auf konkrete und aktuell vorhandene Dinge beziehen, sondern auch auf Sachverhalte und Gegenstände, die außerhalb der konkreten Sprechsituation liegen, wie auf Erfahrungen und Empfindungen, auf Zukünftiges und Vergangenes. Sprache erhält Symbolcharakter und wird außer zur Alltagsbewältigung auch zur Tradierung von Erfahrungsinhalten genutzt. Auf diese Weise erlernt das Kind im Sprechen kulturelle Inhalte, und es erlernt auch, wie es in der gegebenen Kultur durch die Sprache seine Absichten verwirklichen kann (vgl. Bruner 2002).

Schließlich werden durch die Interaktion mit anderen auch kommunikative Fähigkeiten erworben. In Situationen, in denen Menschen mit dem Kind sprechen und in denen es Gesprächen anderer zuhören kann, erwirbt es neue Begriffe und lernt, sein immer größer werdendes Erfahrungsspektrum in komplexer werdenden sprachlichen Äußerungen umzusetzen. Das Kind möchte verstanden werden und die Äußerungen der anderen verstehen können. Mit der Sprache vergewissert es sich über die Gegebenheiten seiner Umwelt und über die Zugehörigkeit

Spracherwerb des Kindes

Erwerb kommunikativer Fähigkeiten

zu seiner Familie und später auch zu seiner Peergroup. Indem es diese Zusammenhänge in Interaktionssituationen gleichzeitig mitgestaltet, entwickelt sich seine Persönlichkeit (vgl. Veith 2005, S. 54–59).

Persönlichkeit hat einen sozialen Aspekt, das heißt sie muss im Umgang mit anderen dargestellt werden und sich bewähren. Dieser soziale Aspekt kann mit dem Begriff der Identität beschrieben werden. Eine grundlegende, bereits in den 1930er-Jahren entwickelte Theorie der Identitätsentwicklung stellt der Symbolische Interaktionismus des Sozialpsychologen George Herbert Mead dar. Identität bildet sich nach seiner Auffassung durch die Interaktion mit anderen heraus, und zwar in der symbolisch vermittelten (also im Wesentlichen *sprachlichen*) Kommunikation, wie sie allein dem Menschen möglich ist.

Die Identitätstheorie von George H. Mead

Als wesentliche Besonderheit menschlicher Kommunikation stellt Mead die Fähigkeit des Menschen zur Rollenübernahme heraus („taking the role of the other"): Im Unterschied zum Tier ist der Mensch in der Lage, sich denkend in die Rolle des Anderen zu versetzen, seine möglichen Reaktionen auf ein bestimmtes Verhalten zu antizipieren und das eigene Handeln daran zu orientieren. Indem *alle* an der Kommunikation Beteiligten ihr Handeln auf diese Weise interpretieren und aufeinander beziehen, verschränken sich wechselseitig deren Perspektiven und Haltungen. In diesem permanenten Prozess der wechselseitigen Rollenübernahme in der sozialen Kommunikation liegt für Mead der Schlüssel für die Erklärung der Entstehung von Identität: Seine Kernthese ist, dass das Individuum sich seiner selbst bewusst wird, indem es sich mit den Augen der anderen betrachtet.

Rollenübernahme

Mead verdeutlicht die besondere Rolle, die dem Symbolsystem Sprache für den Prozess der Ausbildung von Identität zukommt, indem er es einem Zeichengebrauch gegenüberstellt, den er als gestisch bezeichnet und der sich bereits bei Tieren findet. Wenn etwa ein Hund einem anderen durch Aufstellen der Nackenhaare signalisiert, dass er zum Angriff bereit ist, dann kann der andere Hund auf diese Geste reagieren, indem er seinerseits angreift oder sich zurückzieht – für den Hund selbst jedoch, der die Geste hervorgebracht hat, ist es unmöglich, sein eigenes Verhalten wahrzunehmen und darauf zu reagieren. Er signalisiert zwar dem anderen Hund etwas, aber nicht sich selbst.

Besonderheit des Symbolsystems Sprache

Anders ist dies bei vokalen Gesten, die nach Mead eine Vorstufe zur spezifisch menschlichen, symbolisch vermittelten Kommunikation darstellen. Hier kann derjenige, der die Geste hervorbringt, sie selbst wahrnehmen. Das führt, wie Mead annimmt, zunächst einmal nur dazu, dass er selbst ebenfalls von ihr beeinflusst wird. Im Beispiel des Hundes würde das heißen, dass ein Hund, der bellt, auf sein eigenes Bellen mit Erschrecken reagieren müsste (was durchaus vorzukommen scheint). Darüber hinaus ist in der Reaktion auf die eigene vokale Geste aber eine evolutionär völlig neue Möglichkeit angelegt: Derjenige, der die Geste gebraucht, vermag zu antizipieren, welche Reaktion sie beim anderen auslösen wird, da er diese Reaktion bei sich selbst erlebt. Wenn das der Fall ist, gewinnt die Geste eine Bedeutung nicht nur für den anderen, an den sie gerichtet ist, sondern auch für den, der sie gebraucht.

Möglichkeit der Antizipation von Reaktionen

Die vokale Geste wird zum sprachlichen Symbol, wenn sie wechselseitig gleich verstanden wird, also beim anderen dieselbe Vorstellung hervorruft wie im Erzeuger selbst. Wenn ein Mensch einem anderen z. B. eine Emotion ausdrücken will, so kann er sie durch sprachliche Zeichen kommunizieren und so bei sich selbst und dem anderen ein- und dieselbe mit Sinn belegte Reaktion auslösen. Seine Emotion wird somit nicht nur dem anderen zugänglich, sondern (sozusagen im „Umweg" über das Gegenüber) auch ihm selbst. Das gibt ihm eine besondere Möglichkeit: Er kann zu seiner Emotion Stellung beziehen. Diese Ausbildung von Bewusstsein, die durch die Sprache möglich wird (Mead spricht von „self-consciousness"), unterscheidet den Menschen von anderen Lebewesen, denen nur gestische Zeichen zur Verfügung stehen.

Ausbildung von Bewusstsein

Entscheidend ist also, dass nach Mead das Sprechen zu anderen immer auch als ein Sprechen zu sich selbst zu verstehen ist. Indem eine Person im Prozess der Kommunikation etwas mitteilt, „so sagt sie zu sich selbst, was sie zu den Anderen sagt" (Mead 1995, S. 189) und befindet sich damit gewissermaßen „selbst in der Rolle der anderen Person, die sie auf diese Weise anregt und beeinflusst" (Mead 1995, S. 300). Das Individuum ist in diesem Sinne gleichzeitig Subjekt und – indem es sich sozusagen selbst aus der Sicht der anderen beobachtet – Objekt seines eigenen Handelns. Genau darin liegt in den Augen Meads die entscheidende Voraussetzung für die Entwicklung von Identität: Durch den Bezug auf andere gewinnt der Mensch (um bei dem gewählten Beispiel zu bleiben) die Chance, eine Weise des Umgangs mit seiner Emotion auszubilden, die nicht nur *seinen* Bedürfnissen Rechnung trägt, sondern mit der er auch in der Gesellschaft bestehen kann. Mit anderen Worten: Er bildet eine soziale Identität aus. Er lernt, die Art, wie er sich sieht, mit der Art, wie andere ihn sehen, soweit in Einklang zu bringen, dass er nicht für sich und andere zwei völlig verschiedene Personen darstellt.

Sich selbst mit den Augen der anderen sehen

Mit den Überlegungen von Mead liegt ein Theorieansatz vor, der überzeugend herausstellt, welch besondere Bedeutung der Sprache – und damit auch dem sprachlichen Lernen – für die Persönlichkeitsentwicklung des Menschen zukommt. Nimmt man Meads Grundthese

28

ernst, so steht außer Frage, dass es Aufgabe der Schule sein muss, die sprachlichen Fähigkeiten von Heranwachsenden über den spontanen vorschulischen Spracherwerb hinaus zu entwickeln und zu fördern.

2.2 Funktionen von Sprache

Welche Rolle der Sprache in kommunikativen Situationen zukommt, ist eine Frage, die auch die Sprachwissenschaft immer wieder beschäftigt hat. Es ist aus dem Alltag bekannt, dass die Sprache im Rahmen des menschlichen Handelns verschiedene Funktionen erfüllt: Sprachliche Äußerungen können sich z. B. darauf beziehen, Unmut oder Ärger zu äußern, sie können das Interesse verfolgen, den Interaktionspartner zu einem bestimmten Verhalten zu veranlassen, ihn von etwas zu überzeugen oder ihn zu erfreuen. Sprache kann dazu genutzt werden, die Aufmerksamkeit des anderen zu erhalten, aber auch, um die Gedanken und Überzeugungen des anderen zu erfahren. Eine weitere Funktion besteht darin, sich über das Geäußerte und über die Sprache selbst zu verständigen.

Vielfalt der Sprachfunktionen als Alltagserfahrung

Die Sprachwissenschaft versucht, diese Vielfalt der Funktionen von Sprache im menschlichen Leben systematisch zu beschreiben. Das bekannteste Modell der Sprachfunktionen ist das sogenannte Organonmodell (griechisch *organon*: Werkzeug) des Sprachtheoretikers Karl Bühler aus dem Jahr 1934 (→ ABBILDUNG 3). Er unterscheidet drei charakteristische Sprachfunktionen, in denen jeweils *eine* der im Modell symbolisierten Bezugsgrößen des sprachlichen Zeichens (Sender, Empfänger oder referierte Gegenstände und Sachverhalte) im Vordergrund steht: Darstellung, Ausdruck oder Appell.

Bühlers Organonmodell

Die Darstellungsfunktion überwiegt, wenn die referierten Gegenstände und Sachverhalte im Mittelpunkt der sprachlichen Äußerung stehen. Rückt hingegen der Sender ins Zentrum, der etwas von sich kundtun oder zum Ausdruck bringen will, dominiert die Ausdrucksfunktion. Die Appellfunktion schließlich steht im Vordergrund, wenn die Äußerung vor allem darauf zielt, auf den Empfänger einzuwirken. Grundsätzlich jedoch kommen in einer sprachlichen Äußerung stets *alle* Sprachfunktionen (nur eben in unterschiedlicher Ausprägung) zum Tragen.

In Erweiterung des Bühler'schen Organonmodells hat der russische Sprach- und Literaturwissenschaftler Roman Jakobson 1971 ein Funktionsmodell entwickelt, das die bei Bühler genannten Grundfunktionen um drei weitere Funktionen ergänzt. Anders als Bühler

Jakobsons Modell der kommunikativen Funktionen

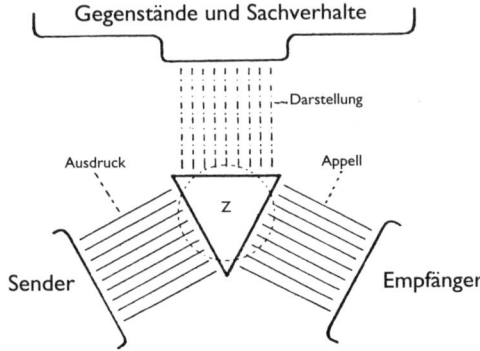

Abbildung 3: Das Organonmodell von Karl Bühler (1934)

legt Jakobson seinem Modell ein differenziertes Kommunikationsmodell zugrunde, das sechs konstitutive Faktoren umfasst (→ ABBILDUNG 4) und das Jakobson selbst wie folgt beschreibt:

> „Der *Sender* schickt eine *Nachricht* an den *Empfänger.* Um wirksam zu werden, bedarf die *Nachricht* eines *Kontextes,* auf den sie bezogen ist [...], der vom Empfänger erfasst werden kann und der wirklich oder zumindest der Möglichkeit nach in Sprache umsetzbar sein muß; dann bedarf es eines *Kode,* der ganz oder zumindest teilweise Sender und Empfänger gemein ist [...] und endlich eines *Kontaktmediums,* eines physischen Kanals oder einer psychologischen Verbindung zwischen Sender und Empfänger, die es beiden ermöglicht in Kommunikation zu treten und zu bleiben."
> (Jakobson 1971, S. 146)

Sechs Funktionen sprachlicher Kommunikation Diesen sechs Faktoren der Kommunikationssituation ordnet Jakobson sechs entsprechende Funktionen zu, die im Kommunikationsprozess als dominant hervortreten können. Den von Bühler benannten Grundfunktionen „Ausdruck", „Darstellung" und „Appell" entsprechen bei Jakobson die emotive, referentielle und konative (wörtlich: zielgerich

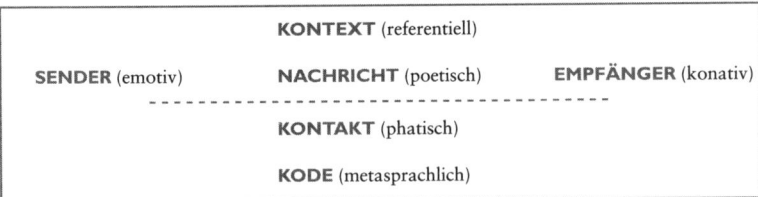

Abbildung 4: Modell der Faktoren der sprachlichen Kommunikation und die entsprechenden Kommunikationsfunktionen (nach Jakobson 1971)

tete) Funktion; hier stehen die Faktoren *Sender, Kontext* und *Empfänger* im Mittelpunkt. Hinzu kommen drei weitere Funktionen:

- Eine dominant phatische (d. h. kontaktknüpfende und -erhaltende) Funktion übernehmen Äußerungen, die primär der Herstellung und Aufrechterhaltung des *Kontakts* zwischen den Kommunikationsteilnehmern dienen (*Hörst du mich?*).
- Eine vorrangig poetische Funktion erfüllt Kommunikation dann, wenn in ihr die *Nachricht* als solche in den Fokus rückt, die Aufmerksamkeit der Kommunikationsteilnehmer also „auf die Nachricht um ihrer selbst willen" (Jakobson 1971, S. 151) gerichtet ist.
- Schließlich kann in der Kommunikation eine weitere Sprachfunktion in den Vordergrund treten, die im vorliegenden Zusammenhang von besonderem Interesse ist: die metasprachliche Funktion. Sie kommt zum Tragen, wenn sich die Aufmerksamkeit der Kommunikationsteilnehmer auf den *Kode* bzw. auf das Gesprochene richtet („Ich verstehe nicht, was du damit meinst" – „Das habe ich doch nur aus Spaß gesagt.").

Jakobsons Modell der Sprachfunktionen scheint in seiner Differenziertheit als sprachwissenschaftlicher Bezugsrahmen für die fachdidaktische Theoriebildung besonders geeignet. Das Modell zeigt sehr deutlich, dass bestimmte Umgangsweisen mit Sprache, wie sie für die Arbeit im Deutschunterricht zentral sind, nicht von außen an die Sprache herangetragen werden, sondern bereits in der Sprache selbst angelegt sind. Insbesondere der poetischen und der metasprachlichen Funktion von Sprache kommt im Deutschunterricht größte Bedeutung zu: Die poetische Funktion tritt in besonderem Maße in der Literatur zutage und spielt damit vor allem im Literaturunterricht eine herausragende Rolle (→ ASB LEUBNER / SAUPE / RICHTER). Hingegen ist die metasprachliche Funktion, wie sie in der reflexiven Beschäftigung mit Sprache und Sprachgebrauch zum Ausdruck kommt, besonders für den Sprachunterricht zentral.

Sprachwissenschaftlicher Bezugsrahmen

Zentral: die metasprachliche Funktion

2.3 Sprachreflexion und Sprachbewusstheit

Die reflexive Beschäftigung mit Sprache und Sprachgebrauch spielt allerdings nicht nur im unterrichtlichen Kontext eine wichtige Rolle. Vielmehr lässt sich auch in den unterschiedlichsten außerschulischen Situationen beobachten, dass Menschen die Sprache zum Gegenstand der Betrachtung und des Nachdenkens machen: Sprachreflexion findet zum Beispiel dann statt, wenn zwei Studentinnen sich kopfschüttelnd über sexistische Äußerungen eines männlichen Kommilitonen unterhalten, wenn ein Journalist nach einer treffenden, vielleicht auch witzigen oder provokanten Schlagzeile für seinen Leitartikel sucht oder wenn wir uns vor dem Fernseher über die Phrasendrescherei eines Talkshow-Gastes empören. Dabei ist das Nachdenken über Sprache keineswegs den Erwachsenen vorbehalten. Das Interesse an Sprache setzt Prozesse des Nachdenkens schon bei Kindern in Gang, wie z. B. die spontane Erklärung eines 4-jährigen Kindes zum (sponsorenbedingten) Namen eines Flensburger Großevents belegt: „Ich weiß jetzt, warum es Rumregatta heißt; weil die Schiffe da immer rumfahren." (Andresen / Funke 2003, S. 438) In all diesen Reflexionsprozessen steht die metasprachliche Funktion im Vordergrund.

Sprachreflexion　　Mit dem Terminus Sprachreflexion wird also ein Handeln bezeichnet, das sich auf Sprache bezieht und in dem über Sprache oder einzelne ihrer Teilaspekte nachgedacht wird. Zu diesem Zweck müssen wir sprachliche Erscheinungen isolieren, sie aus der Distanz und bewusst betrachten und gegebenenfalls in einen anderen oder größeren Zusammenhang stellen. Es handelt sich um einen deskriptiven Begriff, der bestimmte kognitive Prozesse beschreibt, „die in der Regel als offene Verbalisierung, zum Teil aber auch verdeckt innersprachlich ablaufen können" (Neuland 2002, S. 6). Letzteres ist z. B. bei dem still vor sich hin denkenden Journalisten der Fall.

Sprachbewusstheit　　Um überhaupt Sprachreflexion betreiben zu können, müssen wir einen kognitiven Modus ausbilden, der darin besteht, dass wir den Fokus auf sprachliche Phänomene richten können. Dieser wird in der Literatur zumeist mit dem Terminus Sprachbewusstheit, gelegentlich auch als Sprachbewusstsein bezeichnet. Unabhängig von der im konkreten Fall gewählten Bezeichnung muss der Begriff als ein theoretisches Konstrukt verstanden werden: Er beschreibt eine angenommene Disposition, kraft derer Menschen sich auf Sprachliches beziehen. Die beiden Sprachdidaktiker Helga Andresen und Reinold Funke definieren Sprachbewusstheit wie folgt:

> „Der Ausdruck *Sprachbewusstheit* bezieht sich auf die Verfügbarkeit einer kognitiven Orientierung im Sprachgebrauch. [...] Als *Sprachbewusstheit* wird die Bereitschaft und Fähigkeit bezeichnet, sich aus der mit dem Sprachgebrauch in der Regel verbundenen inhaltlichen Sichtweise zu lösen und die Aufmerksamkeit auf sprachliche Erscheinungen als solche zu richten." (Andresen / Funke 2003, S. 439)

Als interne Größe ist Sprachbewusstheit der direkten Beobachtung grundsätzlich nicht zugänglich. Ob bzw. dass ein Mensch über Sprachbewusstheit verfügt, lässt sich nur aus sprachreflexiven Tätigkeiten erschließen, in denen diese Disposition sozusagen sichtbar zutage tritt. Wir können z. B. die oben zitierte Äußerung des 4-jährigen Kindes („Ich weiß jetzt, warum es Rumregatta heißt …") als *Ausdruck* vorhandener Sprachbewusstheit deuten – unmittelbar wahrnehmbar ist jedoch nur die sprachreflexive Handlung selbst.

Sprachbewusstheit stellt eine wesentliche Voraussetzung für sprachreflexive Tätigkeiten dar, ist jedoch zugleich auch das Ergebnis von Sprachreflexion. Man kann davon ausgehen, dass sich Sprachbewusstheit besonders in der Konfrontation mit einem *zweiten* System von Sprache entwickelt (vgl. Oomen-Welke 1999, S. 17): Zum einen ist es der Erwerb des Systems Schriftsprache, der die Bewusstwerdung von Sprache wesentlich vorantreibt (→ KAPITEL 4.1); zum anderen ist es das Vorhandensein anderer Sprachen und Sprachvarietäten (z. B. Dialekte), das die Aufmerksamkeit auf Sprache anstößt und die Entwicklung von Sprachbewusstheit befördert. Insbesondere in einer mehrsprachigen Lebensumgebung werden Kinder und Jugendliche häufig veranlasst, auf sprachliche Phänomene bewusst einzugehen. Sie stolpern über Missverständnisse oder falsch verwendete Begriffe, werden aufmerksam auf Unterschiede und Ähnlichkeiten zwischen den Sprachen (*„Bär", das heißt kasachisch „gib mir"!*; Oomen-Welke 1999, S. 20) und entwickeln Hypothesen über Sprachen und Sprachenlernen (*Ich lerne bestimmt schneller Schwedisch als du, weil ich ja schon Dänisch kann*).

In der Sprachdidaktik ist die Erforschung von Sprachbewusstheit vor allem mit der Frage verbunden, ob und in welcher Weise Sprachbewusstheit das sprachliche Handeln von Menschen beeinflusst. Dahinter steht die Annahme, dass durch die schulische Förderung von Sprachreflexion und Sprachbewusstheit das Sprachhandeln der Schüler qualitativ in Richtung eines reflexiven, „bewussten Sprachgebrauchs" (so z. B. Ossner 2006, S. 58) zu erweitern sei. Auch wenn die empirische Überprüfung dieser Annahme noch an den Anfängen steht, so ist damit doch eine wesentliche Aufgabe des Sprachunterrichts benannt: Es geht darum, die Sprachhandlungsfähigkeit der Schüler um eine reflexive Dimension zu erweitern.

Entwicklung von Sprachbewusstheit

Sprachbewusstheit und Sprachhandeln

2.4 Reflexives Sprachhandeln als Leitziel

Auf der Grundlage der bisherigen Überlegungen kann nun das Leitziel des Sprachunterrichts benannt und im Rahmen übergreifender Bildungsziele von Schule verortet werden. Denn die Ziele eines Faches lassen sich nicht allein aus seinem Gegenstand ableiten, sondern müssen sich zugleich an dem fächerübergreifenden Bildungsauftrag orientieren, der der Schule als Institution in unserer Gesellschaft aufgegeben ist und der sozusagen den äußeren Rahmen für die Bestimmung fachspezifischer Ziele festlegt. In einer Veröffentlichung der Kultusministerkonferenz werden die tragenden Leitvorstellungen schulischer Bildung wie folgt beschrieben:

> „Der Unterricht zielt auf Persönlichkeitsentwicklung und Weltorientierung, die sich aus der Begegnung mit zentralen Gegenständen unserer Kultur ergeben. Schülerinnen und Schüler sollen zu mündigen Bürgerinnen und Bürgern erzogen werden, die verantwortungsvoll, selbstkritisch und konstruktiv ihr berufliches und privates Leben gestalten und am politischen und gesellschaftlichen Leben teilnehmen können." (KMK 2005, S. 6)

In dieser Zielbestimmung scheint eine Bildungsidee auf, die eng mit der deutschen Kulturgeschichte verknüpft ist. Die pädagogische Leitvorstellung einer umfassenden Entfaltung des Menschen in seiner Welt, wie sie im Begriff der Persönlichkeitsentwicklung zum Ausdruck kommt, steht in einer langen, bis ins späte 18. Jahrhundert zurückreichenden Tradition und bildet bis heute eine zentrale Zielkategorie schulischen Lernens. Die Ausbildung der Persönlichkeit des jungen Menschen stellt damit ein übergeordnetes Bildungsziel dar, dem die Arbeit in allen Schulfächern gleichermaßen verpflichtet ist.

Persönlichkeitsentwicklung als Bildungsziel

Der Sprachunterricht vermag auf der Grundlage seines spezifischen Gegenstandsbereiches einen besonderen Beitrag zu diesem Bildungsziel zu leisten. Wie oben dargestellt wurde, ist die elementarste Bedeutung von Sprache für den Menschen darin zu sehen, dass sprachliche Fähigkeiten bei der Ausbildung von Identität (als *einem* zentralen Aspekt im Persönlichkeitskonzept) eine bedeutende Rolle spielen. Zwar lernt der Mensch bereits als kleines Kind, mit Sprache umzugehen und sie für seine Zwecke zu gebrauchen, im Sprachunterricht jedoch werden die im vorschulischen Spracherwerb angeeigneten sprachlichen Fähigkeiten systematisch weiter ausgebaut und gefördert. Eine besonders wichtige Rolle kommt in einer literalen Kultur wie der unseren dem Erwerb der Schriftsprache zu: Im sozialen Raum der Schule erwerben die Kinder die Fähigkeit, lesend und schreibend in einem neuen Medium zu kommunizieren und sich in einer von Schrift geprägten Umwelt zurechtzufinden. Indem der Sprachunterricht auf diese Weise die sprachliche Handlungsfähigkeit der Heranwachsenden erweitert und fördert, trägt er zur Persönlichkeitsentwicklung der Schüler bei.

Der Beitrag des Sprachunterrichts

Der Sprachunterricht zielt dabei besonders auf einen Sprachgebrauch, der die *reflexiven* Möglichkeiten von Sprache nutzt, wie sie ausgehend von der bei Jakobson genannten metasprachlichen Funktion von Sprache beschrieben wurden. Der Förderung von Sprachreflexion und Sprachbewusstheit kommt somit im Sprachunterricht entscheidende Bedeutung zu: Die Ausbildung von Sprachbewusstheit bildet die notwendige Voraussetzung für einen zunehmend reflexiven Sprachgebrauch (vgl. Neuland 2002, S. 9f.) – für ein Sprachhandeln also, das die Möglichkeit der reflexiven Distanz gegenüber der eigenen Sprache (und auch der Sprache anderer) beinhaltet:

Ausbildung von Sprachbewusstheit

> „Reflexiv wird ein Sprachgebrauch genannt, in dem ein Sprecher die Möglichkeit der Distanz zur eigenen sozialen Rolle, zur Sprecherabsicht, zur Sprechsituation, zum Adressaten, zu Vorverständnissen etc. gewinnt." (Ivo 1975, S. 147)

Nicht vergessen werden darf dabei, dass Sprachreflexion und Sprachbewusstheit wesentlich von einer positiven Grundhaltung gegenüber Sprache profitieren, sodass die Förderung von Sprachaufmerksamkeit, von Interesse an und Neugier auf Sprache(n) in engem Zusammenhang mit dem formulierten Leitziel für den Sprachunterricht gesehen werden muss. Diese affektiven Komponenten bilden eine wichtige, das sprachliche Lernen wesentlich stützende Basis und müssen daher in der Zielbestimmung des Faches angemessen berücksichtigt werden.

Interesse, Neugier, Sprachaufmerksamkeit

Die Ziele des Sprachunterrichts lassen sich vor diesem Hintergrund wie folgt zusammenfassen (→ ABBILDUNG 5): Das Leitziel eines Sprachunterrichts, der sich dem übergreifenden Bildungsziel der Persönlichkeitsentwicklung der Kinder und Jugendlichen verpflichtet fühlt, ist die Befähigung der Schüler zu einem *reflexiven* Sprachhandeln, das sich – auf der Basis einer von Interesse und Aufmerksamkeit geprägten Haltung gegenüber Sprache – durch die Möglichkeit einer reflexiven Rückwendung auf den Gebrauch und das Verstehen von Sprache auszeichnet.

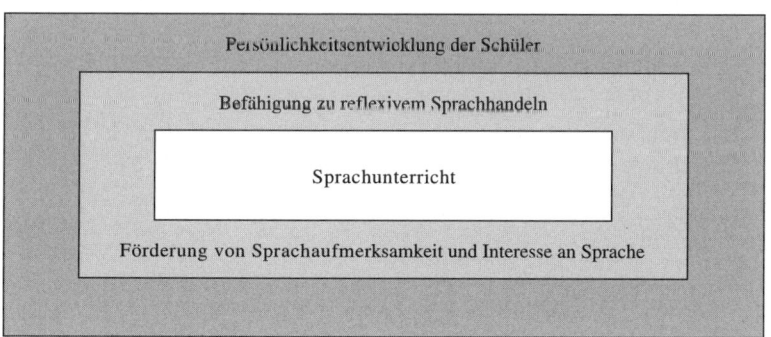

Abbildung 5: Ziele des Sprachunterrichts

Fragen und Anregungen

- Listen Sie verschiedene Aspekte im Bereich des menschlichen Zusammenlebens auf, für die der Mensch im Laufe seiner Entwicklung die Sprache nutzt.

- Formulieren Sie auf Grundlage des Funktionsmodells von Roman Jakobson jeweils ein Beispiel für eine sprachliche Äußerung, in der eine der genannten sechs Sprachfunktionen im Vordergrund steht.

- Untersuchen Sie, welche verschiedenen Möglichkeiten zur Reflexion über Sprache sich in folgendem Sprachspiel anbieten: *wenn fliegen hinter fliegen fliegen, fliegen fliegen fliegen nach.*

- Im Film *Der Club der toten Dichter* (1989) vertritt Lehrer Keating u. a. die Erziehungs- und Bildungsziele des selbstständigen Handelns und freien Denkens, die er mit der gezielten Auswahl poetischer Texte und mit besonderen Lehr- und Lernmethoden ihrer sprachlich-literarischen Erarbeitung verfolgt. Diskutieren Sie: Inwieweit kann Lehrer Keating ein Vorbild für Sie als zukünftige (Deutsch-)Lehrende sein?

Lektüreempfehlungen

- **Heinz Abels: Identität**, 2., überarbeitete und erweiterte Auflage, Wiesbaden 2010. *Kapitel 19 des Bandes bietet unter der Überschrift „Identität – sich selbst zum Objekt machen" eine gut lesbare Darstellung der komplexen Mead'schen Identitätstheorie.*

- **Helga Andresen / Reinold Funke: Entwicklung sprachlichen Wissens und sprachlicher Bewusstheit**, in: Ursula Bredel u. a. (Hg.), Didaktik der deutschen Sprache, Bd. 1, Paderborn 2003, S. 438–451. *Der Handbuchartikel gibt einen umfassenden Überblick über die Entwicklung von Sprachbewusstheit in und außerhalb der Schule.*

- **Eva Neuland: Sprachbewusstsein – eine zentrale Kategorie für den Sprachunterricht**, in: Der Deutschunterricht 54, 2002, Heft 3, S. 4–10. *Der Beitrag beleuchtet aus sprachdidaktischer Perspektive das Verhältnis von Sprachbewusstsein (so der von Neuland präferierte Terminus) und Sprachgebrauch.*

- **Heidrun Pelz: Linguistik. Eine Einführung**, 8. Auflage, Hamburg 2004. *Kapitel 2 (Funktionen von Sprache) erläutert ausführlich die hier vorgestellten Modelle der Sprachfunktionen.*

3 Sprachunterricht: Ziele – Inhalte – Kompetenzen

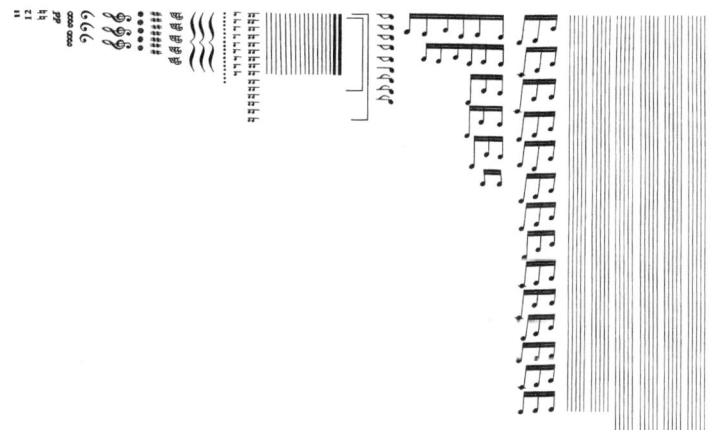

Abbildung 6: Ursus Wehrli: Beethovens *Für Elise* aufräumen (2004)

Kann man Musik aufräumen? Zumindest scheint es dem Künstler Ursus Wehrli in seiner Arbeit „Für Elise" gelungen zu sein. Auf der ersten Abbildung ist eine Komposition, eine spielbare Melodie, grafisch auf einem Notenblatt festgehalten. Die weiteren Abbildungen zeigen das Ergebnis von Wehrlis Aufräumarbeit: eine sorgfältige Zerlegung der Notation in ihre einzelnen Bestandteile. Alle musikalischen Zeichen, die Linien, Noten, Notenschlüssel, Taktangaben, Pausenzeichen usw. sind unabhängig von ihrer Funktion fein säuberlich der Größe nach geordnet. Der Gesamteindruck ist optisch klar und ästhetisch ansprechend – nur Musik kann man mit diesem aufgeräumten Notenblatt nicht mehr machen. Der Sinn eines notierten Musikstückes aber ist erst dann erfüllt, wenn der Musiker es als Musik zum Klingen bringt. Dies kann nur gelingen, wenn der Musiker die einzelnen Elemente lesen gelernt hat und ihre jeweiligen Funktionen und Aufgaben kennt.

Ähnlich wie Musik ist auch Sprache ein äußerst komplexer Gegenstand. Und ebenso wie das notierte Musikstück kann man auch den Gegenstand Sprache ‚aufräumen', um auf dieser Grundlage das komplexe Handlungsfeld des Sprachunterrichts besser überblicken zu können. Aber wie bei der Musik gilt auch in diesem Fall, dass beim „Aufräumen" etwas auseinandergenommen wird, was im Vollzug – also im konkreten Unterrichtsgeschehen – zusammengehört.

Zu einer systematischen Gliederung von Sprachunterricht gelangt man, indem man seinen Gegenstand, die Sprache bzw. das sprachliche Handeln, analytisch ausdifferenziert und in verschiedene Kategorien ‚zerlegt'. Man erhält auf diese Weise eine Strukturierung des Sprachunterrichts in fünf Gegenstandsfelder, deren Ziele und Inhalte in Orientierung an den in → KAPITEL 2 formulierten übergreifenden Zielen zu bestimmen sind. In den nationalen Bildungsstandards sind die Ziele der einzelnen Bereiche des Faches Deutsch in Form von Kompetenzen beschrieben. Die Darstellung dieses Konzepts bildet die Grundlage für die abschließende Diskussion über die Frage, inwieweit die in den Bildungsstandards verfolgte Kompetenzorientierung dazu beitragen kann, die Bildungsziele des Sprachunterrichts zu erreichen.

3.1 Gegenstandsfelder des Sprachunterrichts

3.2 Das Konzept der nationalen Bildungsstandards im Fach Deutsch

3.3 Bildungsziele und Kompetenzerwerb

3.1 Gegenstandsfelder des Sprachunterrichts

In Lehrplänen wird das Fach Deutsch schon seit langem in verschiedene Bereiche untergliedert. Eine entsprechende Aufteilung findet sich bereits im ältesten deutschen Lehrplan für Pflichtschulen: Der *Lehrplan für die Volksschule in Baiern* aus dem Jahre 1804 unterschied die Teilbereiche *Sprechen*, *Lesen*, *Schreiben* (das bedeutete im damaligen Verständnis: „Schönschreiben") sowie *Sprach-* und *Rechtschreiblehre* (vgl. Beisbart / Marenbach 2003, S. 242). Diese über die Jahrhunderte tradierte Grundstruktur ist mit nur unwesentlichen Abwandlungen auch in neueren Lehrplänen noch präsent, wie sich exemplarisch an den Lernbereichen des aktuellen *Lehrplans für die bayerische Grundschule* (2000) demonstrieren lässt: Er unterteilt in die vier Bereiche *Sprechen und Gespräche führen*, *Lesen und mit Literatur umgehen*, *Für sich und andere schreiben* und *Sprache untersuchen*.

Kaum variierte Grundstruktur

Weitaus uneinheitlicher sind allerdings die Termini, mit denen die verschiedenen Lernbereiche in den jeweiligen Lehrplänen bezeichnet werden. Vielfach lässt sich aus der gewählten Benennung bereits das didaktische Programm erschließen, dem der Lehrplan in diesem Punkt folgt: So verwies die in vielen Lehrplänen der 1970er-Jahre übliche Bezeichnung *Schriftliche Kommunikation* deutlich auf die damals propagierte Kommunikationsorientierung des Schreibunterrichts, wohingegen in der oben zitierten Bezeichnung *Für sich und andere schreiben* unverkennbar zum Ausdruck kommt, dass hier auch nicht-kommunikative Schreibfunktionen (wie z. B. Notizen machen) eine Rolle spielen sollen.

Terminologische Vielfalt

Diese in Lehrplänen seit langem vorgenommene und stets weiter tradierte Lernbereichsgliederung gehörte über Jahrzehnte hinweg „zu den vortheoretischen Annahmen, die gesetzt und nicht selbst der Erörterung unterzogen" wurden (Ossner 2006, S. 41). Erst mit dem Aufkommen einer wissenschaftlichen Fachdidaktik Deutsch (→ KAPITEL 1.1) begann man, systematisch über die Gliederung des Faches nachzudenken.

Einen ersten Vorschlag zur Gliederung des Deutschunterrichts in Lernbereiche hat Hermann Helmers in seiner *Didaktik der deutschen Sprache* von 1966 vorgelegt. Seiner „kategorialen Gliederung" lagen zwei Strukturprinzipien zugrunde, die in einer Acht-Felder-Matrix zueinander in Beziehung gesetzt sind: Zum einen unterschied Helmers vier fundamentale Kategorien der sprachlichen Kommunikation: *Sprechen*, *Lesen*, *Schreiben* und *Verstehen*. Zum anderen differenzierte er – angelehnt an die Begriffe *recte* (lateinisch: richtig) und

Die „kategoriale Gliederung" von Helmers

39

bene (lateinisch: gut) der antiken Rhetorik – zwischen dem *Repertoire* und der *Gestaltung* von Sprache. Das *Repertoire* bezog sich auf den ‚richtigen‘ Umgang mit Sprache, auf die Beherrschung und Anwendung von Normen und Regeln; die *Gestaltung* dagegen hatte den ‚guten‘, gestaltenden Umgang mit Sprache im Blick, der auf dem Repertoire aufbaut (vgl. Helmers 1966, S. 33–37). Da Helmers bei der Kategorie *Lesen* auf diese Unterteilung verzichtete, zeigte das von ihm entwickelte kategoriale Strukturschema letztlich eine Unterteilung des Deutschunterrichts in sieben Lernbereiche (→ ABBILDUNG 7).

Dieser erste systematische Vorschlag zur Gliederung der Lernbereiche des Deutschunterrichts hat ohne Zweifel zum „Durchschaubarmachen eines scheinbar unentwirrbaren Ganzen" und zu einer ersten systematischen Ableitung von „Teilziele[n] der Sprachbildung" **Kritische Würdigung** geführt (Helmers 1966, S. 36, 34). Dennoch bleibt kritisch anzumerken, dass dieses Schema heutige Vorstellungen von Deutschunterricht nicht adäquat abbilden kann (vgl. Beisbart / Marenbach 2003, S. 247–249). Unbefriedigend ist zunächst die Vorstellung, dass die Aneignung des Repertoires Voraussetzung für die Gestaltung ist. Schüler, die nicht bzw. noch nicht über ausreichende Rechtschreibfähigkeiten verfügen, sind aber z. B. durchaus in der Lage, eigene Texte zu schreiben. Einen weiteren Kritikpunkt bildet die starke Normorientierung, die auch dem vermeintlich kreativen, gestaltenden Umgang mit Sprache (dem *Repertoire*) zugrunde liegt. So signalisiert die Bezeichnung „Gestaltungslehre" bereits, dass beim Schreiben nur wenig Raum für Kreativität bleibt und es vor allem um die Aneignung bestimmter vorgegebener Gestaltungsmuster geht. Und zum dritten besteht ein Ungleichgewicht zwischen gesprochener und geschriebener Sprache, da sich die Kategorie *Verstehen* bei Helmers nur auf den schriftlichen Sprachgebrauch bezieht.

	Repertoire	Gestaltung
Sprechen	grammatisch richtiges Sprechen: *Sprachtraining*	lautreines und gestaltetes Sprechen: *Sprecherziehung*
Lesen	Technik des lauten und stillen Lesens: *Leselehre*	
Schreiben	orthographisch richtiges Schreiben: *Rechtschreibunterricht*	schriftliches Gestalten von Sprache: *Gestaltungslehre*
Verstehen	Verstehen des Repertoires: *Sprachbetrachtung*	Verstehen der gestalteten Sprache: *Literaturunterricht*

Abbildung 7: Schematische Darstellung der sieben Lernbereiche des Deutschunterrichts (Helmers 1966, S. 35)

Im Zuge der kommunikativen Wende in den 1970er-Jahren (→ KAPI-TEL 1.2) kam es zu einer deutlichen Aufwertung der gesprochenen Sprache: Das *Sprechen* wurde um das bei Helmers fehlende *(Zu-)Hören* ergänzt, sodass nunmehr vier Teilaspekte der Sprachverwendung unterschieden wurden, die es im Deutschunterricht zu berücksichtigen galt: *Sprechen, Zuhören, Schreiben, Lesen.* Auf diese Weise war ein Gleichgewicht sowohl zwischen mündlichem und schriftlichem Sprachgebrauch als auch zwischen produktiver (d. h. hervorbringender) Sprachverwendung und rezeptiver (d. h. aufnehmender) Sprachverwendung geschaffen. Zudem fand neben Sprach*produktion* und Sprach*rezeption* zunehmend ein weiterer Modus des Umgangs mit Sprache Berücksichtigung: die *Reflexion* über Sprache und Sprachgebrauch.

Weiterentwicklung in den 1970er-Jahren

Diese Differenzierungen lassen sich auch heute zur Herleitung und Begründung einer Gliederung des Faches heranziehen. Verbindet man nämlich die drei Modi des Umgangs mit Sprache (Produktion, Rezeption, Reflexion) systematisch mit den beiden möglichen medialen Realisationsformen von Sprache (mündlich und schriftlich), so ergibt sich ein aus der Analyse des Gegenstandes gewonnenes Grundraster, das sechs „Gegenstandsfelder" ausweist (vgl. Kliewer / Pohl 2006, S. 711): *Sprechen* (mündlich-produktiv), *Zuhören* (mündlich-rezeptiv), *Schreiben* (schriftlich-produktiv), *Lesen* (schriftlich-rezeptiv) sowie die Bereiche *mündliche Sprache* und *schriftliche Sprache reflektieren* (mündlich / schriftlich-reflexiv). Diese Grundstruktur muss allerdings an drei Stellen noch modifiziert bzw. verfeinert werden (→ ABBILDUNG 8):

Analytisches Grundraster

1. Aufgrund der besonderen Bedingungen mündlicher Kommunikation erscheint es sinnvoll, die Kategorien *Sprechen* und *Zuhören* zu einem gemeinsamen Gegenstandsfeld *Sprechen und Zuhören* zusammenzufassen. In mündlichen Kommunikationssituationen befinden sich Sprecher und Zuhörer üblicherweise in einer raum-zeitlich identischen Situation, sodass Sprachproduktion und Sprachrezeption im Mündlichen – anders als bei der raum-zeitlich versetzten („zerdehnten") schriftlichen Kommunikation – eng miteinander verwoben sind. Zwei getrennte Gegenstandsfelder würden diesen Zusammenhang nicht angemessen berücksichtigen.

2. Auch die beiden reflexiven Kategorien *mündliche und schriftliche Sprache reflektieren* sind im vorliegenden Modell zu einem Gegenstandsfeld zusammengefasst. Wichtiger als die Unterscheidung zwischen Mündlichkeit und Schriftlichkeit ist hier eine Differenzierung, die auch in der gewählten Benennung des Gegenstandsfeldes zum Ausdruck kommt: Die Doppelformel *Sprache und Sprachgebrauch reflektieren* hebt hervor, dass sich Sprachreflexi-

on sowohl auf Aspekte des Sprach*systems* als auch auf solche des Sprach*gebrauchs* beziehen kann, unabhängig davon, ob Sprache in mündlicher oder schriftlicher Form realisiert wird (→ KAPITEL 9).

3. Die Kategorie *Schreiben* hingegen vereint durchaus unterscheidbare Teilbereiche, die sinnvollerweise in getrennten Gegenstandsfeldern zu verorten sind: Das Gegenstandsfeld *Texte schreiben* bezieht sich auf den komplexen Gesamtprozess der Produktion von Texten; der Teilaspekt des normgerechten, orthographisch richtigen Schreibens wird in ein eigenes Gegenstandsfeld *Richtig schreiben* ausgelagert.

Diesem Modell könnte eine dritte Dimension hinzugefügt werden, denn die hier vorgenommene Unterscheidung in Mündlichkeit und Schriftlichkeit bezieht sich allein auf die *mediale* Realisationsform von Sprache, also darauf, ob eine Äußerung gesprochen (phonisch) oder geschrieben (graphisch) vorliegt. Die Termini Mündlichkeit und Schriftlichkeit lassen sich jedoch auch auf die gewählte Ausdrucksweise, die sogenannte Konzeption einer Äußerung beziehen (vgl. Koch / Oesterreicher 1994). Damit ist gemeint, dass sich eine sprachliche Äußerung – ganz unabhängig davon, ob sie medial mündlich

oder schriftlich realisiert wird – in ihrer Ausdrucksweise (also *konzeptionell*) sowohl an die gesprochene als auch an die geschriebene Sprache anlehnen kann: Konzeptionell mündliche Äußerungen weisen Merkmale auf, wie sie für die gesprochene Sprache kennzeichnend sind (Satzbrüche, umgangssprachliche Ausdrücke etc.). Dies trifft z. B. auf die Schülergespräche während einer Gruppenarbeit zu, aber auch auf schriftliche Notizen zu einem Referat. Konzeptionell schriftlich hingegen sind Äußerungen, die Merkmale von Schriftlichkeit aufweisen, sich also insgesamt durch größere Informationsdichte, Komplexität und sprachliche Elaboriertheit auszeichnen. Auch sie können sowohl mündlich (z. B. im Falle eines abgelesenen Referats) als auch schriftlich (z. B. im Falle einer Erzählung) dargeboten werden. In jedem Gegenstandsfeld spielen somit konzeptionell mündliche *und* schriftliche Äußerungen eine Rolle.

	Produktion	Rezeption	Reflexion
Mündlichkeit	Sprechen und Zuhören		Sprache und Sprachgebrauch reflektieren
Schriftlichkeit	Texte schreiben / Richtig schreiben	Lesen	

Abbildung 8: Analytisches Modell der Gegenstandsfelder des Sprachunterrichts

Einem möglichen Missverständnis gilt es noch vorzugreifen: Die hier entwickelte Gliederung des Faches Deutsch in Gegenstandsfelder ist rein analytischer Natur und darf keinesfalls zu der Vorstellung führen, dass der Sprachunterricht als ein Nebeneinander voneinander isolierter Teilbereiche zu gestalten sei. Die Aufteilung dient dazu, ein komplexes Feld systematisch zu strukturieren und die verschiedenen Aufgaben des Sprachunterrichts im Überblick zu erfassen. Mit Blick auf die konkrete Unterrichtspraxis jedoch gilt es, die einzelnen Gegenstandsfelder als aufeinander bezogene Handlungsfelder wahrzunehmen und, wo immer möglich und sinnvoll, Querverbindungen und Verknüpfungen zwischen den Bereichen zu schaffen und zu nutzen. Dieser Grundsatz wird in der fachdidaktischen Literatur auch als integratives oder lernbereichsübergreifendes Arbeiten bezeichnet.

Integration der Gegenstandsfelder

3.2 Das Konzept der nationalen Bildungsstandards im Fach Deutsch

Ein viel beachteter neuerer Vorschlag zur Gliederung des Faches Deutsch liegt mit dem Modell der Kultusministerkonferenz (KMK) in den nationalen Bildungsstandards vor, die 2003 zunächst für den Mittleren Schulabschluss (Jahrgangstufe 10), im darauffolgenden Jahr auch für den Primarbereich (Jahrgangstufe 4) und den Hauptschulabschluss (Jahrgangstufe 9) beschlossen wurden. Dort wird eine Strukturierung zugrunde gelegt, die einen der insgesamt vier ausgewiesenen Bereiche deutlich heraushebt (→ ABBILDUNG 9): Der Bereich *Sprache und Sprachgebrauch untersuchen* „steht in Beziehung zu jedem der drei anderen Bereiche" (KMK 2003, S. 7) und ist daher in übergreifender Querlage zu den übrigen Bereichen – *Sprechen und Zuhören, Schreiben* und *Lesen – mit Texten und Medien umgehen* – angeordnet. Eine weitere Besonderheit, die im Modell der Bildungsstandards sofort ins Auge sticht, sind die in alle vier Felder integrierten *Methoden und Arbeitstechniken*, denen auf diese Weise unverkennbar besondere Bedeutung beigemessen wird.

Besondere Stellung des sprachreflexiven Bereichs

Methoden und Arbeitstechniken

In den Bildungsstandards werden die vier unterschiedlichen Teilbereiche des Deutschunterrichts als „Kompetenzbereiche" bezeichnet. Während herkömmliche Lehrpläne verbindlich vorschreiben, welche Inhalte in einem bestimmten Zeitraum in den einzelnen Bereichen behandelt werden sollen, setzen die Vorgaben der Bildungsstandards grundsätzlich nicht an Inhalten, sondern an Kompetenzen an: Festgeschrieben wird, über welche Kompetenzen Schüler am Ende eines Bil-

Kompetenz- statt Inhaltsorientierung

Sprache und Sprachgebrauch untersuchen
Sprache zur Verständigung gebrauchen, fachliche Kenntnisse erwerben, über Verwendung von Sprache nachdenken und sie als System verstehen
Methoden und Arbeitstechniken
werden mit den Inhalten des Kompetenzbereichs erworben

Sprechen und Zuhören	Schreiben	Lesen – mit Texten und Medien umgehen
zu anderen, mit anderen, vor anderen sprechen, Hörverstehen entwickeln	reflektierend, kommunikativ und gestalterisch schreiben	Lesen, Texte und Medien verstehen und nutzen, Kenntnisse über Literatur erwerben
Methoden und Arbeitstechniken	*Methoden und Arbeitstechniken*	*Methoden und Arbeitstechniken*
werden mit den Inhalten des Kompetenzbereichs erworben	*werden mit den Inhalten des Kompetenzbereichs erworben*	*werden mit den Inhalten des Kompetenzbereichs erworben*

Abbildung 9: Das Strukturmodell der nationalen Bildungsstandards für den Mittleren Schulabschluss (KMK 2003, S. 8)

dungsabschnittes verfügen sollen. Mit diesem Paradigmenwechsel hin zu einer konsequenten Outcome-Orientierung des Bildungssystems reagierte die Bildungspolitik auf das desaströse Abschneiden Deutschlands in der internationalen PISA-Vergleichsstudie und auf die erheblichen Leistungsunterschiede zwischen den Bundesländern im nationalen PISA-Ländervergleich (vgl. Baumert u. a. 2001 und 2002). Durch die Einführung länderübergreifend verbindlicher Standards und deren regelmäßige Überprüfung sollte von nun an systematisch die Qualität des Schulsystems gesichert und weiter entwickelt werden.

Standards und Substandards

Die angestrebten Kompetenzen werden in den Bildungsstandards nach Kompetenzbereichen geordnet aufgeführt. Für jeden Bereich werden einige wenige zentrale Standards ausgewiesen, die ihrerseits durch die Aufzählung von Substandards weiter konkretisiert werden. So sind z. B. im Kompetenzbereich *Schreiben* drei übergeordnete Standards formuliert, die jeweils unterschiedliche (Teil-)Aspekte des Schreibens fokussieren: „über Schreibfertigkeiten verfügen", „richtig schreiben" (das somit, abweichend vom oben entwickelten Feldermodell, *nicht* als eigenständiger Bereich ausgewiesen ist) und „einen Schreibprozess eigenverantwortlich gestalten". Die zugeordneten Substandards – hier exemplarisch für den Standard „Richtig schreiben" aufgeführt – formulieren genauer, welche Leistungen von einem Schüler am Ende der 10. Jahrgangsstufe in der Regel erwartet werden:

„richtig schreiben

- Grundregeln der Rechtschreibung und Zeichensetzung sicher beherrschen und häufig vorkommende Wörter, Fachbegriffe und Fremdwörter richtig schreiben,
- individuelle Fehlerschwerpunkte erkennen und mit Hilfe von Rechtschreibstrategien abbauen, insbesondere Nachschlagen, Ableiten, Wortverwandtschaften suchen, grammatisches Wissen anwenden." (KMK 2003, S. 11)

Die beiden Kompetenzformulierungen zeigen deutlich, dass in den nationalen Bildungsstandards auf Inhalte nur in sehr allgemeiner Weise Bezug genommen wird. Welche Lerninhalte sich z. B. im Einzelnen hinter den angesprochenen „Grundregeln der Rechtschreibung und Zeichensetzung" verbergen, wird nicht ausgeführt – solche notwendigen inhaltlichen Konkretisierungen bleiben der Lehrplanarbeit in den einzelnen Bundesländern vorbehalten. Da Kompetenzen sich nur an konkreten Gegenständen erwerben lassen, bleiben Inhalte auch unter dem Vorzeichen der Kompetenzorientierung eine wichtige Bezugsgröße didaktischen Denkens und Handelns.

Inhalte und Kompetenzerwerb

Seit dem Schuljahr 2005/06 sind die Länder verpflichtet, die Standards zu implementieren und anzuwenden. Insbesondere gilt es, die Lehrpläne für die einzelnen Schularten und -stufen so zu gestalten, dass sie die outcome-orientierten Kompetenzvorgaben der Bildungsstandards inhaltlich (d. h. durch die Auswahl von Themen und Inhalten) und zeitlich (d. h. durch Zuweisung zu bestimmten Jahrgangsstufen) konkretisieren. Diese Aufgabe wird in der Lehrplanarbeit der einzelnen Bundesländer bislang sehr unterschiedlich umgesetzt.

Lehrplanarbeit der Länder

Baden-Württemberg hat im Rahmen seiner Bildungsplanreform seit 2004 durchgängig auf kompetenzorientierte Lehrpläne umgestellt: Die Bildungspläne für die unterschiedlichen Schularten weisen im Zwei-Jahres-Rhythmus Kompetenzen aus, die in diesem Zeitraum (also z. B. in den Klassen 5/6) von den Schülern erworben werden sollen. Ergänzend ist diesen Kompetenzen in Form eines sogenannten Kerncurriculums eine Auswahl verbindlicher Inhalte zugeordnet, die von den Schulen vor Ort noch um zusätzliche inhaltliche Vorgaben (das sogenannte Schulcurriculum) erweitert werden kann. Auf diese Weise sind Kompetenzvorgaben und inhaltliche Festlegungen in den baden-württembergischen Lehrplänen unmittelbar aufeinander bezogen.

Das Beispiel Baden-Württemberg

Das Beispiel Sachsen

Sachsen hingegen hat die stark inhaltsorientierte Ausrichtung seiner früheren Lehrpläne im Kern beibehalten: Die aktuellen sächsischen Lehrpläne (2004, Überarbeitung 2009) setzen auf die möglichst detaillierte Vorgabe von konkreten Lernzielen und Lerninhalten für die einzelnen Klassenstufen; die an diesen Inhalten zu erwerbenden Kompetenzen sind im Lehrplan selbst nicht benannt. In der Gegenüberstellung zweier Lehrplanauszüge (→ ABBILDUNG 10) werden die Unterschiede in der Lehrplangestaltung der beiden Länder deutlich sichtbar.

Baden-Württemberg: Bildungsplan Werkrealschule 2010	Sachsen: Lehrplan Mittelschule 2004 / 09
Kompetenzen und Inhalte (Klassen 7, 8 und 9)	**Lernziele und Lerninhalte** (Realschulbildungsgang)
Die Schülerinnen und Schüler können [...] grundlegende Regeln und Strategien der Rechtschreibung und Zeichensetzung anwenden.	**Klasse 7:** Anwenden der Regeln der Groß- und Kleinschreibung – Substantivierung – Zeitangaben – nach unbestimmten Zahlwörtern
Inhalte: *Wortfamilie, Wortstamm und Ableitung; Silbengliederung; Verlängerung; Vokalkürze und -länge; Ersatzprobe; Fremdwörter; Großschreibung von Nomen, Adjektiven, Verben und Satzanfängen; Artikel und andere Begleiter als Hinweise zur Großschreibung; Straßennamen; Höflichkeitsformen; Kommasetzung bei Satzreihe, Satzgefüge und Aufzählung, Satzschlusszeichen, wörtliche Rede; Silbentrennung*	**Klasse 8:** Beherrschen von Regeln der Groß- und Kleinschreibung – Eigennamen – Herkunftsbezeichnungen
(Ministerium für Jugend, Kultus und Sport Baden-Württemberg 2010, S. 52)	(Sächsisches Staatsministerium für Kultus 2004 / 09, S. 37 und 42)

Abbildung 10: Kompetenz- vs. Inhaltsorientierung in aktuellen Lehrplänen

3.3 Bildungsziele und Kompetenzerwerb

Die Bildungsstandards im Fach Deutsch beschreiben die Ziele des Unterrichts in Form von verbindlichen Kompetenzanforderungen für die verschiedenen Kompetenzbereiche. Zweifellos ist die Vermittlung von fachspezifischen Kompetenzen eine zentrale Aufgabe des Faches Deutsch – was jedoch keinesfalls bedeutet, dass sich die Ziele des Sprachunterrichts im Erwerb von Sprech-, Zuhör-, Schreib- und Lesekompetenz erschöpften. Die Ziele der Arbeit in den einzelnen Gegenstandsfeldern sind grundsätzlich den übergeordneten Zielsetzungen verpflichtet, die oben als Denkrahmen für den Sprachunterricht entwickelt wurden (→ KAPITEL 2). In allen Gegenstandsfeldern geht es folglich darum, die Schüler zu einem reflexiven Sprachhandeln zu befähigen und ihre Aufmerksamkeit und ihr Interesse für sprachbezogene Fragen zu fördern. In diesem Leitziel konkretisiert sich der spezifische Beitrag des Sprachunterrichts zum fachübergreifenden Bildungsziel der Persönlichkeitsbildung.

Eine einseitige Orientierung an den Bildungsstandards und den dort aufgeführten Kompetenzen wird dem damit aufgespannten Zielhorizont nicht gerecht. Dafür lassen sich im Wesentlichen drei Gründe anführen:

Zum einen rückt mit der Kompetenzorientierung die ökonomische Verwertbarkeit von Bildung stark in den Vordergrund. Die nationalen Bildungsstandards fokussieren in ihrer Zielbestimmung besonders den Erwerb von Fähigkeiten und Fertigkeiten, die für den schulischen und beruflichen Erfolg des Einzelnen als notwendig erachtet werden. Der Unterricht im Fach Deutsch soll, so heißt es dort, dazu beitragen, **Kritische Einwände**

„gesellschaftlichen Anforderungen zu begegnen, Lebenssituationen sprachlich zu bewältigen, sich mitzuteilen – zu argumentieren, Gefühle und Vorstellungen sprachlich zu fassen –, Kritikfähigkeit zu entwickeln, Leseerfahrungen zu nutzen und in kritischer Distanz zwischen Lebenswirklichkeit und den in Literatur und Medien dargestellten virtuellen Welten zu unterscheiden. Dies dient wesentlich der Persönlichkeitsentwicklung, das heißt der Stärkung von Selbstbewusstsein, Sozialkompetenz und Teamfähigkeit." (KMK 2003, S. 6)

Während im ersten Teil des Zitats die funktional-pragmatische Ausrichtung der Standards deutlich zum Ausdruck kommt, nimmt der zweite Teil explizit auf die „Persönlichkeitsentwicklung" der Schüler als übergeordnetes Bildungsziel Bezug. Mit „Sozialkompetenz und Teamfähigkeit" werden dann allerdings auch in diesem Zusammenhang vor allem solche Aspekte von Persönlichkeitsentwicklung aufgeführt, die als „soft skills" in der Arbeitswelt von Bedeutung sind. Nicht die umfassende Ausbildung der Persönlichkeit steht hier im Mittelpunkt, sondern die Aneignung einzelner Fähigkeiten, deren gesellschaftliche und ökonomische Nützlichkeit außer Frage steht. Reflexives Sprachhandeln als Zieldimension hingegen bezieht sich auf eine Qualität von Sprache, die über die bloße Befähigung zur sprachlichen Bewältigung von Lebenssituationen hinausgeht (→ KAPITEL 2.4). **1. Gefahr der Reduktion auf funktionale Fähigkeiten**

Zum zweiten läuft die Orientierung an Bildungsstandards und Kompetenzen Gefahr, das schulische Lernen in zu enge Bahnen zu lenken. Weil sie überprüft werden müssen, fokussieren Bildungsstandards in ihren Kompetenzbeschreibungen Fähigkeiten und Fertigkeiten, die auch tatsächlich überprüfbar sind. Andere Fähigkeiten sowie Haltungen oder Einstellungen, die zwar erwünscht, aber nicht messbar sind, drohen dabei aus dem Blick zu geraten. Zwar ist in der inzwischen klassisch gewordenen Kompetenzdefinition des Psychologen Franz E. Weinert (→ KAPITEL 1.3) explizit von „motivationalen, volitionalen und sozialen Bereitschaften und Fähigkeiten" die Rede, „um die Problemlösungen in variablen Situationen erfolgreich und verantwortungsvoll nutzen zu können" (Weinert 2001, S. 27f.), sie tauchen aber in den Kompetenzbeschreibungen der Bildungsstandards nicht oder zumindest nur selten auf. Auch wenn sich diese Bereitschaften und Fähigkeiten nur schwer in Form von Kompetenzen fassen und überprüfen lassen, müssen sie im Unterricht hinreichend Beachtung finden. Die Förderung einer von Interesse und Aufmerksamkeit geprägten Haltung gegenüber Sprache z. B. ist mindestens ebenso bedeutsam wie der Erwerb von Sprech-, Zuhör-, Schreib- und Lesekompetenz.

Zum dritten schließlich legen die Bildungsstandards ein aus der Kognitionspsychologie übernommenes Verständnis von Kompetenzen zugrunde, in dem Kompetenzen als Problemlösefähigkeiten definiert werden. Nun lässt sich sprachliches Handeln in vielen Situationen als „Problemlösen" beschreiben (z. B. einen Brief schreiben, einen Text verstehen, ein Referat halten) (→ KAPITEL 12.1). Es gibt aber ebenso Sprachhandlungssituationen, die sich nicht als problemhaltige Situationen modellieren lassen – man denke etwa an die vielen Situationen, in denen die poetische Funktion der Sprache im Zentrum steht und der Umgang mit Sprache aus Freude und ästhetischem Genuss erfolgt (wie z. B. beim Spielen mit Sprache).

Diese kritischen Einwände gegenüber einem verengten Verständnis von schulischem Kompetenzerwerb bedeuten jedoch keine grundsätzliche Ablehnung von Kompetenzorientierung im Sprachunterricht. Mit der möglichst präzisen Bestimmung dessen, was Schüler im Sprachunterricht lernen müssen, um gegenwärtige und zukünftige Lebenssituationen erfolgreich bewältigen zu können, fokussiert die Orientierung an Kompetenzen den Blick auf konkrete Anforderungen und kann, richtig verstanden, zu einer Qualitätsverbesserung von Unterricht beitragen. Zugleich „muss aber im Bewusstsein bleiben, dass der Kompetenzbegriff auch seine Grenzen hat" (Spinner 2008,

2. Fokussierung auf überprüfbare Fähigkeiten

3. Problemlösefähigkeiten im Zentrum

S. 222) und zwingend im Kontext übergreifender Zielvorstellungen des Sprachunterrichts diskutiert und verortet werden muss.

Fragen und Anregungen

- Vergleichen Sie das hier entwickelte Strukturmodell (→ ABBILDUNG 8) mit der Gliederung des Faches in aktuellen Lehrplänen. Reflektieren Sie dabei auch die unterschiedlichen Bezeichnungen für die einzelnen Gegenstandsfelder.

- Erklären Sie, was Bildungsstandards sind und welche Funktionen ihnen zukommen.

- Erläutern Sie, worin sich inhalts- und kompetenzorientierte Lehrpläne unterscheiden. Untersuchen Sie am Beispiel des derzeit gültigen Lehrplans Ihrer Zielstufe, wie die Kompetenzvorgaben der Bildungsstandards umgesetzt und konkretisiert werden.

- Stellen Sie dar, inwiefern die Ziele des Sprachunterrichts mit dem Erwerb von Sprech-, Zuhör-, Schreib- und Lesekompetenz nicht hinreichend beschrieben sind.

Lektüreempfehlungen

- **Ulf Abraham u. a.: Kompetenzorientiert unterrichten. Überlegungen zum Schreiben und Lesen,** in: Praxis Deutsch 34, 2007, Heft 203, S. 6–14. *Unterrichtsbezogener Beitrag zur Kompetenzdiskussion, der exemplarisch die Chancen aufzeigt, die mit der Ausrichtung an Kompetenzen für den Schreib- und Leseunterricht verbunden sind.*

- **Ortwin Beisbart / Dieter Marenbach (Hg.): Bausteine der Deutschdidaktik.** Ein Studienbuch, Donauwörth 2003, 3., überarbeitete Neuauflage 2009. *Baustein 23 (S. 247–256) widmet sich ausführlich verschiedenen Ansätzen zur Gliederung des Deutschunterrichts in der fachdidaktischen Theorie sowie in der in Lehrplänen repräsentierten Praxis; zudem werden unterschiedliche Formen des integrativen Unterrichts vorgestellt.*

- **Eckhard Klieme u. a.: Zur Entwicklung nationaler Bildungsstandards. Eine Expertise,** Berlin 2003. *Die sogenannte Klieme-Exper-*

tise gibt einen vertiefenden Einblick in Konzeption und Funktionen der nationalen Bildungsstandards.

- **Kaspar H. Spinner: Der standardisierte Schüler,** in: Didaktik Deutsch, 11, 2005, Heft 18, S. 4–13. *Der Beitrag bezieht kritisch zur Kompetenzorientierung und deren (ungewollten) Auswirkungen Stellung. Interessant sind vor allem auch die Kommentare anderer Deutschdidaktiker zu Spinners Beitrag, die in den Heften 19 und 20 von „Didaktik Deutsch" dokumentiert sind.*

4 Anfänge schriftsprachlichen Lernens

Cornix cornicatur. die **Kräße krächzet.**	*á á*	Aa	
Agnus balat. das **Schaf blöcket.**	*bé é é*	Bb	
Cicáda stridet. der **Heuschreck zirschert.**	*ci ci*	Cc	
Upupa, dicit der **Widhopf/ruft**	*dü du*	Dd	
Infans éjulat. das **Kind weinert.**	*é é é*	Ee	
Ventus flat. der **Wind wehet.**	*fi fi*	Ff	
Anser gingrit. die **Gans gackert.**	*ga ga*	Gg	
Os halat. der **Mund hauchet.**	*háh háh*	Hh	
Mus mintrit. die **Maus pfipfert.**	*í í í*	Ii	
Anas tetrinnit. die **Ente schnackert.**	*kha kha*	Kk	
Lupus úlulat. der **Wolff heulet.**	*lu ulu*	Ll	
Ursus múrmurat. der **Beer brummet.**	*mum mum mum*	Mm	

Felis, clamat die **Katz mauzet.**	*nau nau*	Nn	
Auriga, clamat der **Fuhrmann/rufft**	*ó ó ó*	Oo	
Pullus pipit. das **Küchlein pipet.**	*pi pi*	Pp	
Cúculus cúculat. der **Kukuck kucket.**	*kuk ku*	Qq	
Canis ríngitur. der **Hund marret.**	*err*	Rr	
Serpens síbilat. die **Schlange zischet.**	*si*	Ss	
Graculus, clamat der **Heßer/schreyet**	*tae tae*	Tt	
Bubo ululat. die **Eule uhuhet.**	*ú ú*	Uu	
Lepus vagit. der **Hase quäcket.**	*vá*	Ww	
Rana coaxat. der **Frosch quacket.**	*coax*	Xx	
Asinus rudit. der **Esel ygaet.**	*y yy*	Yy	
Tabanus, dicit die **Breme summet.**	*ds ds*	Zz	

Abbildung 11: Johann Amos Comenius: *Orbis sensualium pictus* (1658)

Der Pädagoge Johann Amos Comenius (1592–1670) hat seinem 1658 erschienenen Kinderbuch „Orbis sensualium pictus" (deutsch: „Die sichtbare Welt") ein „figürliches Alfabet" vorangestellt, das – wie Comenius selbst in seinem „Vortrag an den Leser" ausführt – dazu dienen soll, „viel leichter / als bißher geschehen / die Knaben lesen zulehren". Das Bilder-Alphabet enthält „die Schriftzeichen aller Buchstaben / und darneben das Bildnis des Thieres / dessen Stimme derselbige Buchstabe ausdrucket" (Comenius 1658, S. 8). Comenius setzte darauf, dass die Abbildungen es dem Abc-Schüler erleichtern, sich die Lautwerte der einzelnen Buchstaben zu erschließen und einzuprägen. Auch wenn bei genauerem Hinsehen den Tieren oftmals Silben statt Laute zugeordnet sind (z. B. „die Gans gackert: ga ga"), das Verfahren also noch manche Tücke für den Leseanfänger bereithielt, bedeutete die von Comenius favorisierte Lautiermethode gegenüber dem damals gängigen Leselehrverfahren der „Buchstabierung" einen erheblichen Fortschritt: Die ältere Buchstabiermethode setzte statt an den Lautwerten an den alphabetischen Namen der Buchstaben an (z. B. „ge-o-te-te" – „Gott"), sodass das Lesenlernen für die Kinder unweigerlich zu einer „beschwerlichen Kopfmarterung" (Comenius 1658, S. 8) geriet. Trotz solch kritischer Stimmen gelang es jedoch erst im 19. Jahrhundert, die Buchstabiermethode durch ein behördliches Verbot aus den Schulen zu verbannen.

Über die richtige Methode, Kindern das Lesen und Schreiben zu lehren, wurde nicht nur in früheren Jahren heftig gestritten. Auch in der neueren Schriftspracherwerbsdidaktik gehen die Vorstellungen davon, wie Kinder am besten in die Welt der Schrift eingeführt werden können, erheblich auseinander. Bevor jedoch die wichtigsten Konzeptionen des Anfangsunterrichts im Lesen und Schreiben vorgestellt werden, gilt es zunächst die besonderen Anforderungen zu klären, die mit dem Erwerb einer Alphabetschrift wie dem Deutschen verbunden sind. Zudem wird vorab gezeigt, auf welche Erkenntnisse über die Entwicklung von Lese- und Rechtschreibfähigkeiten die Schriftspracherwerbsdidaktik heute zurückgreifen kann.

4.1 Anforderungen beim Erwerb der Schriftsprache

4.2 Schriftspracherwerb als Entwicklungsprozess

4.3 Didaktische Konzeptionen des Anfangsunterrichts im Lesen und Schreiben

4.1 Anforderungen beim Erwerb der Schriftsprache

Das deutsche Schriftsystem gehört zu den Alphabetschriften, die sich im Wesentlichen dadurch auszeichnen, dass ihre Grundeinheiten (Buchstaben und feste Buchstabenverbindungen: sogenannte Grapheme) auf *lautliche* Einheiten der jeweiligen Sprache (Phoneme) bezogen sind. Im Gegensatz zu einer Wortschrift wie dem Chinesischen, das mehrere tausend Schriftzeichen benötigt, ist eine Alphabetschrift äußerst ökonomisch und flexibel: Man braucht nur ein kleines Inventar an Grundzeichen, um im Prinzip jedes denkbare Wort schreiben zu können (vgl. Eisenberg 2009, S. 62f.).

Das Erlernen einer alphabetischen Schrift allerdings stellt an Kinder beträchtliche Anforderungen. Die Lernenden müssen kognitive Klarheit (vgl. Downing 1984) in Bezug auf die kommunikative Funktion und den Aufbau der Schrift gewinnen – sie müssen also begreifen lernen, worin der Clou von Schrift im Allgemeinen und einer alphabetischen Schrift im Besonderen besteht. Es lassen sich vier zentrale Einsichten bzw. Fähigkeiten unterscheiden, die im Schriftspracherwerb von den Lernenden erworben werden müssen (vgl. Valtin 2003, S. 761):

Funktion und Aufbau der Schrift begreifen

Lesen- und Schreibenlernen setzt die Vergegenständlichung (auch: Dekontextualisierung) von Sprache voraus: Die Kinder müssen lernen, vom Handlungs- und Bedeutungskontext zu abstrahieren und ihre Aufmerksamkeit vom inhaltlichen auf den formalen Aspekt von Sprache zu richten. Dass dies für die Lernenden zunächst alles andere als eine Selbstverständlichkeit darstellt, bezeugen Kinderäußerungen wie die folgende: *(Lehrerin) Hör mal genau hin! Womit fängt das Wort Auto an? – Mit einer Stoßstange.*

1. Vergegenständlichung von Sprache

Da unsere Schriftsprache die Einheit „Wort" aus Gründen der Leserleichterung durch Leerzeichen (sogenannte Spatien) sichtbar macht, müssen die Kinder in der Schule ein im Vergleich zu ihrer bisherigen Wortvorstellung neuartiges, formales Wortkonzept entwickeln. Sie mussen lernen, Äußerungen in Worter zu segmentieren und dabei alle Redeteile – also nicht nur Inhalts-, sondern auch Funktionswörter (wie z. B. Konjunktionen und Artikelwörter) – aufzuschreiben. Beides gelingt Schülern zu Beginn des Schriftspracherwerbs noch nicht, wie die folgende charakteristische Schreibung beispielhaft veranschaulicht: *OPAOMALESN (Opa und Oma lesen).*

2. Wortkonzept

3. Einsicht in die Lautstruktur der Sprache

Vor allem aber müssen Schüler die Fähigkeit erwerben, die *lautliche* Struktur der gesprochenen Sprache zu analysieren, wobei zwei Einheiten verschiedener Größe und Zugänglichkeit eine Rolle spielen: Silben und Phoneme. Während Silben bereits Vorschulkindern meist gut zugänglich sind (z. B. beim Silbenklatschen: *Te-le-fon*), stellt die phonematische Durchgliederung von Wörtern, das ,Herausfiltern' der Phoneme (*Hut* → /h/ /u:/ /t/), für Schulanfänger eine große Herausforderung dar. Anders als Silben, die den Kindern als sprechmotorische Grundeinheiten zur Verfügung stehen, sind Phoneme abstrakte Einheiten, deren Isolierung von den Kindern ein bewusstes, analytisches Verhalten zur Sprache verlangt (vgl. Andresen 2005, S. 205).

Phonologische Bewusstheit

Unter der Bezeichnung „phonologische Bewusstheit" hat diese Einsicht in die Lautstruktur der Sprache seit den späten 1980er-Jahren viel Beachtung in der Schriftspracherwerbsforschung gefunden. Phonologische Bewusstheit gilt heute als einflussreiche Basiskomponente für einen erfolgreichen Schriftspracherwerb und wird daher zunehmend bereits in vorschulischen Einrichtungen trainiert (z. B. mit dem Würzburger Trainingsprogramm „Hören, Lauschen, Lernen" von Küspert / Schneider 2000). Neuere Untersuchungen deuten allerdings darauf hin, dass die Bedeutsamkeit solch vorschulischer Trainings der phonologischen Bewusstheit für die späteren Lese- und Rechtschreibleistungen überschätzt wird (vgl. z. B. Rothe 2007): Phonologische Bewusstheit scheint eine zwar notwendige, keineswegs aber hinreichende Bedingung für einen gelingenden Schriftspracherwerb darzustellen. Vieles spricht im Übrigen dafür, dass sich phonologische Bewusstheit erst im Zusammenhang mit dem Schrifterwerb herausbildet, somit nicht nur als Voraussetzung, sondern auch als Folge des sprachlichen Anfangsunterrichts angesehen werden muss. Ein schriftfreies Training phonemanalytischer Fähigkeiten im Vorschulalter ist vor diesem Hintergrund nicht sinnvoll (vgl. Schumann 2002).

4. Graphem-Phonem-Korrespondenzen

Nicht zuletzt bedeutet Lesen- und Schreibenlernen den Erwerb der sogenannten Graphem-Phonem-Korrespondenzen. Diese bilden in einem alphabetischen Schriftsystem „das grundlegende Gerüst" (Eisenberg / Fuhrhop 2007, S. 19); sie stellen gewissermaßen die Basis unserer darüber hinaus stark grammatisch fundierten deutschen Schriftsprache dar. Die Erfassung dieses Grundgerüsts unserer Alphabetschrift ist daher zwar „die entscheidende Hürde, aber keineswegs der Endpunkt" (Ossner 2003, S. 56): Die systematische Förderung des Erwerbs entfalteter Lese- und Rechtschreibfähigkeiten bleibt bis weit in die Sekundarstufe hinein eine wichtige Aufgabe des Sprachunterrichts (→ KAPITEL 6, 8).

4.2 Schriftspracherwerb als Entwicklungsprozess

Die Schriftspracherwerbsforschung der letzten 30 Jahre hat die Vorstellungen darüber, wie Kinder Lesen und Schreiben lernen, fundamental verändert. Lange Zeit ging man davon aus, dass sich Lesen- und Rechtschreiblernen als unmittelbare Folge der Instruktionen des Unterrichts einstellt. Heute wird die Aneignung der Schriftsprache als aktive und konstruktive Eigenleistung des jeweiligen Lerners betrachtet: Wie besonders durch die Analyse kindlicher Spontanschreibungen gezeigt werden konnte, handelt es sich beim Rechtschreiblernen im Wesentlichen um einen inneren Regelbildungsprozess (vgl. Eichler 1991), in dessen Verlauf sich die Lernenden Schritt für Schritt den Lerngegenstand Schriftsprache (re-)konstruieren.

Sichtbar wird diese Konstruktionsleistung vor allem an den Lese- und Schreibfehlern der Kinder. Die Spontanschreibung *Sofer* (für *Sofa*) z. B. lässt sich als zeitweise Übergeneralisierung interpretieren: Das Kind hat erkannt, dass der Reduktionsvokal [ɐ] (im Auslaut von *Keller*, *Bruder* usw.) stets mit der Graphemfolge <-er> verschriftet wird, und diese Erkenntnis wendet es nun eine Zeitlang auch beim ähnlich klingenden Vokal [a] an. Typische Lernfehler wie diese werden in der neueren Schrifterwerbsdidaktik „nicht (mehr) als Defizite des Kindes angesehen, sondern als durchaus sinnvolle Anzeichen für die Annäherung an einen schwierigen Lerngegenstand." (Valtin 1994, S. 76)

Die schrittweise Auseinandersetzung der Kinder mit den Strukturen und Regularitäten der Schriftsprache wurde seit den 1980er-Jahren in sogenannten Stufenmodellen dargestellt, die den Schriftspracherwerb übereinstimmend als einen Lern- und Entwicklungsprozess beschreiben, der sich über charakteristische, qualitativ unterscheidbare ‚Stufen' herausbildet. Ein frühes Modell aus dem angloamerikanischen Raum, auf das nahezu alle später entwickelten deutschsprachigen Modelle Bezug nehmen, ist das Stufenmodell der Psychologin Uta Frith aus dem Jahr 1985 (→ ABBILDUNG 12). Es zeigt drei Stufen bzw. Phasen der Schriftsprachentwicklung, die durch jeweils dominierende Lese- und Schreibstrategien gekennzeichnet sind:

Die logographische Strategie zeichnet sich dadurch aus, dass die Kinder beim Lesen und Schreiben auf vorliegende Gedächtnisrepr-

Neues Fehlerverständnis

Das Stufenmodell von Frith (1985)

Die logographische Strategie

Stufe	Lesen			Schreiben	
1a	logographisch	1		(symbolisch)	
1b	logographisch	2		logographisch	3
2a	logographisch	3		alphabetisch	1
2b	alphabetisch	3		alphabetisch	2
3a	orthographisch	1		alphabetisch	3
3b	orthographisch	2		orthographisch	3

Abbildung 12: Das Drei-Stufen-Modell von Uta Frith (Frith 1985, S. 311)

sentationen eines Wortes zurückgreifen. Eine Einsicht in den unserer Alphabetschrift zugrundeliegenden Laut-Buchstaben-Bezug ist noch nicht vorhanden; die Kinder können jedoch einige für sie bedeutsame Wörter an hervorstechenden visuellen Merkmalen erkennen (z. B. prägnante Firmenembleme wie Coca-Cola oder Langnese) und als auswendig gelernte Buchstabenreihen reproduzieren (z. B. wenn der eigene Name geschrieben oder besser: gemalt wird).

Die alphabetische Strategie Die alphabetische Strategie hingegen macht sich den Lautbezug der Schrift zunutze: Die Kinder haben den Zusammenhang von Laut- und Schriftsprache erkannt, sie kennen die für das Deutsche geltenden Graphem-Phonem-Korrespondenzen und können auf diese Weise nun auch unbekannte Wörter schreiben und lesen. Ein wesentliches Merkmal der alphabetischen Strategie ist die „sequentielle Kleinschrittigkeit" (Scheerer-Neumann 1998, S. 34), mit der gesprochene Sprache Laut für Laut in Schriftsprache übersetzt (verschriftet) bzw. umgekehrt geschriebene Sprache buchstabenweise erlesen wird (z. B. *bunte*: [bu::n:te::]).

Die orthographische Strategie Die orthographische Strategie schließlich überwindet dieses kleinschrittige Vorgehen, indem beim Lesen und Schreiben zunehmend größere Einheiten (häufig vorkommende Buchstabenfolgen, Silben, Morpheme) berücksichtigt werden. Für das Lesen stellt anfangs vor allem die Silbensegmentierung eine wichtige Strukturierungshilfe dar, später werden verstärkt auch die orthographischen Markierungen unserer Schrift (→ KAPITEL 8.1) als Lesehilfen genutzt. Ebenso lässt sich beim Schreiben die zunehmende Verwendung orthographischer Muster und Gesetzmäßigkeiten beobachten.

Frith ging davon aus, dass die drei Strategien beim Lesen und Schreiben nicht gleichzeitig erworben werden, sondern abwechselnd eine der beiden Aktivitäten im Entwicklungsprozess die Vorreiterrolle übernimmt (vgl. die Pfeile in → ABBILDUNG 12). Eine solch enge Verzahnung von Lese- und Rechtschreiberwerb lässt sich nach heutiger Forschungslage für den deutschen Sprachraum aber nicht nachweisen (vgl. Becker 2008, S. 78 f.). Unbestritten ist jedoch die von Uta Frith postulierte grobe Entwicklungsfolge von logographischer, alphabetischer und orthographischer Strategie, sodass ihr Modell noch heute in seiner bestechend einfachen Struktur als Rahmenmodell für den Schriftspracherwerb gelten kann (vgl. Scheerer-Neumann 1998, S. 34). **Das Frith-Modell als Rahmenmodell**

Die in Deutschland entwickelten Erwerbsmodelle erweitern und differenzieren das Frith'sche Drei-Stufen-Modell, wobei sich viele konzeptionell auf die Darstellung der Lese- *oder* der Rechtschreibentwicklung beschränken. Eines der wenigen Stufenmodelle, das beide Entwicklungsverläufe parallel dokumentiert, stammt von Renate Valtin (vgl. Valtin 1994; → ABBILDUNG 13). Jede Entwicklungsstufe ist darin durch den Erwerb bestimmter Fähigkeiten und Einsichten charakterisiert, die sich jeweils sowohl beim Lesen als auch beim Schreiben in typischen Strategien niederschlagen. **Das Stufenmodell von Valtin (1994)**

	Fähigkeiten und Einsichten	LESEN	SCHREIBEN
1	Nachahmung äußerer Verhaltensweisen	*„Als-ob"-Vorlesen*	*Kritzeln*
2	Kenntnis einzelner Buchstaben an Hand figurativer Merkmale	*Erraten von Wörtern* auf Grund visueller Merkmale von Buchstaben oder -teilen (Firmenembleme benennen)	*Malen von Buchstabenreihen* Malen des eigenen Namens
3	Beginnende Einsicht in den Buchstaben-Laut-Bezug, Kenntnis einiger Buchstaben / Laute	*Benennen von Lautelementen* häufig orientiert am Anfangsbuchstaben, Abhängigkeit vom Kontext	*Schreiben von Lautelementen* (Anlaut, prägnanter Laut zu Beginn des Wortes), „Skelettschreibungen"
4	Einsicht in die Buchstaben-Laut-Beziehung	*Buchstabenweises Erlesen* (Übersetzen von Buchstaben- und Lautreihen), gelegentlich ohne Sinnverständnis	*Phonetische Schreibungen* nach dem Prinzip „Schreibe, wie du sprichst"
5	Verwendung orthographischer bzw. sprachstruktureller Elemente	*Fortgeschrittenes Lesen* Verwendung größerer Einheiten (z. B. mehrgliedrige Schriftzeichen, Silben, Endungen wie -en, -er)	*Verwendung orthographischer Muster* (z. B. -en, -er; Umlaute), gelegentlich auch falsche Generalisierungen
6	Automatisierung von Teilprozessen	*Automatisiertes Worterkennen und Hypothesenbildung*	*Entfaltete orthographische Kenntnisse*

Abbildung 13: Renate Valtin: Entwicklungsmodell des Lesen- und Schreibenlernens (Valtin 1994)

Auch wenn die in diesem Modell aufgeführten Etappen der Lese- und Schreibentwicklung terminologisch nicht an das Frith-Modell anschließen, lässt sich die von Frith angenommene Strategiefolge doch unschwer in der hier beschriebenen Abfolge grundlegender Fähigkeiten und Einsichten wiederfinden. Darüber hinaus beinhaltet das Valtin-Modell eine Reihe wichtiger Ergänzungen und Differenzierungen:

Frühe Formen des Lesens und Schreibens

- Dem logographischen Lesen und Schreiben ist bei Valtin eine erste Stufe vorangestellt, die sich durch die „Nachahmung äußerer Verhaltensweisen" auszeichnet. Bereits im Kleinkindalter beginnen Kinder, das (Vor-)Lesen und Schreiben von Erwachsenen zu imitieren: Mit einem Buch in der Hand tun sie, „als ob" sie lesen (und tragen dabei die oft gehörten Vorlesegeschichten selbst vor); auch entstehen erste gekritzelte Schreibproben, die von manchen Kindern bereits bewusst für kommunikative Zwecke eingesetzt werden (sogenannte Kritzelbriefe). Durch die Berücksichtigung solcher Vorformen des Lesens und Schreibens ist der Beginn des Schriftspracherwerbs im Valtin-Modell deutlich früher angesetzt.

Schrittweise Vervollkommnung der alphabetischen Strategie

- Innerhalb der alphabetischen Strategie sind die Entwicklungsverläufe bei Valtin differenzierter dargestellt. Der voll entfalteten alphabetischen Strategie (Stufe 4) geht eine Stufe der „beginnenden Einsicht in den Laut-Buchstaben-Bezug" voran (Stufe 3), die es erlaubt, auch Vorstufen des alphabetischen Lesens und Schreibens im Modell abzubilden: Dazu gehören frühe Erlese-versuche, bei denen Wörter ausgehend von einzelnen bekannten Elementen kontextbezogen erraten werden (z. B. *lang* statt *lila*), und ebenso all die rudimentären Verschriftungen, die sich auf dem Weg zum alphabetischen Schreiben beobachten lassen (Verschriftungen des Anlauts und sogenannte Skelettschreibungen, z. B. MS für *Maus*, RTA für *Ritter* usw.). Um deutlich zu machen, dass sich die Kinder auf dieser Stufe beim Schreiben vorwiegend an ihrer eigenen Artikulation orientieren (mit z. T. übergenauer Wiedergabe lautlicher Elemente: z. B. TSEUICH für *Zeug*), spricht Valtin von „phonetischen Schreibungen".

Automatisierung

- Schließlich umfasst das Valtin-Modell noch eine letzte Stufe, die sozusagen den (wünschenswerten) Endpunkt der Lese- und Rechtschreibentwicklung benennt: den kompetenten Leser bzw. Rechtschreiber, bei dem die erforderlichen Teilprozesse so weit automatisiert sind, dass sie kaum noch Aufmerksamkeit erfordern.

Selbstverständlich handelt es sich bei den beschriebenen Entwicklungsverläufen um eine idealtypische Darstellung, die als solche nicht den Anspruch erhebt, den Entwicklungsweg jedes einzelnen Kindes vorzuzeichnen – ein Überspringen einzelner Stufen ist bei einzelnen Lernern ebenso denkbar wie das Stagnieren auf bestimmten Entwicklungsstufen. Eine offene Frage ist dabei auch, welchen Einfluss der Unterricht auf die individuelle Lese- und Rechtschreibentwicklung nimmt: „Denn spätestens mit Schuleintritt wird der natürliche ‚Erwerbsprozess' – sollte man überhaupt von einem solchen sprechen können – überlagert von Vermittlungsstrategien und [angeleiteten, Anm. d. Verf.] Lernprozessen." (Becker 2008, S. 91) Insofern ist stets zu bedenken, dass der Lese- und Rechtschreiberwerb nicht völlig losgelöst von unterrichtlichen Lehr-Lern-Prozessen gedacht und modelliert werden kann, sondern in seinem Verlauf sehr wahrscheinlich auch durch die didaktische Konzeption und die konkreten Methodenentscheidungen der Lehrperson im Anfangsunterricht (und ebenso im weiterführenden Lese- und Schreibunterricht) beeinflusst wird.

Idealtypische
Entwicklungsverläufe

4.3 Didaktische Konzeptionen des Anfangsunterrichts im Lesen und Schreiben

Die zentrale Frage, mit welchem unterrichtlichen Vorgehen die Lese- und Schreibentwicklung der Schüler bestmöglich unterstützt werden kann, wurde in der Geschichte der Erstlese- und Erstschreibdidaktik sehr unterschiedlich beantwortet. Auch in der aktuellen Methodendiskussion herrscht alles andere als Einigkeit darüber, welcher didaktische Ansatz bzw. welche Methode im schriftsprachlichen Anfangsunterricht verfolgt werden sollte – jede der vorliegenden Konzeptionen nimmt für sich in Anspruch, den Königsweg zu kennen und die Kinder somit besser als andere in die Geheimnisse der Schrift einzuführen. Die einzelnen Ansätze unterscheiden sich dabei nicht nur in ihren schriftlinguistischen Grundlagen, sondern in hohem Maße auch in ihrer Auffassung vom Lehren und Lernen: Je nachdem, ob im Lehr-Lern-Prozess eher dem Lehrenden oder eher dem Lernenden die aktive Rolle zukommt, lassen sich *lehr*gangs- und *lern*wegsorientierte Konzeptionen unterscheiden (vgl. Kirschhock 2004, S. 91–109).

Methodendiskussion

Lehrgänge zeichnen sich dadurch aus, dass sie die Lernenden möglichst systematisch und vor allem schrittweise mit dem Lerngegenstand bekannt machen. Im Anfangsunterricht wird der Lehrgangsgedanke zumeist mithilfe eines entsprechend konzipierten Lehrwerks umgesetzt: Die Fibel fungiert als zentrales Lehr- bzw. Lernmedium, in dem der Lerngegenstand Schriftsprache für die Lernenden nach sachlogischen

Lehrgänge

Aspekten vorstrukturiert und in überschaubaren Teilschritten präsentiert wird. Jedes Lehrwerk folgt dabei bestimmten theoretischen Grundannahmen, die sich deutlich in der jeweiligen methodischen Ausrichtung des Lehrgangs widerspiegeln. Nahezu alle neueren Fibellehrgänge arbeiten methodenintegrativ, d. h. sie verbinden gezielt analytische und synthetische Aktivitäten: Als Ausgangspunkt dienen sinnvolle Spracheinheiten (Wörter, Sätze, kleine Texte), die von Beginn an visuell und auditiv durchgliedert (analysiert), zugleich aber auch (z. B. durch das Legen der Wörter mit Buchstabenkarten) aus den analysierten Einheiten zusammengesetzt (synthetisiert) werden. Dieses analytisch-synthetische Lehrverfahren vermeidet somit bewusst das Erlesen sinnleerer Silben oder Pseudowörter am Beginn des Lehrgangs, ohne aber auf eine systematische Einführung der Buchstaben-Laut-Beziehungen zu verzichten (vgl. Valtin 2003, S. 764f.).

Analytisch-synthetisches Lehrverfahren

Anders als in älteren Fibeln, bei denen das Lesenlernen zunächst im Vordergrund stand, beginnen aktuelle Lehrwerke meist von Anfang an mit dem Lesen- *und* Schreibenlernen und bieten daher zusätzlich zur Fibel einen passgenau abgestimmten Schreiblehrgang in Druckschrift. Besonders zu Beginn nehmen die Erarbeitung der Buchstabenformen und das Einschleifen der normierten Schreibbewegung im Schreiblehrgang breiten Raum ein; konzeptionelle und schriftstrukturelle Aspekte des Schreibens spielen zumeist eine untergeordnete Rolle.

Integrierter Schreiblehrgang

Angestoßen durch die immer lauter werdende Forderung nach einer verstärkten Öffnung des Unterrichts für die individuellen Lern- und Entwicklungsprozesse der Schüler brach in den 1980er-Jahren eine Welle der Kritik über die Fibellehrgänge herein: Kritisiert wurden vor allem der durch die Klein- und Gleichschrittigkeit der meisten Lehrgänge bedingte „Fibeltrott" (Bergk / Meiers 1985) sowie, damit zusammenhängend, die mangelnde Berücksichtigung kindlicher Lernbedürfnisse und -voraussetzungen. Als Reaktion auf die scharfe Fibelkritik war in den Folgejahren eine zunehmende Öffnung der Lehrwerke hin zu halboffenen Lehrgängen zu beobachten, die zusätzlich zum Leitmedium Fibel zahlreiche Begleitmaterialien für ein binnendifferenzierendes Arbeiten bereitstellen. Der Lehrgangsgedanke allerdings bleibt davon im Kern unberührt: Öffnung wird als etwas verstanden, „das zusätzlich zum Lehrgang passieren sollte" (Brügelmann / Brinkmann 1998, S. 97), aber – anders als in lernwegsorientierten Konzeptionen – kein grundsätzliches Umdenken bezüglich der Gestaltung des Lehr-Lern-Prozesses bedeutet.

Fibelkritik

Einen grundlegend anderen Weg wählen demgegenüber Konzeptionen eines „offenen" Anfangsunterrichts, die vollständig auf einen linearen Lehrgang verzichten und stattdessen die individuellen Lernwege der Kinder ins Zentrum rücken. Es handelt sich um stark pädagogisch motivierte Ansätze, die im größeren Kontext pädagogisch-didaktischer Reformbestrebungen zur „Öffnung des Unterrichts" zu sehen sind (vgl. dazu Hanke 2001) und daher über den Erwerb von Lese- und Schreibfähigkeiten hinaus auch pädagogische Zielsetzungen akzentuieren. Lernwegsorientierte Konzeptionen

Die meisten lernwegsorientierten Konzeptionen lassen sich als Varianten dem sogenannten Spracherfahrungsansatz zuordnen. Der Erwerb der Schriftsprache wird in diesem Ansatz als ein natürlicher Lernprozess angesehen, der strukturell mit dem primären Spracherwerb vergleichbar ist. Ebenso wie das Sprechen, so die Grundannahme, lernen Kinder auch das Lesen und Schreiben vornehmlich durch den Gebrauch in für sie sinnvollen Anwendungssituationen – und nicht, wie der herkömmliche Lehrgangsunterricht suggeriert, durch schrittweise Instruktion. Entscheidend ist demnach, die Kinder in einer (schrift-)sprachlich anregenden Lernumgebung zum Schreiben und Lesen zu verlocken und ihnen reichhaltige Lese- und Schreiberfahrungen zu ermöglichen. Anders als im lehrgangsorientierten Unterricht steht im Spracherfahrungsansatz anfangs nicht das Lesen, sondern das Schreiben im Vordergrund: Unterstützt durch eine sogenannte Lauttabelle, der – zumeist über eine Anlautanalyse der bildlich dargestellten Wörter (z. B. Maus für das Graphem <m>) – die für das Deutsche grundlegenden Buchstaben-Laut-Beziehungen zu entnehmen sind, können die Kinder von Anfang an für sie persönlich bedeutsame Inhalte verschriften („freies Schreiben"). Als grundsätzliche Planungs- und Strukturierungshilfe für einen Anfangsunterricht, der dem Spracherfahrungsansatz verpflichtet ist, dient eine „didaktische Landkarte" (Brügelmann / Brinkmann 1998, S. 107) mit acht gleichrangigen Lernfeldern, denen jeweils konkrete Lernangebote und -aktivitäten zugeordnet werden können. Der Linearität eines Lehrgangs wird hier bewusst eine Systematik entgegengesetzt, die parallel unterschiedliche Zugänge zur Schrift zu eröffnen hilft. Spracherfahrungs-ansatz

Mit dem populären Ansatz „Lesen durch Schreiben" von Jürgen Reichen liegt seit den 1980er-Jahren eine weitere lernwegsorientierte Konzeption vor, die – zumindest auf den ersten Blick – manche Gemeinsamkeit mit dem Spracherfahrungsansatz aufweist. Der Name des Ansatzes ist Programm: „Es wird didaktisch gar nicht erst versucht, den Schüler das Lesen zu lehren. Stattdessen lehrt man ihn ‚Schreiben': Lesen durch Schreiben." (Reichen 1982, S. 16) Methodisch steht das lautgetreue Verschriften mithilfe einer Lauttabelle im Lesen durch Schreiben

Zentrum: Die Kinder lernen, Wörter phonematisch zu durchgliedern und sie dann mithilfe der von Reichen konzipierten Lauttabelle (von ihm selbst als Buchstabentabelle bezeichnet) Laut für Laut vollständig aufzuschreiben (→ ABBILDUNG 14).

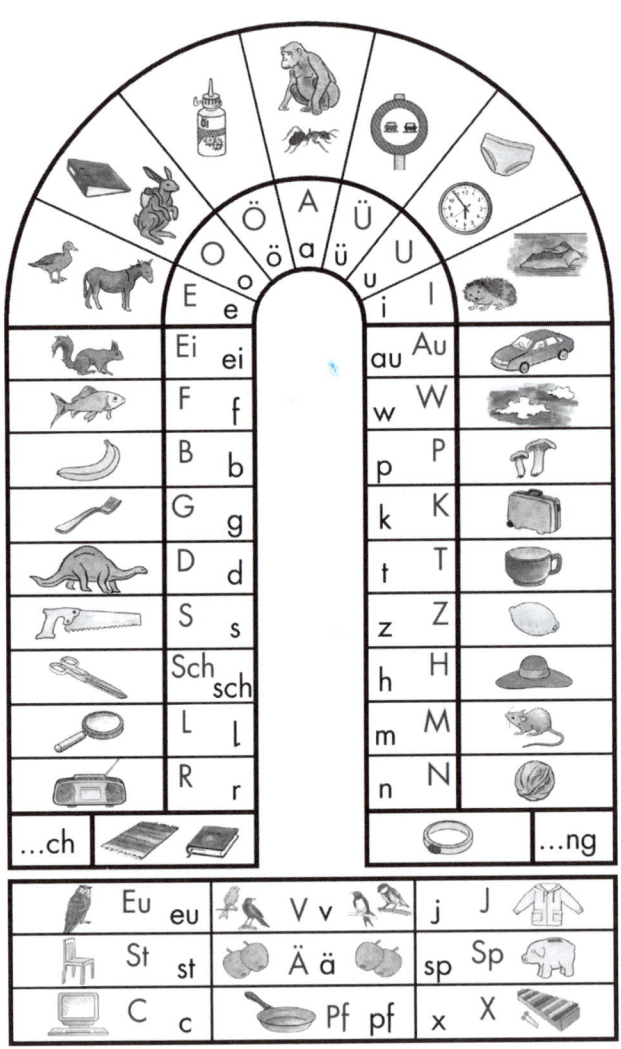

Abbildung 14: Buchstabentabelle aus der Erstlesemethode von Dr. Jürgen Reichen: *Lesen durch Schreiben* (Schülerausgabe, 2003)

Auf diese Weise können die Kinder zwar von Anfang an alles schreiben, was ihnen am Herzen liegt („alle Wörter der Welt", wie es mehrfach emphatisch bei Reichen heißt), ohne aber zunächst das Geschriebene selbst lesen zu können. Das Lesen stellt sich laut Reichen nach einer gewissen Zeit „als Begleitprodukt des Verschriftens ‚von selbst' ein" (Reichen 2001, S. 28); von einer Störung dieses selbstgesteuerten Prozesses durch systematische Unterweisung wird explizit abgeraten. Dieser radikale Verzicht auf jegliche Unterstützung beim Lesenlernen wird in der Schrifterwerbsdidaktik sehr kritisch gesehen – auch Vertreter des Spracherfahrungsansatzes distanzieren sich in diesem Punkt ausdrücklich von Reichens Position: *„Lesen lernt man durch Lesen, Schreiben lernt man durch Schreiben."* (Brügelmann/ Brinkmann 1998, S. 94)

Lesenlernen als Begleitprodukt

Ein zentraler Kritikpunkt, der seit den 2000er-Jahren verstärkt gegen die lernwegsorientierten Konzeptionen ins Feld geführt wird (vgl. z. B. Röber-Siekmeyer 2002), betrifft die aus Kritikersicht unzureichende fachlich-linguistische Fundierung der einzelnen Ansätze. Bezogen auf das Schreibenlernen wird besonders die starke Akzentuierung des phonetischen Verschriftens kritisiert, das – durchaus in Übereinstimmung mit den vorliegenden Stufen- bzw. Entwicklungsmodellen – in sämtlichen lernwegsorientierten Ansätzen als notwendiger Entwicklungsschritt postuliert wird: Da unsere Schriftsprache dem Ideal einer Alphabetschrift mit weitgehender 1:1-Zuordnung von Phonemen und Graphemen nicht entspricht (→ KAPITEL 8.1), sei die Betonung der alphabetischen Strategie beim Schreiben nicht nur unzureichend, sondern „eventuell sogar lernhinderlich, weil Kinder dadurch eine falsche Vorstellung vom Lerngegenstand entwickeln, die sie später revidieren müssen" (Voss u. a. 2007, S. 18). Gefordert wird stattdessen ein Anfangsunterricht, der die Schüler von Beginn an systematisch mit den Strukturen unserer Schriftsprache vertraut macht.

Mangelnde fachliche Fundierung

Eine neuere Konzeption, die diesen Anspruch umzusetzen versucht, ist die vornehmlich linguistisch begründete „Silbenanalytische Methode" von Christa Röber (vgl. Röber 2009, S. 151–200). Was die Silbenanalytische Methode von Fibellehrgängen und lernwegsorientierten Ansätzen gleichermaßen unterscheidet, ist die grundlegend andere Modellierung des Lerngegenstandes. Theoretischer Ausgangspunkt ist eine Schrifttheorie, nach der nicht der einzelne Laut oder Buchstabe, sondern die Einheit der Silbe die entscheidende Größe unseres Schriftsystems darstellt. Dem herkömmlichen „einzelbuchstabenorientierten Unterricht", der die Aneignung der Laut-Buchstaben-

Silbenanalytische Methode

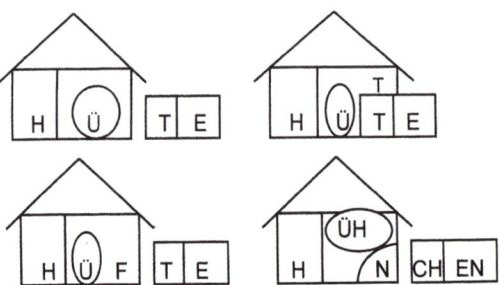

Abbildung 15: Christa Röber: Häuschen-Modelle als Symbole für die vier Wortgestalten (Weinhold 2006, S. 130)

Beziehungen in den Mittelpunkt des Anfangsunterrichts stellt, setzt Röber daher ein Vorgehen entgegen, das konsequent von der Silbe als Ausgangseinheit des Schriftspracherwerbs ausgeht. Im Zentrum **Vier Wortgestalten** steht das Schreiben und Lesen von Wörtern der vier „Wortgestalten" (Röber 2009, S. 45), in denen die für das Deutsche typischen trochäischen Zweisilber (Akzentuierung: betont/unbetont) auftreten. Zur Veranschaulichung der Strukturen dient ein schematisches Häusermodell (→ ABBILDUNG 15): Haus und Garage stehen für die betonte und unbetonte Silbe, die beiden Zimmer zeigen die innere Organisation der Silbe in Anfangsrand und Reim. Ziel der Arbeit an den Häuserbildern ist der sukzessive Aufbau eines systematischen, auch explizit verfügbaren Schriftwissens, auf das die Schüler zur Kontrolle ihres Schreibens und Lesens zurückgreifen können.

Auch beim Lesen lernen die Kinder, sich die Silbenstruktur der Wörter zunutze zu machen. Veranschaulicht wird das silbenanalytische Vorgehen durch die Arbeit eines Cowboys: Die einzelnen Silben des zu lesenden Wortes werden von ihm ‚mit dem Lasso eingefangen', und zwar beginnend mit der zweiten, unbetonten Silbe (beim Wort *Hüfte* z. B.: Hüf te). Erst nachdem auf diese Weise die Reduktionssilbe abgetrennt und das Wort strukturiert ist, liest der Cowboy die erste, betonte Silbe (Hüf): Er artikuliert zunächst nur den Silbenreim ([ʔʏf]) und fügt dann mit einem zweiten Lassowurf den Silbenanfangsrand (Hüf → [hʏf]) und schließlich auch die Reduktionssilbe hinzu ([hʏf.tə]).

Untersuchung zur Methodeneffektivität In einer groß angelegten Längsschnittuntersuchung hat Swantje Weinhold die Effekte unterschiedlicher didaktischer Konzeptionen des Anfangsunterrichts auf das Lesen- und Schreibenlernen in den Klassen 1 bis 4 untersucht (vgl. Weinhold 2009). Im Zentrum stand dabei die empirische Evaluation der Silbenanalytischen Methode; vergleichend wurde die Lernwirksamkeit zweier ausgewählter Fibellehrgänge (Hinnrichs 2002: *Fara und Fu* sowie Metze 2002: *Tobi-Fibel*) und des Ansatzes „Lesen durch Schreiben" geprüft. Die bislang vorliegenden quantitativen Ergebnisse zur Entwicklung der Lese- und Rechtschreibleistungen in den ersten vier Schuljahren (bei denen allerdings aus forschungspraktischen Gründen die Daten der „Lesen durch Schreiben"-Klassen nicht berücksichtigt werden konnten) zeigen keine signifikanten Unterschiede zugunsten einer der untersuchten Konzeptionen: Die Arbeit mit der Silbenanalytischen Methode führte überwiegend zu ähnlichen Ergebnissen wie die Arbeit mit den beiden Fibelwerken, lediglich im Bereich des Lesens erwies sich der Silbenansatz insgesamt als leicht überlegen (vgl. Weinhold 2009, S. 70–72). Ein klares Votum für oder gegen einen bestimmten Ansatz lässt sich somit aus der Untersuchung nicht ableiten.

Keine signifikanten Unterschiede

Allerdings bleibt zu fragen, ob ein Vergleich der vorliegenden Konzeptionen, der sich auf Effektivität im Sinne messbarer Lese- und Rechtschreibleistungen beschränkt, der Sache wirklich gerecht wird. Gerade in lernwegsorientierten Ansätzen stehen pädagogische und didaktische Zielsetzungen gleichrangig nebeneinander, sodass die Evaluation der Leistungsentwicklung im Lesen und Rechtschreiben nur einen Teilaspekt dieser Konzeptionen erfasst. Auch wie sich *meta*sprachliche Fähigkeiten unter dem Einfluss verschiedener Unterrichtskonzeptionen entwickeln, wurde bislang nur selten in Methodenvergleichsuntersuchungen berücksichtigt. Die Ergebnisse der in dieser Hinsicht einschlägigen Studie von Eva Kirschhock weisen jedoch darauf hin, dass es Schülern in einem offenen Anfangsunterricht besser gelingt, kognitive Klarheit in Bezug auf Funktion und Aufbau der Schrift zu gewinnen, als im lehrgangsorientierten Fibelunterricht (vgl. Kirschhock 2004, S. 193–223).

Fragen und Anregungen

- Zeigen Sie auf, welche Anforderungen der Erwerb der deutschen Schriftsprache an die Lernenden stellt.

- Vergleichen Sie die beiden Entwicklungsmodelle des Lesen- und Schreibenlernens von Uta Frith (1985) und Renate Valtin (1994): Welche Gemeinsamkeiten, welche Unterschiede stellen Sie fest?

- Skizzieren Sie die zentralen Charakteristika der verschiedenen Konzeptionen des Anfangsunterrichts im Lesen und Schreiben. Überlegen Sie vor allem, welche Rolle der Lehrperson im jeweiligen Ansatz zukommt.

Lektüreempfehlungen

- Helga Andresen: **Vom Sprechen zum Schreiben. Sprachentwicklung zwischen dem vierten und siebten Lebensjahr**, Stuttgart 2005. *Ein sehr lesenswertes Buch, das (vor allem in den Kapitel 10 und 11) die Anforderungen, denen sich Kinder beim Erwerb der Schriftsprache gegenübersehen, klar herausarbeitet.*

- Hans Brügelmann / Erika Brinkmann: **Die Schrift erfinden**, Lengwil am Bodensee 1998. *Dieses Praxisbuch bietet Beobachtungshilfen und methodische Ideen für einen offenen Anfangsunterricht im Lesen und Schreiben.*

- Renate Valtin: **Stufen des Lesen- und Schreibenlernens. Schriftspracherwerb als Entwicklungsprozess**, in: Dieter Haarmann (Hg.), Handbuch Grundschule, Bd. 2 (Fachdidaktik: Inhalte und Bereiche grundlegender Bildung), Weinheim 1994, S. 68–80. *Ausführliche, mit vielen Beispielen durchsetzte Darstellung eines Entwicklungsmodells des Lesen- und Schreibenlernens.*

- Renate Valtin: **Methoden des basalen Lese- und Schreibunterrichts**, in: Ursula Bredel / Hartmut Günther / Peter Klotz u. a. (Hg.), Didaktik der deutschen Sprache, Bd. 2, Paderborn 2003, S. 760–771. *Sehr guter Überblick über historische und aktuelle Verfahren des Erstlese- und Erstschreibunterrichts und ihre theoretischen Grundlagen.*

- Swantje Weinhold: **Effekte fachdidaktischer Ansätze auf den Schriftspracherwerb in der Grundschule. Lese- und Rechtschreibleistungen in den Jahrgangstufen 1–4**, in: Didaktik Deutsch 15, 2009, Heft 27, S. 53–75. *Der Beitrag erlaubt einen Einblick in den Stand der empirischen Lehr-Lern-Forschung zum Schriftspracherwerb.*

5 Sprechen und Zuhören

Abbildung 16: Stuhlkreis (Foto: Tim Schober)

*Seit Menschengedenken bildet der Kreis die bevorzugte Form, in der
sich Gruppen treffen, um miteinander zu sprechen. Er ermöglicht es,
dass jeder Beteiligte alle anderen sehen kann. Das gemeinsame Erzählen im Kreis diente schon immer dazu, ein Gefühl von Gemeinschaft
und Zugehörigkeit zu stiften, Erfahrungen zu tradieren und Ideen zu
entwickeln (→ KAPITEL 2.1). Die Schule will an diese Tradition anknüpfen, indem sie solche „Erzählkreise" auch im Unterricht durchführt.
Die Schüler sollen dadurch ihre Erzähl- und Gesprächsfähigkeit entwickeln. Empirische Studien lassen allerdings Zweifel daran aufkommen, dass Erzählkreise in der Schule diese Wirkung entfalten. Vielmehr scheint es dabei um sachfremde Lernziele wie das Stillsitzen
oder das disziplinierte Zuhören zu gehen. Grund dafür ist, dass die
institutionellen Bedingungen der Schule das alltägliche Handlungsmuster „Erzählen" neu bestimmt und für ihre Zwecke funktionali-
siert haben (vgl. Fienemann / Kügelgen 2003). Damit ist ein Problem
jeglicher Kommunikation im Unterricht angesprochen: Sie findet
grundsätzlich immer unter den Bedingungen der Institution Schule
statt. Das heißt zum Beispiel, dass für alle Beteiligten – auch für die
Lehrperson – ein Zwang zur Anwesenheit besteht oder dass jede Äußerung eines Schülers von der Lehrperson explizit oder implizit
bewertet werden kann. Kommunikation in der Institution Schule ist
daher oft widersprüchlich, etwa wenn die Lehrperson den Zwangs-
charakter auf der sprachlichen Oberfläche negiert und Freiwilligkeit
signalisiert. Diese besonderen Bedingungen bestimmen unweigerlich
das kommunikative Geschehen und lassen sich nicht mit methodischen oder didaktischen ‚Tricks' umgehen. Sie müssen im Unterricht angemessen berücksichtigt werden. Das bedeutet, dass sich die
Lehrpersonen (und die Schüler) ihrer Wirkung bewusst sind und dass
das kommunikative Handeln (z. B. bei Kommunikationsproblemen)
immer wieder unter diesem Fokus reflektiert wird.*

Auf dieser Grundlage geht es darum, das Gegenstandsfeld „Sprechen
und Zuhören" als Lerngegenstand zu konturieren, sowie Ziele und
Kompetenzen für diesen festzulegen. Daneben gilt es, die vielfältigen
Lernmöglichkeiten aufzuzeigen, die auch unter den Bedingungen institutioneller Kommunikation realisiert werden können.

5.1 Mündliche Kommunikation als Lerngegenstand
5.2 Ziele und Kompetenzen
5.3 Sprechen und Zuhören anregen und fördern

5.1 Mündliche Kommunikation als Lerngegenstand

Mündliche Kommunikation hat im Unterricht verschiedene Funktionen. Zum einen ist sie ein Lern*medium* und spielt in Form des Unterrichtsgesprächs eine entscheidende Rolle. Dieses kommunikative Geschehen ist immer wieder gründlich untersucht worden (vgl. Ehlich / Rehbein 1986; Becker-Mrotzek / Vogt 2001). Zum anderen ist mündliche Kommunikation aber auch ein Lern*gegenstand*, und zwar in allen Schulstufen. Dabei geht es beispielsweise darum, dass man lernt, Gespräche zu führen und dabei zu argumentieren, eine Präsentation zu gestalten, einen Text vorzulesen oder anderen etwas zu erzählen.

Lernmedium und Lerngegenstand

Das Besondere an mündlicher Kommunikation ist die im Regelfall gleichzeitige Anwesenheit des Sprechers und des Hörers. Damit können alle Beteiligten neben den verbalen auch auf non-verbale (Gesten, Mimik usw.) und paraverbale (Intonation, Lautstärke, Stimmlage usw.) Kommunikationsmittel zurückgreifen und sie für den Verstehensprozess nutzen (zur prinzipiellen Differenz von Mündlichkeit und Schriftlichkeit → KAPITEL 3.1). Damit ist verbunden, dass mündliche Kommunikation nur gemeinsam hervorgebracht werden kann; sie kommt nur interaktiv zustande. Mündliche Kommunikation ist für alle Beteiligten anspruchsvoll, weil sie durch die Flüchtigkeit des Gesprochenen eine kontinuierliche Planung der eigenen Gesprächsbeiträge parallel zum Sprechen und Hören erfordert (vgl. Becker-Mrotzek 2009a, S. 70f.).

Besonderheiten mündlicher Kommunikation

Für den Kontext Schule muss mündliche Kommunikation weiter ausdifferenziert werden. Man kann verschiedene Sprachhandlungen benennen, die erlernt werden sollen, beispielsweise überzeugen, informieren, entschuldigen und noch viele andere. Dieses Vorgehen ist aber wenig systematisch.

Ausgehend von unterschiedlichen Kommunikationsmodellen (→ KAPITEL 2.2) lassen sich für das Thema mündliche Kommunikation drei Arbeitsbereiche systematisieren. Diese orientieren sich allerdings nicht primär an den sprachlichen Funktionen, da jede Äußerung mehrere Funktionen erfüllt und die Funktionen somit als Systematisierungskriterium nicht infrage kommen. Aber es lassen sich mithilfe der Modelle Kommunikationssituationen genauer beschreiben, in denen einzelne Funktionen tendenziell eine stärkere Gewichtung haben.

Drei Arbeitsbereiche

So kann man zunächst zwischen der Perspektive des Senders und der Perspektive des Empfängers unterscheiden. Die Empfängerperspektive ist mit der Sprachrezeption – dem „Zuhören" (1) – verknüpft; die Senderperspektive mit der Sprachproduktion – dem Sprechen (→ KAPITEL 3.1). Die Perspektive des Senders, also das Sprechen, lässt sich weiter ausdifferenzieren nach dem Verhältnis zum Empfänger oder zu den Empfängern und nach der Sprachfunktion, die dabei tendenziell im Zentrum steht. Denn obwohl mündliche Kommunikation nur durch die Beteiligung beider Gesprächspartner zustande kommt, kann man zwischen eher monologischen und eher dialogischen Kommunikationssituationen unterscheiden. Bei dialogischen Kommunikationssituationen sind alle Partner sowohl als Sprecher als auch als Zuhörer aktiv, sie können die Sprecher- und Hörerrollen relativ leicht wechseln. Im Vordergrund steht eher die phatische Sprachfunktion. In den Bildungsstandards wird dieser Bereich eingängig als „Mit anderen sprechen" (2) bezeichnet. „Vor und zu anderen sprechen" (3) heißt dagegen der Bereich, der die eher monologischen Kommunikationssituationen umfasst. In ihnen sind die Sprecher- und Hörerrollen stärker festgelegt. Es gibt nur einen Sprecher und die Zuhörer haben nicht ohne Weiteres die Möglichkeit, die Sprecherrolle zu übernehmen. Im Zentrum stehen hier oft eher die referenzielle oder die konative Sprachfunktion.

Allen drei Arbeitsbereichen gemeinsam ist die Anforderung, das

Situationsadäquate Gestaltung

Sprechen und Zuhören situationsadäquat zu gestalten. Das bedeutet, dass es nicht eine bestimmte Art von Sprechen und Zuhören gibt, die per se richtig ist. Vielmehr muss immer die Situation mitbedacht werden, in der mündliche Kommunikation stattfindet. So gestaltet sich ein Gespräch bei einer Behörde ganz anders als ein Gespräch unter Freunden; und einer traurigen Freundin zuzuhören gestaltet sich anders als das Zuhören bei einer Vorlesung. Entscheidend ist, dass der Einzelne über verschiedene Möglichkeiten der Realisierung von Gesprächsbeiträgen verfügt, und zwar auf allen Ebenen (Stimme, Wortwahl, Satzbau, Gestik und Mimik usw.). Und er muss in der Lage sein, sein Sprechen, aber auch sein Zuhören, der jeweiligen Situation anzupassen.

1. Arbeitsbereich „Zuhören"

Während der Arbeitsbereich „Zuhören" lange Zeit in der wissenschaftlichen und fachdidaktischen Diskussion keine Rolle gespielt hat, gibt es heute viele Untersuchungen, die sich explizit mit Fragen rund um das Zuhören befassen. Die Psychologin Margarete Imhof hat den komplexen Prozess des Zuhörens analysiert. Sie hat vier De-

Determinanten des Zuhörprozesses

terminanten identifiziert, die den Zuhörprozess bestimmen. Die erste Determinante ist die „Bildung und Aufrechterhaltung einer *Intention zur Selektion*" (Imhof 2003, S. 54). Das bedeutet, dass der Zuhörer bereit sein muss, seine Aufmerksamkeit so auf das zu Hörende zu richten, wie es sein Verstehensziel erfordert. Dabei muss er unter den wahrgenommenen Informationen auswählen, da nicht alle für sein Verstehensziel notwendig sind. Je nach Situation kann es für den Zuhörer wichtig sein, beispielsweise stärker auf paraverbale Signale oder stärker auf den genauen Wortlaut zu achten.

Die anderen drei Determinanten sind die Wahrnehmung und Verarbeitung der Sprechermerkmale, des sprachlichen Inputs und der Situationsmerkmale (Imhof 2003, S. 54). Damit wird deutlich, dass Zuhören viel mehr ist, als die ‚Informationsentnahme‘ aus einem mündlichen Text. Der sprachliche Input ist nur ein Aspekt des Zuhörens; er bildet die Grundlage, auf der der Zuhörer ein mentales Modell entwickelt (→ KAPITEL 6). Aber erst die Beachtung der Merkmale des Sprechers – zum Beispiel seiner kommunikativen Absicht – und die Beachtung der Situation ermöglichen dem Zuhörer, den sprachlichen Input angemessen zu verarbeiten. Dieser Aspekt spielt besonders bei der Konstruktion von Aufgaben und Tests im schulischen Bereich eine Rolle. Mit dem Hörverstehen hat sich für den Unterricht in der Landessprache ein Format aus der Fremdsprachendidaktik etabliert, das sich allerdings häufig auf die Überprüfung der Wahrnehmung und Verarbeitung des sprachlichen Inputs beschränkt, ohne die für die Kommunikation so wichtigen Merkmale der Situation und des Sprechers zu berücksichtigen.

Der Arbeitsbereich „Mit anderen sprechen" bezieht sich auf alle Arten eher dialogisch ausgerichteter Kommunikationssituationen. Auf der Grundlage ihrer eigenen kognitiven Möglichkeiten bewältigen die Beteiligten gemeinsam ihre kommunikative Aufgabe, indem sie interaktiv das Gespräch realisieren. Dabei bedienen sie sich sprachlicher Handlungsmuster. Eine Gesellschaft entwickelt solche Handlungsmuster im Laufe der Zeit aus der Bewältigung wiederkehrender kommunikativer Ereignisse. Handlungsmuster sind damit gesellschaftlich verankerte Standardlösungen für Standardprobleme des kommunikativen Alltags. Die Muster sind auf einen bestimmten Zweck hin ausgerichtet und mehr oder weniger stark strukturiert und formalisiert. Sie organisieren etwa den Sprecherwechsel oder regeln die Abfolge der Redebeiträge und entlasten so die Sprecher bei der Handlungsplanung, „weil sie auf ein geteiltes Wissen über einen typischen Gesprächsablauf zurückgreifen können." (Becker-Mrotzek 2008, S. 55) Beispiele für solche sprachlichen Handlungsmuster in dialogischen Kommunikationssituationen sind das Stellen von Fragen, etwas Erzählen, Erklären, Argumentieren, Beschreiben, Berichten oder Begründen.

Um erfolgreich solche Handlungsmuster anzuwenden, brauchen die Beteiligten auf der einen Seite sprachstrukturelle Fähigkeiten, also

2. Arbeitsbereich „Mit anderen sprechen"

Sprachliche Handlungsmuster

Sprachstrukturelle Fähigkeiten

phonische, semantische und morphologisch-syntaktische Qualifikationen, und auf der anderen Seite kommunikativ-pragmatische (vgl. Quasthoff 2003, S. 108; Ehlich 2005, S. 12). Die phonische Qualifikation bezieht sich zunächst auf die Laute als kleinste unterscheidbare Einheiten der gesprochenen Sprache. Diese Laute muss der Einzelne produzieren und differenzieren können. Der Linguist Konrad Ehlich fasst aber auch Fähigkeiten darunter, die sich auf größere Einheiten sprachlicher Strukturen beziehen und klanglich realisiert werden. Semantische Qualifikation bedeutet, dass man „die Zuordnung sprachlicher Ausdrücke zu Wirklichkeitselementen und zu Vorstellungselementen sowie zu deren Kombination rezeptiv und produktiv herstellen" kann (Ehlich 2005, S. 12). Damit wird deutlich, dass das Wissen um die Bedeutung von Wörtern mit mentalen Strukturen einhergeht, die es zu erwerben gilt. Die Vorstellung, man könne sich ausschließlich „Wörter" aneignen, greift zu kurz. Mit morphologisch-syntaktischer Qualifikation ist gemeint, dass der Einzelne zunehmend in der Lage sein muss, komplexere sprachliche Formen zu nutzen. Nach morphologischen und syntaktischen Regeln – die in den einzelnen Sprachen sehr unterschiedlich sein können – formulieren die Sprecher komplexe sprachliche Gebilde, die die Hörer analysieren müssen.

Diese stärker auf die Materialität der Sprache ausgerichteten Qualifikationen sind aber nur die eine Seite. Auf der anderen Seite brauchen alle Gesprächsteilnehmer **kommunikativ-pragmatische Fähigkeiten**. Sie ermöglichen es, sprachliche Handlungsabsichten bei anderen wahrzunehmen und eigene umzusetzen. Dies geschieht im Rahmen von immer größeren sprachlichen Einheiten wie sprachlichen Handlungsmustern, deren regelhafter Ablauf als Diskursstruktur erworben wird. Mit der Zeit müssen Sprecher und Hörer auch erkennen, in welchen situativen Zusammenhang ein Gespräch eingebettet ist. Sie müssen lernen, beispielsweise die soziale Situation oder die institutionellen Bedingungen beim Gespräch angemessen zu berücksichtigen.

Der Arbeitsbereich „Vor und zu anderen sprechen" speist sich eher aus der Tradition der Rhetorik, bei der die wirkungsvolle Gestaltung einer Rede im Zentrum steht. Seit der Antike gehen Redner bei der Vorbereitung ihrer Rede in fünf Schritten vor:
1. inventio (Sammlung der Inhalte)
2. dispositio (Erstellung einer Gliederung)
3. elocutio (Formulierung der Rede)
4. memoria (Auswendiglernen der Rede)
5. pronuntiatio / actio (Vortrag der Rede; vgl. Wagner 2006, S. 66).

Kommunikativ-pragmatische Fähigkeiten

3. Arbeitsbereich „Vor und zu anderen sprechen"

Die Schritte 3 und 4 werden heute meist nicht mehr in dieser Form praktiziert. Die meisten Vorträge und Referate beruhen auf Konzepten, bei denen der Sprecher die wichtigsten Punkte stichwortartig notiert hat.

Bis zur kommunikativen Wende in den 1970er-Jahren (→ KAPITEL 1) war das (Nach-)Gestalten einer Rede ein wichtiger Bestandteil des mündlichen Sprachunterrichts. In den letzten Jahren hat das „Präsentieren" andere mündliche Formen wie beispielsweise die Rede weitgehend abgelöst. Präsentationsfähigkeit gilt als adäquate Antwort auf die vielfältigen Anforderungen, die mit dem Übergang in die Wissens- und Mediengesellschaft verbunden sind. Über die eigentlichen Ziele aus dem Bereich der Mündlichkeit hinaus sollen die Schüler beim Präsentieren lernen, sich Informationen zu beschaffen und diejenigen auszuwählen, die für ihre Fragestellung zielführend sind. Diese Informationen gilt es dann so zu strukturieren und zu visualisieren, dass die Zuhörer sie sich aneignen können. Die Visualisierung der vorgetragenen Inhalte ist für die Präsentation ein zentrales Moment. Dafür stehen dem Redner vielfältige Anschauungsmittel zur Verfügung: von Schaubildern oder Plakaten bis hin zu multimedialen Präsentationsprogrammen.

Präsentieren

Neben dem Präsentieren gehört hier auch das gestaltende Vorlesen und Vortragen von Texten zum Bereich „Vor und zu anderen sprechen". Um einen Text angemessen vorlesen zu können, sind zunächst die Analyse der Vorlesesituation und die Kenntnis des Textes notwendig. Der Vorlesende braucht als Grundlage eine erste Interpretation des Textes, um verbale, para- und nonverbale Mittel sinnstützend und sowohl dem Text als auch dem Zuhörer angemessen einsetzen zu können. Gutes Vorlesen muss gut vorbereitet sein, damit die ‚Partitur' des gedruckten Textes zum Klingen kommen kann.

Vorlesen und Vortragen

5.2 Ziele und Kompetenzen

Der primäre Ort des mündlichen Spracherwerbs ist nicht die Schule, sondern die familiäre Umgebung. Bis zum Eintritt in die Schule ist der frühkindliche Spracherwerb auf der phonetisch-phonologischen und der grammatischen Ebene weitgehend abgeschlossen, nicht aber im Bereich der semantischen und der pragmatischen und diskursiven Kompetenzen (→ ASB HÖHLE). Der Beginn institutionalisierter Bildung erfordert vom Kind neue sprachliche Handlungsmuster, die nicht mit denen der Familie identisch sind. Neben der Familie entsteht ein an-

Kommunikative Anforderungen der Schule

derer sozialer Rahmen, in dem zum einen die institutionellen Bedingungen der Schule und zum anderen die Gruppe der Gleichaltrigen eine wichtige Rolle spielen. In der Schule gelten explizite (z. B. sich melden müssen) und implizite (z. B. man muss seine Meldefrequenz so steuern, dass Schulerfolg garantiert ist, ohne als Streber zu gelten) kommunikative Regeln. Die Anforderungen an das Sprechen und Zuhören werden komplexer, da Sprache die primäre Form der Wissensvermittlung ist. In diesem neuen Umfeld wird Sprache selbst zum Gegenstand der Betrachtung und der Erwerb konzeptioneller Schriftlichkeit erfordert zunehmend auch distanzierte Formen des Sprachgebrauchs. Wie weit Kinder mit distanzsprachlichen Mustern schon vertraut sind, ist von der Bildungsnähe der Eltern abhängig. Deshalb sind auch im Bereich „Sprechen und Zuhören" die Fähigkeiten der Schüler sehr heterogen und diese Unterschiede sind nicht primär entwicklungsbedingt, sondern den soziokulturellen Bedingungen des Aufwachsens geschuldet (vgl. Quasthoff 2003). Aufgabe der Grundschule ist es zunächst, *allen* Kindern den Zugang zu diesen neuen sprachlichen Handlungsmustern der Schul- und Unterrichtssprache (vgl. Neuland u. a. 2009) und damit zu Bildungsangeboten zu eröffnen (zu den besonderen Anforderungen für mehrsprachige Schüler → KAPITEL 10).

Ziel: Sach- und Situationsadäquatheit

Vor dem Hintergrund des Leitziels „Reflexives Sprachhandeln" (→ KAPITEL 2.4) verfolgt die Schule den Auftrag, ihre Schüler zum sach- und situationsangemessenen Sprechen und Zuhören zu befähigen. Das bedeutet, dass es nicht *das* gute Gespräch oder *die* gute Präsentation gibt. Die Qualität und das Gelingen einer Kommunikationssituation ist vielmehr davon abhängig, dass der Sprecher die Rahmenbedingungen analysieren und aus seinem Repertoire das richtige Register auswählen kann, um die Situation gemeinsam mit dem Gesprächspartner angemessen zu bearbeiten (vgl. Schoenke 1991, S. 14; Vogt 2009, S. 29). Damit kommt der Schule zum einen die Aufgabe zu, die Schüler zur Situationsanalyse zu befähigen. An eigenen und fremden Interaktionen sollen die Schüler ein Bewusstsein für die unterschiedlichen Rahmenbedingungen und Abläufe sprachlicher Handlungen und Handlungsmuster entwickeln. Eine wichtige Rolle spielt dabei die Analyse des Gesprächsziels und damit die Reflexion über die ethisch-moralische Grundhaltung aller Beteiligten, denn erfolgreiche Kommunikation kann sowohl bedeuten, dass alle gemeinsam einen Konflikt lösen, als auch, dass ein Einzelner seine Interessen erfolgreich durchsetzt und seine Partner von seinen Ideen oder Produkten überzeugt.

Befähigung zur Situationsanalyse

Zum anderen muss die Schule beim Einzelnen dazu beitragen, dass er verschiedene sprachliche Register aufbauen kann. Dabei spricht man auch von der Entwicklung einer „inneren Mehrsprachigkeit" (vgl. z. B. Neuland 1993). Register sind die unterschiedlichen Sprechweisen einer Sprache, über die eine Person verfügt. Sie können sich auf allen Ebenen der Sprachbeschreibung unterscheiden (z. B. Semantik, Syntax usw.), ihr Übergang ist aber nicht trennscharf. Bei vielen Deutschsprachigen bildet der Dialekt ein Register, bei Jugendlichen auch eine besondere Jugendsprache. Andere Register sind stärker auf öffentliche Kommunikation, beispielsweise in Behörden, ausgerichtet und unterscheiden sich deutlich von der Art zu sprechen, die in der Familie vorherrscht. Ziel der schulischen Bemühungen muss es sein, neben den bereits vorhandenen weitere Register zu entwickeln, und zwar gerade solche, die in der öffentlichen Kommunikation erfolgreiches Handeln erst ermöglichen. In Gegenden mit starker dialektaler Prägung im Alltag ist z. B. der Erwerb eines standardsprachlichen Registers eine wichtige Aufgabe der Schule. Dabei geht es nicht um eine Abwertung des dialektalen Registers, sondern um eine Erweiterung der sprachlichen Handlungsmöglichkeiten durch ein neues Register.

Ausbau sprachlicher Register

Bei der Planung oder der Analyse von sprachlichen Äußerungen bieten sich im Unterricht vielfältige Gelegenheiten, über die Art und Weise der sprachlichen Äußerungen und deren Wirkung zu reflektieren und ihre Situationsangemessenheit zu prüfen. Ziel ist ein kritisches Bewusstsein des Einzelnen für unterschiedliche Wirkungen von Sprache bei anderen und bei sich selbst (→ KAPITEL 2.3, 9).

Damit wird klar, dass sich mündliches Sprachhandeln nur schwer in die Kategorien richtig oder falsch einordnen lässt. Dennoch ist immer wieder zu beobachten, dass in der Ratgeberliteratur oder in der Unterrichtspraxis ohne Rücksicht auf die situativen Bedingungen rezeptartige Vorschläge gemacht werden, wie man richtig und gut kommunizieren kann. Besonders ärgerlich wird es dort, wo dabei die Normen schriftlicher Sprache zugrunde gelegt werden und etwa von den Schülern verlangt wird, sie sollen „in ganzen Sätzen" sprechen. Es gibt keinerlei empirisch begründete Hinweise, dass das Sprechen in Sätzen dazu führen könnte, dass Kommunikation effektiver oder kommunikativ besser verläuft als beim mündlich üblichen, nicht satzgebundenen Sprechen (vgl. Fiehler 1998).

Relativität sprachlichen Handelns

Sprechen und Zuhören ist ein sehr heterogener Lerngegenstand, zu dem es bisher keine empirisch gesicherten Kompetenzmodelle gibt, die eine umfassende mündliche Kommunikationskompetenz gestal-

Kompetenzmodelle zum Sprechen und Zuhören

ten. Vorliegende Entwürfe beschränken sich entweder auf die Modellierung einzelner Sprachhandlungsmuster, etwa auf das Argumentieren (vgl. Krelle u. a. 2007), oder sie modellieren *Gesprächs*kompetenz als Prototyp des mündlichen Sprachhandelns (vgl. Becker-Mrotzek 2008; Vogt 2009; Quasthoff 2009). Den Versuch einer umfassenden Kompetenzmodellierung hat eine Arbeitsgruppe vorgenommen, die sieben Teilfähigkeiten benennt, welche für den gesamten Gegenstandsbereich Sprechen und Zuhören Geltung haben sollen (vgl. Pabst-Weinschenk 2009, S. 173–177):

Versuch einer umfassenden Kompetenzmodellierung

1. Situieren (Situation, Adressaten, Kontext berücksichtigen),
2. Planen (Beitrag oder Zuhören planen, Strategien auswählen etc.),
3. Personale Sprech-Hör-Kompetenzen (verbale und nonverbale Ausdrucksfähigkeiten),
4. Formulierungs- bzw. Verstehenskompetenz (zusammenhängende Texte formulieren und verstehen können),
5. Interaktionskompetenz (Gesprächsregeln, Gesprächsorganisation),
6. Monitoring und Evaluation (Überwachung des eigenen Sprechens, Zuhörens und Verstehens und Rückmeldungen dazu),
7. Überarbeitungskompetenzen (Anpassen des Sprechens und Zuhörens).

Obwohl dieses Modell den Anspruch erhebt, auf alle Arbeitsbereiche des Sprechens und Zuhörens anwendbar zu sein, ist seine starke Ausrichtung auf den Arbeitsbereich „Vor und zu anderen sprechen" nicht zu übersehen.

Bei der Entwicklung von Kompetenzmodellen muss neben der Heterogenität des Gegenstandsfeldes ein weiteres Problem bearbeitet werden: Mündliche Kommunikation kann nur gemeinsam hervorgebracht werden (→ KAPITEL 5.1), Kompetenzmodelle beziehen sich aber auf individuelle Leistungen.

5.3 Sprechen und Zuhören anregen und fördern

Spracherwerb durch Unterricht?

Gesicherte empirische Erkenntnisse darüber, wie Unterricht zur Entwicklung der mündlichen Kommunikationskompetenz beiträgt, gibt es nur wenige. Besser untersucht ist der Spracherwerb in der Interaktion zwischen Eltern und Kind. Dabei passt die Bezugsperson quasi automatisch ihr Sprechen dem Kind an. Sie geht auf das Kind ein, übernimmt im Dialog diejenigen Teile, die das Kind noch nicht leisten kann. Gleichzeitig überlässt sie immer größere Interaktionsanteile dem Kind und baut ihre eigenen Unterstützungsmaßnahmen ab (vgl.

Bruner 2002). Dieses wirkungsvolle Unterstützungssystem lässt sich aber für die Schule nicht einfach kopieren. Dem stehen die besonderen Bedingungen institutioneller Kommunikation genauso entgegen wie die situativen Bedingungen, dass die Lehrperson ihr Sprechen auf die ganze Gruppe ausrichten muss und nicht in der beschriebenen Art und Weise auf den Einzelnen eingehen kann (vgl. Quasthoff 2003, S. 117). Besonders beim Zuhören und im Bereich „Mit anderen sprechen" ist die Rolle der Schule und des Unterrichts für den Erwerb nicht klar. Im Gegensatz zum Präsentieren erwirbt das Kind diese beiden Fähigkeiten in seiner Familie, zunächst unabhängig von und später neben Schule und Unterricht.

Für den Bereich „Vor und zu anderen sprechen" ist es unstrittig, dass es in der Schule ausreichend Gelegenheiten braucht, in denen diese Fähigkeiten gezielt eingeführt und eingeübt werden. Kleinere und größere Präsentationen im Deutsch- oder im Fachunterricht bieten ab dem Grundschulalter dem einzelnen Schüler die Möglichkeit, sich selbst zu erproben und mithilfe von Anleitungen, Vorübungen und gezieltem Feedback seine Präsentationskompetenz zu erweitern. Ideen und Anregungen dazu gibt es in zahlreichen Publikationen zu den Themen „Präsentieren" oder „Sprechen" in der Schule (vgl. z. B. Berkemeier 2009).

Für das gestaltende Vorlesen und Vortragen brauchen die Schüler Techniken, die ihnen das Verständnis des Textes erleichtern (→ KAPITEL 6) und solche, die ihnen helfen, den Text sprecherisch angemessen zu gestalten. Hier bietet sich die Einführung von „Partiturzeichen" (Claussen 2001, S. 12) an, mit deren Hilfe Pausen oder Spannungsbögen notiert werden können. In der Übungsphase sollen die Schüler die sprecherische Gestaltung des Textes variieren und die Wirkung unterschiedlicher verbaler und nonverbaler Stilmittel ausprobieren. Lernförderlich ist neben einer spielerischen, erprobenden Haltung vor allem die Reflexion der Wirkung der unterschiedlichen Betonung, Intonation, Pausensetzung oder des Einsatzes mimischer und gestischer Mittel. Vorlesen und Vortragen eignen sich auch für Erfahrungen mit der Übernahme fremder Rollen. Das Lesen eines Textes mit verteilten Rollen bietet Gelegenheit, den Zusammenhang von Sprache und Person zu erproben und zu reflektieren.

Übungen zum Zuhören oder zum Hörverstehen in der Landessprache haben in der deutschsprachigen Bildungslandschaft keine Tradition. Hörverstehensübungen kannte man lange Zeit nur aus dem Fremdsprachenunterricht. Bisher ging man davon aus, dass die Schüler durch das alltägliche Zuhören im Unterricht diese Fähigkei-

Einüben des Präsentierens

Vorlesen und Vortragen

Wirkung (non-)verbaler Stilmittel

Schulung des Zuhörens

ten erwerben würden und weder explizite Anleitung noch Übung notwendig seien. Hier hat in den letzten Jahren ein Umdenken stattgefunden. Bildungsforscher haben für Vergleichsarbeiten Tests entwickelt, die das Hörverstehen bei deutschen Texten überprüfen. Diese Anregungen haben Lehrmittelhersteller aufgenommen, sodass mittlerweile viele solcher Lernmaterialien erhältlich sind. Der technologische Fortschritt begünstigt diese Entwicklung, da digitale Hörtexte leicht herzustellen, zu bearbeiten und zu präsentieren sind. Hier besteht allerdings die bereits angesprochene Gefahr, dass das Hörverstehen sich nur auf die Merkmale des sprachlichen Inputs konzentriert und die Merkmale des Sprechers und der Situation vernachlässigt. Bei der Konstruktion von Lernaufgaben ist es wichtig, alle vier Determinanten des Zuhörprozesses zu berücksichtigen. Für die Verarbeitung des sprachlichen Inputs, der Sprecher- und Situationsmerkmale bieten sich ähnliche Fragestellungen und Aufgabenformate an wie beim Leseverstehen (→ KAPITEL 6), die vor, während und nach dem Zuhören gestellt werden können. Sie sollten sich aber so weit wie möglich vom Schriftlichen lösen. Auch die Bearbeitung der Aufgaben kann mündlich erfolgen, beispielsweise durch Diskussionen in der Kleingruppe und danach im Klassengespräch (vgl. Becker-Mrotzek 2008). Um die Sprechermerkmale und die Situationsmerkmale wahrzunehmen und zu verarbeiten, bieten sich neben Beobachtungen zu eigenen Klassengesprächen (vgl. Spiegel 2009, S. 200–202) auch Hörbeispiele mit Fragen oder Arbeitsaufträgen an, die genau diese Merkmale fokussieren. Der Sprachdidaktiker Michael Becker-Mrotzek schlägt vor, Gesprächsausschnitte zu suchen oder herzustellen, in denen die Beteiligten kommunikative Absichten verfolgen, die sich nur durch die Analyse der Sprecher- und Situationsmerkmale erschließen lassen, zum Beispiel in einem Reklamationsgespräch (Was will der Kunde, was der Verkäufer erreichen? Was kann grundsätzlich das Ergebnis eines Reklamationsgesprächs sein?). Das könnte dazu beitragen, dass das Repertoire der eingesetzten Hörbeispiele sich nicht nur auf konzeptionell schriftliche Texte beschränkt, die nur medial mündlich präsentiert werden, sondern auch tatsächlich konzeptionell mündliche Texte eine Rolle spielen (vgl. Becker-Mrotzek 2008; → KAPITEL 3.1).

Nur wenige Ideen für Aufgabenformate gibt es bisher für die Determinante „Bildung und Aufrechterhaltung der *Intention zur Selektion*" (Imhof 2003, S. 54). Meist bleibt es bei der Aufforderung, als Zuhörer den Sprecher anzuschauen, was weder notwendige noch hinreichende Bedingung für aufmerksames Zuhören ist. Vereinzelt

Aufgaben mündlich stellen und bearbeiten

Selektionsprozesse initiieren

gibt es Hinweise darauf, wie Kinder ihre Aufmerksamkeit auf das Zuhören lenken können: Im Sprachbuch *Sprachfenster* zum Beispiel, indem sie sich eine angemessene Zuhör-Haltung überlegen und alles – auch störende Gedanken – zunächst in eine Dose ‚wegräumen' (Büchel/Isler 2002, S. 72f.). Daran schließen sich Aufgaben an, die der Aktivierung des Vorwissens dienen. Sie entlasten einerseits die Schüler beim Verstehensprozess auf der Ebene des sprachlichen Inputs, sie helfen aber andererseits, die Aufmerksamkeit zu fokussieren und Selektionsprozesse zu initiieren. Ebenfalls der Aufmerksamkeitssteuerung kann es dienen, wenn in der Sekundarstufe Fixierungstechniken (Stichworte notieren, Mitschrift) eingeführt und eingeübt werden (vgl. Polz 2009, S. 233).

Auch „Mit anderen sprechen" lernt das Kind zunächst in der Familie. Die Aufgabe der Schule ist es, den Erwerb komplexer und globaler Strukturen der mündlichen Kommunikation zu fördern, und zwar besonders in Bezug auf Formen öffentlicher Kommunikation und auf solche, in denen die poetische Sprachfunktion zum Tragen kommt. Für den Unterricht bedeutet dies, dass Gespräche und andere sprachliche Handlungen und Handlungsmuster wie beispielsweise das Erzählen, Argumentieren oder Berichten analysiert und reflektiert werden. Gute Aufgaben regen dazu an, sich mit den kommunikativen Absichten der Gesprächsteilnehmer und dem Verlauf der Kommunikation auseinanderzusetzen. Gelingende Interaktionen sollen auf ihre Gelingensbedingungen hin untersucht werden, etwaige Kommunikationsprobleme können herausgearbeitet und Alternativen diskutiert werden. Leichter fällt dies an fremden Gesprächen, die als Ton- oder Videodokumente (z. B. für die Sekundarstufe Aufnahmen von politischen Gesprächsrunden) oder in verschriftlichter Form als Transkripte vorliegen (z. B. Becker-Mrotzek/Brünner 2006). Je nach Fragestellung eignen sich auch Ausschnitte aus literarischen Texten. Neben fremden Gesprächen sollen in der Schule auch immer wieder eigene Gespräche zum Gegenstand der Analyse und Reflexion werden. Dies kann vor dem Gespräch in Form einer Vergegenwärtigung von Gesprächsregeln geschehen und direkt im Anschluss als Rückblick auf ein Gespräch stattfinden. Gespräche oder andere Formen mündlicher Kommunikation können auch aufgezeichnet und zu einem späteren Zeitpunkt analysiert werden. Dabei ist es wichtig, sich vorher nach den rechtlichen Voraussetzungen zu erkundigen. Liegen Ton- oder Videodokumente der Schüler vor, können diese als Teil eines Schülerportfolios aufbewahrt werden, das die Entwicklung der mündlichen Kommunikationskompetenz dokumentiert.

Förderung komplexer Aspekte der Kommunikation

Analyse fremder Kommunikation

Reflexion eigener Kommunikation

Anregung zur Eigenaktivität

Unterricht kann sich aber nicht auf die Analyse und Reflexion der Situation beschränken. Er muss systematisch vielfältige Anlässe schaffen, in denen die Schüler ihre eigenen sprachlichen Möglichkeiten ausprobieren und sich über deren Angemessenheit (nicht Richtigkeit) verständigen können. Dazu gehören auch Aufgaben, die es dem Schüler ermöglichen, sich spielerisch mit fremden Rollen auseinanderzusetzen, diese sprachlich zu gestalten und zu erproben. Zentral ist dabei, dass die Schüler genügend Raum haben und selbstständig globale Strukturen der Kommunikation einüben und realisieren können (vgl. Hausendorf/Quasthoff 2005, S. 310–314). Möglicherweise gelingt dies bei Formen kooperativen Lernens mit einem Partner oder in der Gruppe besonders gut (→ KAPITEL 12). Im Idealfall ergeben sich solche Kommunikationssituationen aus dem geteilten Alltag in der Schule: in einem Klassenrat, bei Anfragen an Lehrpersonen, bei Gesprächen zu aktuellen Sachthemen, bei Erklärungen für Mitschüler, beim argumentativen Abwägen einer zu treffenden Entscheidung, bei der Durchführung von Schreibkonferenzen, bei Gesprächen zur Konfliktklärung oder im Rahmen des Literaturunterrichts. Bei der Inszenierung von Gesprächsanlässen ist es nicht sinnvoll, sprachliche Handlungsmuster aus dem privaten Alltag möglichst authentisch simulieren zu wollen. Diese reiben sich mit den besonderen Rahmenbedingungen institutioneller Kommunikation (vgl. Becker-Mrotzek 2009b, S. 110f.).

Keine Inszenierung privater Kommunikationsanlässe

Für den Sprecher bestehen bei der mündlichen Kommunikation im Gegensatz zur schriftlichen nur wenige Möglichkeiten, sein Produkt zu planen und zu überarbeiten, bevor er es der Öffentlichkeit zugänglich macht. Etwas Gesagtes lässt sich nur schwer revidieren, die Bewertung einer Äußerung durch den Gesprächspartner erfolgt meist sofort nach der Produktion. Sprecher und Text sind eng verbunden, es kann kein Prozess der Distanzierung stattfinden. Sprechen – und besonders das Sprechen im institutionellen Kontext – ist deshalb eng mit dem Selbstwertgefühl gekoppelt. Für den Unterricht bedeutet das, dass die Verletzlichkeit des Einzelnen höher ist und dass es besonders ab dem Jugendalter Schüler gibt, die sich nur ungern beteiligen. Sie haben das Gefühl, sich nicht so präsentieren zu können, wie es ihrem inneren Selbstbild entspricht, oder sie glauben, zu viel von sich preiszugeben (vgl. Behrens/Eriksson 2009b, S. 49; Becker-Mrotzek 2008, S. 71). Ganz grundsätzlich setzen Übungen zur mündlichen Kommunikation ein vertrauensvolles Klima in der Klasse voraus.

Vertrauensvolles Klassenklima als Basis

Fragen und Anregungen

• Benennen und beschreiben Sie die drei Arbeitsbereiche des Gegenstandsfeldes „Sprechen und Zuhören".

• Welches sind die zentralen Ziele, die mit diesem Gegenstandsfeld verbunden sind? Vergleichen Sie die aufgeführten Ziele mit den Vorgaben in den Bildungsstandards Ihrer Zielstufe.

• Wählen Sie einen Arbeitsbereich aus. Konkretisieren Sie die Ausführungen zur Gestaltung von Lehr-Lernprozessen im Text für Ihre Zielstufe.

• Erläutern Sie die drei oder vier zentralen Elemente, die eine Kompetenzmodellierung des Gegenstandsbereichs Sprechen und Zuhören unbedingt enthalten müsste?

Lektüreempfehlungen

• **Ulf Abraham: Sprechen als reflexive Praxis. Mündlicher Sprachgebrauch in einem kompetenzorientierten Deutschunterricht,** Freiburg im Breisgau 2008. *Neben einer kurzen Einführung enthält der Band konkrete Hinweise zum Unterricht in den Bereichen Erzählen, Informieren, Szenisch spielen, Gespräche führen, Reden und Präsentieren.*

• **Michael Becker-Mrotzek (Hg.): Mündliche Kommunikation und Gesprächsdidaktik,** Baltmannsweiler 2009. *Umfangreicher Band, der den aktuellen Forschungs- und Entwicklungsstand zu diesem Thema umfassend repräsentiert. Neben theoretischen Grundlagen und Kompetenzmodellen enthält der Band auch exemplarische Unterrichtsmodelle zum Erzählen, Argumentieren, zur Streitschlichtung, zur Freien Rede, zum Präsentieren, Moderieren und Erklären.*

• **Jürgen Belgrad / Brigit Eriksson / Marita Pabst-Weinschenk u. a.: Die Evaluation von Mündlichkeit. Kompetenzen in den Bereichen Sprechen, Zuhören und Szenisch Spielen,** in: Didaktik Deutsch 13, 2008, Sonderheft, S. 20–45. *Der Text gibt einen kurzen Überblick über den Stand der fachdidaktischen Kompetenzdiskussion.*

- Michael Krelle / Carmen Spiegel (Hg.): Sprechen und Kommunizieren. Entwicklungsperspektiven, Diagnosemöglichkeiten und Lernszenarien in Deutschunterricht und Deutschdidaktik, Baltmannsweiler 2009. *In diesem Band werden aktuelle empirische und theoretische Befunde aus dem Bereich des Sprechens und Zuhörens mit einem engen Bezug zum Unterricht dargestellt.*

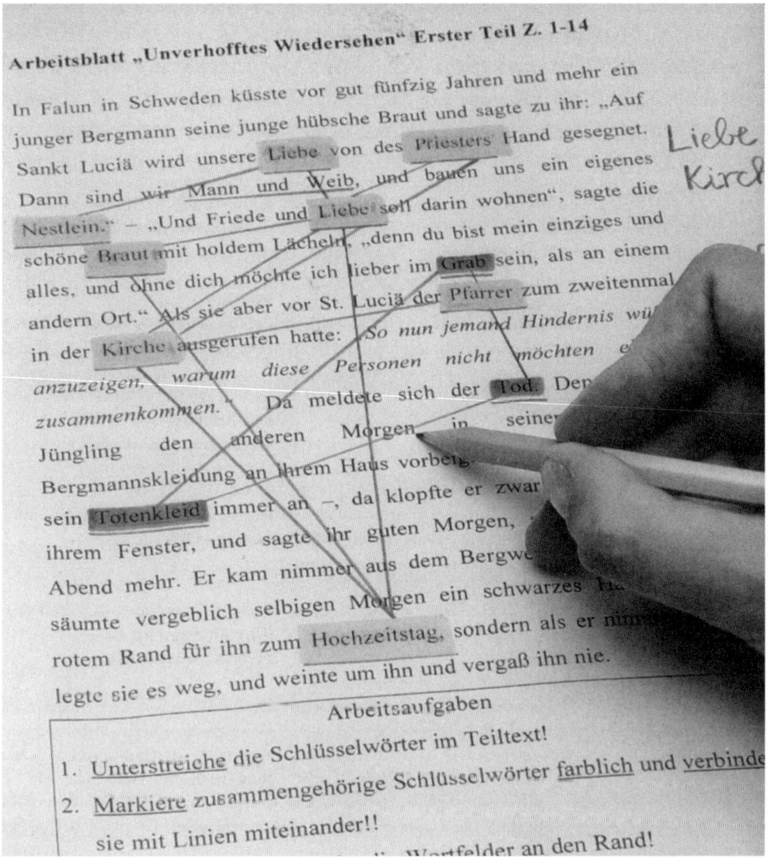

6 Lesen

Arbeitsblatt „Unverhofftes Wiedersehen" Erster Teil Z. 1-14

In Falun in Schweden küsste vor gut fünfzig Jahren und mehr ein junger Bergmann seine junge hübsche Braut und sagte zu ihr: „Auf Sankt Luciä wird unsere Liebe von des Priesters Hand gesegnet. Dann sind wir Mann und Weib, und bauen uns ein eigenes Nestlein." – „Und Friede und Liebe soll darin wohnen", sagte die schöne Braut mit holdem Lächeln, „denn du bist mein einziges und alles, und ohne dich möchte ich lieber im Grab sein, als an einem andern Ort." Als sie aber vor St. Luciä der Pfarrer zum zweitenmal in der Kirche ausgerufen hatte: „So nun jemand Hindernis wü anzuzeigen, warum diese Personen nicht möchten e zusammenkommen." Da meldete sich der Tod. De Jüngling den anderen Morgen in seine Bergmannskleidung an ihrem Haus vorbei sein Totenkleid immer an –, da klopfte er zwar ihrem Fenster, und sagte ihr guten Morgen, Abend mehr. Er kam nimmer aus dem Bergw säumte vergeblich selbigen Morgen ein schwarzes h rotem Rand für ihn zum Hochzeitstag, sondern als er n legte sie es weg, und weinte um ihn und vergaß ihn nie.

Liebe
Kirc

Arbeitsaufgaben

1. Unterstreiche die Schlüsselwörter im Teiltext!
2. Markiere zusammengehörige Schlüsselwörter farblich und verbinde sie mit Linien miteinander!!
   ... Wortfelder an den Rand!

Abbildung 17: Arbeit am Text

Die Abbildung zeigt einen Textauszug, versehen mit Linien und hervorgehobenen Wörtern. Eine Hand markiert mit einem Bleistift ein Wort im Text, einige Wörter sind an den Rand geschrieben. Unter dem Text befinden sich Arbeitsaufgaben. Die Abbildung gibt einen guten Eindruck von der Arbeit mit Texten, wie sie im Unterricht erfolgen kann. Hier steht die methodisch geleitete Auseinandersetzung mit dem Text im Vordergrund. Diese Form der Textarbeit hat nicht viel zu tun mit dem genussvollen, unterhaltenden Lesen, mit dem wir uns in der Freizeit beschäftigen. Allerdings bildet sie oftmals die Voraussetzung für das Verstehen des Textes, sodass eine derartige Textarbeit uns dahin bringt, Texten Neues zu entnehmen, vorerst fremde und schwierige Zusammenhänge nachzuvollziehen, Ungewohntes zu erfassen.

Die Fähigkeit, Texte zu verstehen, gilt in der Schule und in der Gesellschaft als eine Qualifikation, die über die Fähigkeit des genussvollen Lesens weit hinausgeht. Unser gesellschaftliches und kulturelles Wissen ist hauptsächlich in schriftlichen Texten fixiert; diese lesen und verstehen zu können, gilt als Schlüsselqualifikation, die entscheidend zum persönlichen und beruflichen Werdegang beiträgt. Lesen muss man können, zur Bewältigung des Alltags, zum fachlichen Lernen und zur Weiterqualifikation, zur kritischen Auseinandersetzung mit verschiedenen Wissensquellen und zur Teilhabe an schriftbezogener Kultur. Es ist zentrale Aufgabe der Schule, die Schüler zu verstehendem Lesen zu befähigen. Doch Lesenlernen ist harte Arbeit und verstehendes Lesen stellt sich nicht von selbst ein, sondern muss systematisch erlernt werden. Bis zum Lesenkönnen ist es ein langer Weg, auf den kognitive, personale und soziale Faktoren einwirken. Dass dem Deutschunterricht hier eine besondere Verantwortung zukommt, hat in eindrucksvoller Weise die PISA-Studie 2000 verdeutlicht, die Jugendlichen eklatante Mängel im Leseverstehen bescheinigte.

Seitdem ist die Leseforschung intensiv mit der Frage beschäftigt, was Lesenkönnen und Leseverstehen heißt und welche Fähigkeitsdimensionen daran gebunden sind. Die Lesedidaktik hat die spannende Aufgabe, daraus Ziele für den Leseunterricht abzuleiten und methodische Konzepte für die Leseförderung zu entwickeln.

6.1 Lesen als Lerngegenstand
6.2 Ziele und Kompetenzen
6.3 Lesen anregen und fördern

6.1 Lesen als Lerngegenstand

Lesen ist ein komplexer geistiger Prozess, bei dem der Leser aus einer Folge von Schriftzeichen mithilfe von sprachlichem Wissen und Weltwissen Bedeutung konstruiert. Das Lesen ist eine universelle Kulturtechnik, die zur Teilhabe am sozialen und kulturellen Leben in der Gesellschaft erforderlich ist. Das Lesen eröffnet den Zugang zu schriftlich Fixiertem, es dient dem Wissens- und Kenntniserwerb und damit auch der Meinungsbildung. Darüber hinaus erfüllt das Lesen in einer schriftkulturellen Gesellschaft weitere Funktionen. Es dient der Unterhaltung, beim Lesen kann man Genuss, Spannung, Freude oder Traurigkeit erfahren und seine Fantasie entwickeln. Lesen ermöglicht sinnliches Erleben und ästhetische Erfahrungen. Entlastet vom Handlungsdruck der realen Welt kann der Leser neue und fremde Lebenswelten erschließen. Das trägt zur Auseinandersetzung mit eigenen und fremden Lebensentwürfen – und damit letztlich auch zur Identitätsentwicklung – bei (vgl. Groeben 2004; → ASB LEUBNER/ SAUPE/RICHTER). Damit Lesen diese Funktionen entfalten kann, muss der Leser in der Lage sein, einen Text rasch und ohne größere Mühe zu lesen. Das ist für den Leser immer wieder eine neue Herausforderung; Lesen ist eine Kompetenz, die oft mühevoll erarbeitet und in einem langwierigen Prozess entwickelt werden muss. Diese Schwierigkeiten sind verständlich, wenn man den komplexen Prozess des ·Lesens näher betrachtet.

Lesen als Kulturtechnik

Lesen als Teilhabe an Schriftkultur

Das Lesen lässt sich in drei Dimensionen beschreiben, in denen Kompetenzen erworben werden müssen:

Mehrdimensionalität von Lesen

- Die kognitive Dimension bezieht sich auf die Bedeutungskonstruktion, mittels derer in Texten dargestellte Sachverhalte und Ereignisse erfasst werden.
- Mit der motivational-emotionalen Dimension sind Lesefreude, Interesse und die Bereitschaft zum Lesen eines Textes gemeint sowie die Regulierung der eigenen Emotionen und der Motivation beim Lesen.
- Die sozial-interaktive Dimension umfasst die Auseinandersetzung über das Gelesene und die Aushandlung von Bedeutung im kommunikativen Austausch (vgl. Hurrelmann 2002; Rosebrock/Nix 2008).

In kommunikativen Handlungssituationen in der Schule und mit Bezugspersonen (zunächst vor allem die Eltern, später die Peergroup) werden Leseeindrücke ausgetauscht, Verständnisschwierigkeiten geklärt, Zugänge zu ungewohnten Denkweisen und Realitätsdarstellungen ermöglicht und gemeinsame Bedeutungskonstruktionen angestrebt. Auf

Sozial-interaktive Dimension

diese Weise fördert der Austausch über das Gelesene das Verstehen von Texten. Der vorschulische und familiäre Umgang mit Texten, die an positive Erfahrungen geknüpften Vorlesesituationen und das Gespräch über Bilderbücher und Bücher wirken sich auf Leseinteresse und Lesemotivation aus und unterstützen den Prozess des Lesens.

Motivational-emotionale Dimension

Als Lesemotivation wird der Wunsch oder das Interesse bezeichnet, einen Text zu lesen. Die emotionale Komponente bezieht sich dabei vor allem auf das Involviert-Sein beim Lesen, wie z. B. die emotionale Teilnahme am Schicksal von Figuren, den ästhetischen Genuss oder das Versinken in fantastische Welten (vgl. Hurrelmann 2007, S. 24). Die emotionale Beteiligung am Lesen und die Motivation, sich einem Text zu widmen, unterstützen die Bereitschaft, Lesen als anregende und genussvolle Aktivität zu erleben und einen mühevollen Leseprozess als lohnenswert anzusehen. Dabei spielt das Selbstkonzept eines Lesers eine große Rolle. Jeder Leser verfügt über Überzeugungen und Haltungen gegenüber dem eigenen Lesen und der eigenen Lesekompetenz. In einer konkreten Situation entscheidet das (lesebezogene) Selbstkonzept, ob und wie sich ein Leser einem Text nähert, wie er den Leseprozess aufrecht erhält und ihn gestaltet (vgl. Möller / Schiefele 2004, S. 111–118). Wer sich für einen guten Leser hält, gibt zum Beispiel auch bei einem schwierigen Text nicht gleich auf (*Ich schaff das schon*), wer von sich selbst glaubt, dass er nicht gut lesen kann, bricht seinen Leseprozess häufiger ab (*Ich kann das eh nicht*).

Kognitive Dimension

Der kognitive Vorgang des Lesens wird in der Leseforschung in verschiedene Verarbeitungsebenen unterteilt. Sie differenzieren den Leseprozess von der basalen Fertigkeit der Buchstaben- und Worterkennung über die semantische und syntaktische Analyse von Sätzen bis hin zur Bildung einer inneren Vorstellung von längeren Textpassagen und vollständigen Texten. Das Ziel dieses Prozesses ist die Entwicklung einer mentalen Repräsentation, einer Art inneren Abbildung des Textes. Die Leseforschung unterscheidet fünf Ebenen (vgl. Rosebrock / Nix 2008; Christmann / Groeben 2001), die im Prozess des Lesens nicht nacheinander ablaufen, sondern interagieren. Dabei gibt es zunächst zwei hierarchieniedrige Ebenen, auf denen die Verarbeitung zunehmend automatisiert abläuft, und drei hierarchiehöhere Ebenen, auf denen die Verarbeitung verstärkt kognitiven Aufwand erfordert.

Buchstaben- und Worterkennung

1. Buchstaben-, Wort- und Satzerkennung: Zum Erlesen eines Wortes gibt es zwei mögliche Zugangswege: Bei unbekannten oder längeren Wörtern werden die einzelnen Grapheme in Phoneme umgewandelt und synthetisiert. Diesen Wort(vor)formen weist der Leser mithilfe von Repräsentationen im Gedächtnis Bedeutung zu.

Die Repräsentationen sind als Einträge im mentalen Lexikon gespeichert. Neben diesem indirekten Zugang gibt es auch eine direkte Worterkennung. Bei bekannten Wörtern, die bereits oft synthetisiert wurden, setzt ein Automatisierungsprozess ein, sodass die Wörter und ihre Bedeutung auf einen Blick erfasst werden können (vgl. Scheerer-Neumann 2003, S. 511). Um einen Satz zu verstehen, baut der Leser aufgrund der Bedeutung der Wörter (Semantik) und mithilfe der Satzstruktur (Syntax) eine sinnvolle Einheit. Nach dem Propositionsmodell des Kognitionspsychologen Walter Kintsch wird dabei nur der wesentliche Gehalt an Informationen in Form von Bedeutungseinheiten (sogenannte Propositionen) erfasst (vgl. Kintsch 1974). Eine Proposition besteht aus einem Prädikat, meist durch ein Verb realisiert, und aus einem oder mehreren Argumenten, meist durch Nomina realisiert. So wird der Satz *Janine fährt dieses Jahr nach Mallorca* durch folgende Proposition abgebildet: ,FAHREN JANINE MALLORCA'. Dabei werden nicht nur isolierte Wörter aktiviert, sondern ganze Konzepte, die mit diesen Wörtern verbunden sind.

2. Lokale Kohärenzbildung: Während des Lesevorgangs des weiteren Textes werden vom Leser ständig neue Propositionen gebildet. Sie werden auf lokaler Ebene miteinander in Beziehung gebracht. Über den einzelnen Satz hinaus verknüpft der Leser Satzfolgen zu einer stimmigen Sinnkonstruktion (vgl. Christmann 2010, S. 163–166; Holle 2009, S. 130f.).

Lokale
Kohärenzbildung

Auf diesen beiden hierarchieniedrigen Ebenen muss das Lesen zunehmend flüssig und automatisiert ablaufen, damit die kognitiven Kapazitäten für die anspruchsvolleren, hierarchiehöheren Prozesse des Lesens und für die zunehmende Komplexität von Texten genutzt werden können.

3. Globale Kohärenzbildung: Die Propositionen gelangen zunächst in einen Arbeitsspeicher, der allerdings nur begrenzte Aufnahmekapazitäten besitzt. Aus diesem Grund werden nicht alle Propositionen gespeichert, sondern sie werden wiederum nach bestimmten Regeln miteinander verbunden, ineinander eingebettet, zusammengefasst oder als übergeordnete Proposition neu konstruiert. Sprachliche Mittel auf der Oberflächenebene des Textes (die sogenannten Kohäsionsmittel) können für die Verknüpfungen dienlich sein: Sie bewirken, dass aufeinander folgende Sätze als zusammenhängender Text erscheinen (vgl. Kintsch/van Dijk 1983). Bietet der Text viele Verknüpfungsmöglichkeiten, wirkt sich dies positiv auf das Verstehen und Behalten der Textinformationen aus.

Globale
Kohärenzbildung

Erkennen von Superstrukturen

4. **Erkennen von Superstrukturen:** Neben dieser inhaltlichen Gesamtvorstellung orientiert sich der Leser auch an den formalen Strukturen eines Textes. Im Laufe seiner Lesekarriere erwirbt er ein oft implizites (also unbewusst bleibendes) Wissen darüber, wie bestimmte Texte und Textsorten aufgebaut und strukturiert sind. Dieses Wissen dient dem Erkennen solcher Strukturen im aktuellen Text, der dadurch für den Leser leichter verständlich wird.

Erkennen von Darstellungsstrategien

5. **Erkennen von Darstellungsstrategien:** Bei komplexen Texten kann der Leser „aus einer Metaperspektive heraus rhetorische, stilistische und argumentative Strategien" (Rosebrock / Nix 2008, S. 20) des Textes erfassen und für sein Textverständnis nutzen.

Diese kognitive Dimension des Leseprozesses ist bei weitem nicht so textseitig dominiert, wie die bisherigen Ausführungen nahelegen. Vielmehr ist der gesamte Leseprozess eine konstruktive Handlung, in der die sprachlichen Informationen des Textes und die Wissensbestände des Lesers interagieren. Textverstehen vollzieht sich in einer Wechselwirkung aus den bisher beschriebenen, textbasierten bzw. datengeleiteten Prozessen („bottom-up") und aus wissensbasierten, konzeptoder erwartungsgeleiteten Prozessen („top-down") (vgl. Christmann / Groeben 2001, S. 170–172). Damit ist gemeint, dass der Leser über sprachliches Wissen und über Weltwissen verfügt, das in jeder Phase des Leseprozesses eingesetzt wird. So muss er Leerstellen im Text er

Inferenzen

gänzen, man nennt dies Inferenzen bilden. Um Auslassungen zu ergänzen, Bezüge zwischen zwei Textteilen herzustellen und Ordnungen (räumlich, zeitlich, logisch) zu bilden, benötigt der Leser zunächst außersprachliche Wissensbestände. Sie umfassen Alltagswissen, Fachwissen, Erfahrungswissen, Bildungswissen, Handlungswissen und konzeptuelles Wissen, das dem Leser ermöglicht, Tatbestände und Sachverhalte nachzuvollziehen und Ereignisfolgen zu konstruieren oder zu strukturieren (vgl. Linke u. a. 2004, S. 256–259). Darüber hinaus braucht der Leser aber auch sprachstrukturelles Wissen (z. B. über Flexionsmorpheme, Wortzusammensetzungen, grammatisches Wissen) sowie Wissen über Handlungs- und Geschichtenschemata (‚story grammar') (vgl. Christmann / Groeben 2001, S. 166–169).

Auf dieser Grundlage konstruiert der Leser in seiner Vorstellung eine Repräsentation des schriftlich Dargestellten. Man nennt diese Repräsentationen „Situationsmodelle" oder „Mentale Modelle" (vgl. Christmann 2010, S. 169). Dazu bezieht der kompetente Leser auch die Kommunikationsabsicht des Autors mit ein, ebenso die Textsorte und die damit verbundene kommunikative Funktion (Berichten, Überzeugen, Unterhalten, Informieren)(vgl. Schnotz / Dutke 2004, S. 73).

Mit der Bildung eines „Mentalen Modells" hat der Leser im kognitionspsychologischen Sinne den eigentlichen Textverstehensprozess abgeschlossen. Zu einem kompetenten Lesen gehört jedoch auch die Fähigkeit zur Reflexion über das Gelesene (vgl. Groeben 2004, S. 11–35). Zwar werden schon während des Leseprozesses Wissensbestände in überprüfender, erweiternder und reflektierender Form für den Verstehensprozess hinzugezogen, auch wird über den Gehalt und die Bedeutung des Textes nachgedacht, die Reflexion über den Textinhalt setzt sich aber hauptsächlich im Anschluss daran fort. Hier erfolgt die eigentliche Nutzung des Textes, wenn zum Beispiel Informationen aus dem Text auf die eigene Wirklichkeit bezogen werden können und möglicherweise zur Verhaltens- oder Einstellungsveränderung veranlassen.

Reflexion und Nutzung

Für das gesamte Textverstehen nutzt der Leser bestimmte Verfahren, mit denen er das Erreichen seines Verstehensziels unterstützen kann. Diese Verfahren werden als Lesestrategien bezeichnet. Lesestrategien sind mentale Werkzeuge, die gezielt für das Leseverstehen auf den unterschiedlichen Verarbeitungsebenen eingesetzt werden. Sie werden vor, während und nach dem Leseprozess angewendet (→ ABBILDUNG 18). Sie dienen dem Aufbau einer Leseabsicht, der Kontrolle der Verstehenstätigkeit und der Überprüfung des Verstehensprozesses. So beginnt beispielsweise der Leser mit dem Aufbau einer Leseerwartung, die er während des Lesens überprüft. Auch die Aktivierung des Vorwissens unterstützt den Leseprozess. Gibt es Verstehensschwierigkeiten, muss sich der Leser ihrer Qualität bewusst werden und gezielt Strategien anwenden, um die Verstehenstätigkeit voranzutreiben.

Lesestrategien

Man unterscheidet dabei zwischen Lesestrategien im engeren Sinne, die sich auf das Textverstehen beziehen, und Strategien, die der Selbstregulation dienen und manchmal auch allgemein als Lernstrategien oder als metakognitive Strategien bezeichnet werden. Unter Strategien zur Selbstregulation versteht man Mechanismen, die Lernende aktivieren, um ihre Motivation und den Prozess des Wissenserwerbs zu beeinflussen und zu steuern (vgl. Mandl/Friedrich 2006, S. 1).

6.2 Ziele und Kompetenzen

Aufgrund der hohen Bedeutung, die das Lesen für den Einzelnen und für die Teilhabe an der Gesellschaft hat, gehört die Vermittlung von Lesekompetenz zu den zentralen Aufgaben des Deutschunterrichts

Vor dem Lesen		
Ziele im Verstehensprozess	**Strategien des Textverstehens**	**Strategien der Selbstregulation**
die Leseabsicht klären	• sich einen Überblick über Textthema, Textbeschaffenheit machen, Vorwissen aktivieren • Lesestil auswählen (überfliegend, selektiv usw.)	• sich das Lese-/Arbeitsziel vor Augen führen und Aufwand, Zeit und Nutzen auf Grundlage des ersten Eindrucks (z. B. Textlänge) einschätzen • entsprechende Textverstehensstrategien aufrufen, • ersten Handlungsplan entwerfen

Während des Lesens		
Ziele im Verstehensprozess	**Strategien des Textverstehens**	**Strategien der Selbstregulation**
wesentliche Informationen, Begriffe und Aussagen ermitteln, dabei Informationen auf sprachlicher Ebene nutzen, mit Wissensbeständen und mit Informationen auf inhaltlicher Ebene verknüpfen	• zentrale Begriffe, Referenzformen erkennen (Ober- und Unterbegriffe, Wiederholungen, Wortfelder) • wesentliche Satzelemente/Propositionen ermitteln, daraus mögliche Schlüsselwörter bilden • Überschrift wahrnehmen, mit eigenem Wissen und Erwartungen an den Inhalt anfüllen, Vermutungen äußern • inhalts- und verstehensbezogene Fragen an den Text stellen	das Leseverstehen auf der Wort- und Satzebene überprüfen und sicherstellen: • unbekannte Begriffe klären • Verstehensschwierigkeiten formulieren • entsprechende Textpassagen kennzeichnen • genauer lesen • externe Hilfen hinzu ziehen
Informationen miteinander in Beziehung bringen, verknüpfen und wesentliche Inhalte erfassen, sprachliche Strukturierungsmittel wahrnehmen, nutzen und inhaltliche Bezüge zwischen Textteilen herstellen	• Textverknüpfungsmittel (Kohäsionsmittel) und Deiktika erfassen (z. B. *jetzt, dort, dieser...*) • Gliederungs- und Struktureinheiten erkennen (z. B. *erstens, zweitens; einerseits – andererseits*) • Sinnabschnitte markieren bzw. Informationseinheiten gliedern • Kerngedanken der einzelnen Abschnitte formulieren	• jetzige Textkenntnis mit Anfangsfragen und -erwartungen in Beziehung setzen • Handlungsplan anpassen

| Textinhalt erfassen: Wissen über Textsorten, Textstrukturmuster und Textfunktionen einbeziehen, zentrale Aussagen des Textes miteinander in Beziehung setzen | • Wissen über Textfunktion und mögliche Strukturmuster aufrufen und mit vorhandenem Text in Beziehung bringen
• je nach Textsorte Informationen strukturieren (argumentativer Text wie Kommentar oder Rede als Strukturbild darstellen nach den Kriterien: These – Argument – Beleg, Erläuterung; Lehrtext in Form eines Diagramms nach den Kriterien: Daten – Ort/Person – Ereignis)
• Zusammenfassung über die wesentlichen Aspekte/Aussagen des Textes in eigenen Worten verfassen | • Gehalt, Nützlichkeit, Funktion der zusammengetragenen Informationen prüfen |
| Darstellungsstrategien erkennen und für das Verstehen der Gesamtaussage nutzen | • sprachliche und sprachstrukturelle Mittel (rhetorisch, stilistisch, argumentativ) hinsichtlich ihrer Funktion und Wirkung kennzeichnen
• über die Wirkung und den Einsatz reflektieren | |

Nach dem Lesen

Ziele im Verstehensprozess	Strategien des Textverstehens	Strategien der Selbstregulation
Reflexion und Nutzung des Textgehalts	• die Aussageabsicht des Textes mit der Wirkung auf den Leser in Beziehung setzen • Textgestaltung (sprachlich, strukturell, stilistisch) mit Aussageabsicht in Beziehung setzen und beurteilen • Textgehalt auf eigenen Erkenntniswert beziehen (Neues wahrnehmen, evtl. veranschaulichen, Erkenntnisse als Gewinn oder Nutzen reflektieren)	Reflexion über den durchgeführten Einsatz von Lesestrategien und über den Verlauf des Leseverstehensprozesses

Abbildung 18: Strategien im Leseverstehensprozess

und der Schule insgesamt. Anschaulich ist der Stellenwert von Lesekompetenz als Ziel des Unterrichts in den öffentlichen Debatten um das schlechte Abschneiden der deutschen Schüler in der ersten PISA-Studie (Baumert u. a. 2001) geworden. Das zentrale Ziel im Leseunterricht ist die Ausbildung einer Lesekompetenz, die zur Teilhabe an kultureller und gesellschaftlicher Praxis befähigt (vgl. Hurrelmann 2002). Dazu muss die Lesekompetenz in allen drei Dimensionen (→ KAPITEL 6.1) entwickelt und gefördert werden.

Die fünf Ebenen der kognitiven Dimension bestimmen den Leseprozess zentral, deshalb steht die gezielte Förderung der entsprechenden Fähigkeiten im Mittelpunkt der Leseförderung im Sprachunterricht. So müssen Schüler als basale Leseleistung die Fähigkeit zum flüssigen Lesen erwerben. Leseflüssigkeit oder Lesegeläufigkeit bezeichnet die Fähigkeit, einen Text flüssig, in angemessenem Tempo und sinnvoll intonierend zu lesen. Dazu muss das Lesen auf den hierarchieniedrigen Ebenen der Wort- und Satzidentifikation automatisiert ablaufen. Diese Fähigkeit stellt eine Gelenkstelle zur nächsthöheren Verstehensebene dar (vgl. Holle 2009, S. 147), da nur so ausreichend Aufnahmekapazität für weiteres Verstehen auf hierarchiehöherer Ebene vorhanden ist. Unterschiede beim Textverstehen lassen sich in ganz entscheidendem Maße auf unterschiedliche Fähigkeiten im Bereich der Leseflüssigkeit zurückführen (vgl. Gold u. a. 2010, S. 68–70). Deshalb bildet der Erwerb der Leseflüssigkeit ein zentrales Ziel des Leseunterrichts – das auch über die Grundschulzeit hinaus verfolgt werden muss, bis alle Schüler in der Lage sind, angemessen und flüssig zu lesen. Zu berücksichtigen ist dabei, dass auch sprachliches Wissen im Hinblick auf Wortschatz, Grammatik, Satzstruktur und -verknüpfungen und Textwissen für den Aufbau von Leseflüssigkeit bedeutsam ist (vgl. Peyer 2010, S. 253–257).

Neben der Ausbildung von Leseflüssigkeit bildet der Erwerb von Lesestrategien den zweiten wichtigen Schwerpunkt in der kognitiven Dimension. In vielen empirischen Untersuchungen hat sich gezeigt, dass der Erwerb von Lesestrategien und von Strategien zur Selbstregulation das Leseverstehen der Schüler wesentlich verbessert (vgl. Streblow 2004). Der Erwerb von Strategien des Textverstehens und der Selbstregulation (→ ABBILDUNG 18) beginnt bereits in der Grundschule und steht in der Sekundarstufe I und II im Zentrum des Unterrichts. Die Schüler sollen dabei ein Set an Lesestrategien, ein ‚Werkzeugset‘, erwerben, um zunehmend selbstständig damit arbeiten zu können.

Weil für die Entwicklung eines Textverständnisses auf den hierarchiehöheren Ebenen Wissen über Texte bedeutsam ist, müssen die

Teilhabe an kultureller und gesellschaftlicher Praxis

Leseflüssigkeit

Lesestrategien

Schüler im Unterricht Wissen über grundlegende Typen der thematischen Entfaltung (beschreibend, erklärend, argumentierend, erzählend) und über grundlegende Textfunktionen (informierend, appellierend, regulierend, instruierend) erwerben. Dazu gehört auch Wissen über (zumeist wesentlich durch ihre Textfunktion ausgezeichnete) Textsorten: Schüler sollen den Umgang mit zentralen Textsorten lernen, die für ihr schulisches Lernen und gesellschaftliches Leben wichtig sind. Sie sollen unterschiedliche Textsorten (z. B. Gebrauchsanweisung, Vertrag, Kommentar usw.) kennen, ebenso kontinuierliche wie diskontinuierliche Texte (Schaubilder, Diagramme), und deren spezifische Leistungen nutzen können. Zusätzlich zu den drei genannten Wissenstypen ist ein weiterer Wissenstyp von Bedeutung: Schüler sollen Kenntnisse über stilistische und rhetorische Darstellungsmittel sowie über deren Funktion und Wirkung erwerben und diese Kenntnisse für das Textverstehen nutzen (vgl. KMK 2003, S. 14). Zudem soll ihre Sensibilität für ästhetische Funktionen von Texten gefördert werden.

Wissen über Textstrukturen, Textfunktionen, Textsorten

Wissen über Darstellungsmittel

Die Fähigkeit zur Kommunikation über Texte auf der sozial-interaktiven Ebene des Leseprozesses ist zu fördern, weil sie das Textverstehen und die Reflexion über Texte unterstützt. In Gesprächssituationen im Anschluss an den Leseprozess können die Schüler sich über Inhalt, unterschiedliche Sichtweisen und Vorstellungsbilder austauschen. Die Anschlusskommunikation trägt dazu bei, die in Texten dargestellten fremden und neuen Perspektiven auf die eigene Wirklichkeit zu erörtern, zu verarbeiten und zu reflektieren, durch die Auseinandersetzung mit literarischen Figuren Empathie aufzubauen, über soziale und gesellschaftliche Realitätsentwürfe und Handlungsweisen in ihrer historischen Eingebundenheit nachzudenken und eigene Handlungsmöglichkeiten und Perspektiven zu entwickeln (→ KAPITEL 2).

Anschluss-kommunikation

Wegen der hohen Bedeutung der Lesemotivation für das Leseverstehen (vgl. Baumert u. a. 2001) ist in der motivational-emotionalen Dimension der Aufbau von Lesemotivation ein wichtiges Ziel. In diesem Zusammenhang sind insbesondere zwei Komponenten zu berücksichtigen: die Entwicklung von Leseinteresse und die Unterstützung eines positiven Selbstkonzepts. Leseinteresse wird durch die soziale Einbindung in kommunikative Situationen und durch eine anregende Leseumgebung gefördert (vgl. Groeben / Hurrelmann 2004, S. 451). Ein positives Selbstkonzept beeinflusst das Leseverhalten, indem der Schüler sich selbst Leseanreize schafft, sich Ziele und Motive für die Tätigkeit bewusst macht und die Lesetätigkeit bei Verstehensschwierigkeiten entsprechend gestaltet. Ein positives Selbstkonzept wird durch Strategien der Selbstregulation unterstützt.

Lesemotivation, Leseinteresse

Lesekompetenz-modell

Zur Modellierung von Lesekompetenz liegen hauptsächlich Modelle vor, die im Rahmen der großen Schulleistungsstudien (PISA, IGLU, DESI) entstanden sind. Sie sind primär auf die *Leistungsmessung* ausgerichtet und nicht auf Erwerbsprozesse im Unterricht. Das PISA-Lesekompetenzmodell stellt ein grundlegendes Modell dar. Das PISA-Modell orientiert sich am angloamerikanischen Verständnis von Lesekompetenz, im Sinne von „Literacy" bzw. „Reading Literacy":

„Lesekompetenz (Reading Literacy) heißt, geschriebene Texte zu verstehen, zu nutzen und über sie zu reflektieren, um eigene Ziele zu erreichen, das eigene Wissen und Potential weiter zu entwickeln und am gesellschaftlichen Leben teilzunehmen." (Baumert u. a. 2001, S. 80)

„Literacy"

Dieses Verständnis von Lesekompetenz betont den funktionalen Aspekt des Lesens. Mit „Literacy" und auch „Reading Literacy" ist die Auseinandersetzung mit allen Formen von schriftlichen Texten verbunden, die zur Informationsaufnahme, Fixierung und Weitergabe von Wissen dienen (vgl. dazu auch Kirsch u. a. 1998). Demzufolge werden verschiedene Aspekte von Lesekompetenz unterschieden, die in der PISA-Studie durch drei Teilleistungen zusammengefasst werden:

Drei Teilleistungen von Lesekompetenz nach PISA

1. Informationen ermitteln: Informationen, die explizit im Text enthalten sind, werden erkannt;
2. Textbezogenes Interpretieren: Informationen, die im Text enthalten sind, werden miteinander in Beziehung gebracht und ein allgemeines Textverständnis wird entwickelt;
3. Reflektieren und Bewerten: der Text wird im Hinblick auf Inhalt und Form bewertet, der Textinhalt wird auf eigene Wissensbestände, Ideen und Erfahrungen angewendet (vgl. Baumert u. a. 2001, S. 83).

Obwohl in der Sprachdidaktik inzwischen ein Konsens darüber besteht, dass beim Lesen Teilleistungen unterschieden werden können, sind die Unterscheidung, die im PISA-Modell genutzt wird, sowie die Konzentration auf die kognitive Dimension des Lesens fachdidaktisch nicht unumstritten. Dennoch sind sie in der schulischen Praxis, etwa in Abschlussarbeiten, präsent. Einigkeit besteht darüber, dass der Leser beim Textverstehen auf der Grundlage von sprachlichen Informationen seine Vorstellungen bildet und die kognitive Dimension eine zentrale Rolle im Textverstehensprozess spielt.

6.3 Lesen anregen und fördern

In der Debatte um geeignete Wege, Schüler beim Erreichen der Ziele des Leseunterrichts zu unterstützen, spielen drei Aspekte eine herausgehobene Rolle: Programme zum Erwerb von Lesestrategien zur Förderung des Textverstehens, Übungen zur Förderung von Leseflüssigkeit und Maßnahmen zur Förderung von Lesemotivation.

Lesemotivation und Leseinteresse können durch den Aufbau einer schulischen Lesekultur gefördert werden. Motivationsfördernd sind Lesenächte, Autorenlesungen oder Buchvorstellungen, die ihren festen Platz im Schulalltag haben. Eine positive Haltung bzw. Bereitschaft des Schülers zum Lesen kann durch Leseanreize geschaffen werden. Dazu muss in der Klassen- oder Schulbibliothek ein vielfältiges Textangebot für unterschiedliche Leseinteressen zur Verfügung stehen. Neben Kinder- und Jugendliteratur im engeren Sinne gehören dazu auch Sachbücher, Zeitungen, Zeitschriften, Comics und nicht zuletzt neue Medien wie CD-Roms, z. B. mit Spielgeschichten. Eine solche Haltung wird durch eine kontinuierliche Nutzung von Sach- und Fachliteratur oder durch ein Zeitschriften- oder Zeitungsabonnement in anderen Fächer als Deutsch, z. B. den Naturwissenschaften, unterstützt. Menschen, die gerne lesen, gelten auch als Vielleser und geübte Leser und zeigen eine höhere Leseverstehensfähigkeit. Dabei ist allerdings immer zu bedenken, dass das selbstständige Lesen längerer Texte voraussetzungsreich ist und von leseschwachen Schülern nicht ohne Weiteres realisiert werden kann (vgl. Rosebrock u. a. 2010, S. 50–52).

Die Qualität der Leseflüssigkeit kann durch Maßnahmen verbessert werden, die sich am sogenannten „Fluency-Training" orientieren (vgl. Rosebrock/Nix 2008). Dabei werden vier Teilfähigkeiten geschult: Dekodiergenauigkeit, Automatisierung, Lesegeschwindigkeit und angemessene Betonung (Prosodie). Bei diesen Trainings handelt es sich um sogenannte „Lautlese-Verfahren", bei denen zwei Lesepartner sich gegenseitig einen ihnen angemessenen kurzen Text laut und sinnbetont vorlesen. In mehreren Durchgängen werden Lesetempo, Leserichtigkeit und Prosodie trainiert. Der Partner achtet jeweils auf ein oder zwei Merkmale wie Lautstärke, Lesetempo, richtiges/ genaues Lesen, deutliche Aussprache, Lesefluss, Leseausdruck. Die Leseleistung und die Lesefortschritte werden ausgewertet (vgl. Rosebrock/Nix 2008; Bertschi-Kaufmann u. a. 2008). Lautlese-Verfahren können in systematischer Weise in den Unterricht eingebettet sein, fördern empirisch nachgewiesen neben der Leseflüssigkeit auch die

Lesekultur in der Schule

Lautlese-Verfahren

Fähigkeit zum Textverstehen (vgl. Rosebrock u. a. 2010) und motivieren zum Zuhören und zum Austausch über die Textinhalte (vgl. Holle 2009).

Der Erwerb von Lesestrategien sollte in drei Schritten erfolgen: In einem ersten Schritt wird vom Lehrer oder Trainer eine begrenzte Anzahl von Strategien eingeführt, ihr Einsatz und Nutzen exemplarisch demonstriert. In einem zweiten Schritt wenden die Schüler die Strategien selbstständig an und üben sie an unterschiedlichen Texten und Aufgaben. In einem dritten Schritt reflektieren Lehrer und Schüler gemeinsam über den Nutzen von Strategien für ihre jeweilige Leseverstehenstätigkeit und für den Leseerfolg. Ein Set an geeigneten Strategien wird zusammengestellt und in eigens dafür vorgesehenen Heften, auf Karten oder als Lesezeichen in optisch ansprechender Form für das Lesen von Texten in allen Fächern verfügbar gemacht.

Zum systematischen Erwerb von selbstregulativen Strategien und Lesestrategien liegen unterschiedliche, empirisch überprüfte Trainingsprogramme vor (vgl. Streblow 2004). Sie unterscheiden sich im Wesentlichen in der Auswahl der Strategien und in der Reihenfolge ihres Einsatzes. Lesestrategietrainings berücksichtigen dabei nicht nur Lesestrategien im engeren Sinne, sondern vielfach versuchen sie gleichzeitig, selbstregulative Strategien einzuführen, mit denen der Schüler lernt, sein eigenes Lesevermögen bewusst einzuschätzen, sich selbst realistische Ziele zu setzen und den Lern- und Leseerfolg zu reflektieren.

Ein Beispiel für ein solches Programm sind die *Textdetektive* (Gold u. a. 2004). Zum einen gibt es Übungen zur motivationalen und zur kognitiven Selbstregulation (Mittel-Ziel-Überlegungen anstellen, Leseplan entwickeln), zum anderen werden mit den Schülern sieben Detektivmethoden erarbeitet (Überschrift beachten, Bildlich vorstellen, Umgang mit Textschwierigkeiten, Verstehen überprüfen, Wichtiges unterstreichen, Wichtiges zusammenfassen, Behalten überprüfen).

Ein anderes Beispiel ist das Trainingsprogramm *Lesen. Das Training* (Bertschi-Kaufmann u. a. 2008). Es besteht aus drei Bausteinen: Lesefertigkeit, Leseflüssigkeit und Lesestrategien. Der Baustein Lesestrategien stellt eine Kombination von Lese- und Selbstregulationsstrategien dar. Die Abfolge ihres Einsatzes ist orientiert am Verstehensprozess. Insgesamt werden sechs Lesestrategien mit jeweils drei Verfahrensschritten bzw. Teilstrategien eingeführt, angewendet, reflektiert und ihr Einsatz an unterschiedlichen Texten trainiert: Vor dem Lesen kommen zwei Strategien zur Vorentlastung und zum überfliegenden Lesen zur Anwendung (z. B. Überblick verschaffen, Vermutungen äußern, Vorwissen aktivieren), während des Lesens erfolgt eine schrittweise Erarbeitung des Textes (z. B. Unverstandenes klären, Sinnabschnitte einteilen, wichtige Stellen markieren, Kernaussagen formulieren), nach dem Lesen werden verschiedene Verfahren der Inhaltswiedergabe eingeübt (z. B. W-Fragen, Geschichtenschema, Schaubild, Tabelle, Grafik). Abschließend geht es darum, das Gelesene zu beurteilen und zu nutzen (Leseempfehlung geben, über weitere Verwendungsmöglichkeiten nachdenken).

Ein drittes Beispiel ist das *Reciprocal Teaching* (Palincsar / Brown 1984), ein für die Schule entwickeltes Förderkonzept für schwache Leser. Das Training des Leseverstehens erfolgt in Kleingruppen, die zunehmend selbstständig vier Strategien anwenden: Fragenstellen, Zusammenfassen, Klären von Wortbedeutungen, Vorhersagen, wie der Text weitergeht. Der aus dem englischsprachigen Raum kommende Ansatz des Reciprocal Teaching wird derzeit in seiner Wirkung als Fördermaßnahme in Deutschland empirisch geprüft (vgl. Berkemeier u. a. 2009).

Prinzipiell ist ein Strategietraining erfolgreich eingesetzt, wenn es kein isoliertes Methodentraining bleibt, sondern wenn die Strategien kontinuierlich in allen Fächern zum Erschließen von unterrichtsrelevanten Texten genutzt werden, d. h. dass sie immer wieder aufgerufen, eingesetzt und geübt werden, bis sie schließlich verinnerlicht sind und bei Verstehensproblemen bewusst gemacht und aufgerufen werden können.

Reciprocal Teaching

Fragen und Anregungen

- Formulieren Sie Gründe bzw. Argumente dafür, dass die Lesefähigkeit als Schlüsselkompetenz für das Lernen innerhalb und außerhalb der Schule gesehen wird.

- Welche kognitiven Leistungen sind nötig, um einen Text auf hierarchiehoher / hierarchieniedriger Ebene zu verstehen?

- Informieren Sie sich in einem Lehrwerk für den Deutschunterricht über die Anleitungen und Aufgaben zum Verstehen von Texten: Werden Lesestrategien eingeführt? In welcher Form? Gibt es Aufgaben, die auf die Aktivierung des Vorwissens abzielen? Gibt es Aufgaben, die auf mögliche Verstehensschwierigkeiten eingehen und Vorschläge zu ihrer Lösung anbieten?

• Überlegen Sie, welche Strategien Sie selbst einsetzen bzw. als sinnvoll erachten, um das Verstehen eines (wissenschaftlichen) Textes
zu sichern.

Lektüreempfehlungen

• **Andrea Bertschi-Kaufmann (Hg.): Lesekompetenz – Leseleistung –
Leseförderung,** Seelze-Velber 2007. *Basiswissen über Lesetheorien
und didaktische Modelle; methodische Vorschläge zur Leseförderung.*

• **Martin Leubner / Anja Saupe / Matthias Richter: Literaturdidaktik,**
Berlin 2010. *Einführung. Entwicklung und Begründung eines
literaturdidaktischen Modells zum Erwerb von literarischer Lesekompetenz.*

• **Cornelia Rosebrock / Daniel Nix: Grundlagen der Lesedidaktik
und der systematischen schulischen Leseförderung,** Baltmannsweiler 2008, 4., korrigierte und erweiterte Auflage 2011. *Darstellung eines mehrdimensionalen Modells zum Leseverstehen, didaktische und methodische Konkretisierung anhand einzelner Aspekte
der Leseförderung.*

7 Texte schreiben

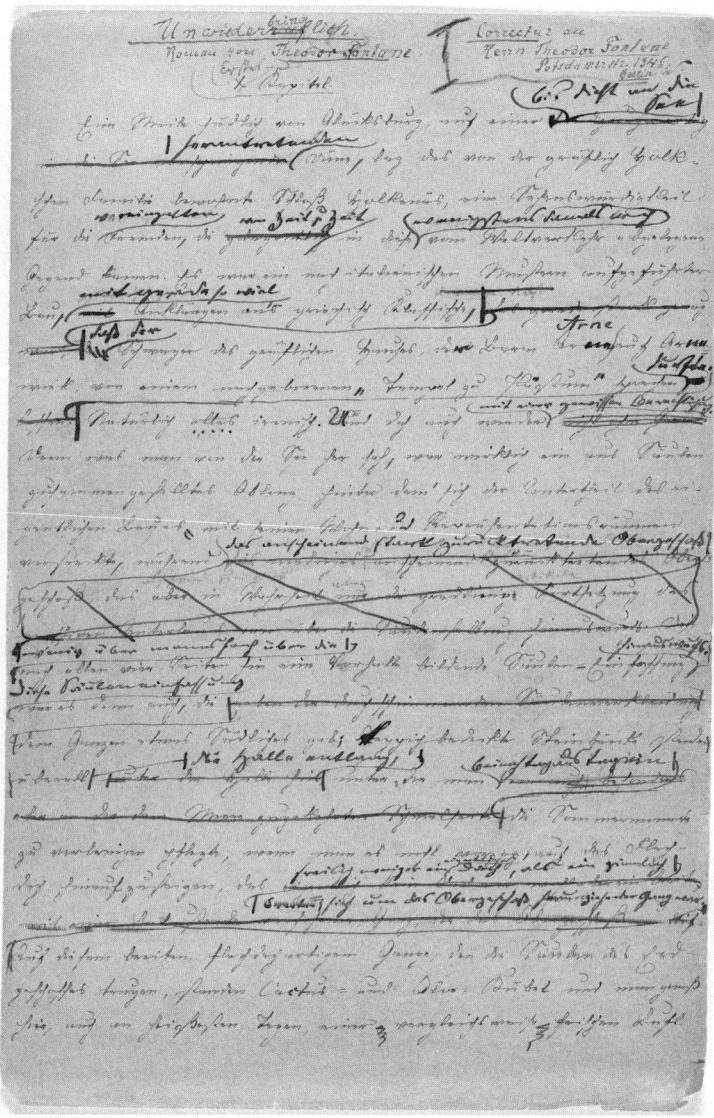

Abbildung 19: Theodor Fontane: *Unwiederbringlich* (1891). Manuskriptseite, Erstes Kapitel, Abschrift Emilie Fontanes mit Überarbeitungen Fontanes

Diese Seite entstammt dem ersten Kapitel der Manuskriptfassung von Theodor Fontanes großem Roman „Unwiederbringlich" (1891). Es handelt sich um eine Abschrift seiner Frau Emilie, auf der Fontane eigenhändig zahlreiche Streichungen, Neuformulierungen, Ergänzungen und Umstellungen vermerkt hat, die sich offenbar bei der kritischen Durchsicht des Manuskripts für ihn als notwendig erwiesen. Angesichts der Fülle an Überarbeitungen, die Fontane allein auf dieser einen Manuskriptseite vornahm, verwundert es nicht, dass es noch ganze drei Jahre dauern sollte, bis der Roman endgültig zu seiner Zufriedenheit fertiggestellt war und veröffentlicht werden konnte. Als Momentaufnahme aus dem Entstehungsprozess vermittelt die Manuskriptseite einen guten Eindruck davon, dass Schreiben auch für einen so erfahrenen und erfolgreichen Autor wie Fontane kein Kinderspiel war, sondern harte Arbeit bedeutete: Viele große und kleine Überarbeitungsschritte waren erforderlich, bis aus dem ersten Entwurf des Romans das Meisterwerk wurde, als das es in die Literaturgeschichte einging.

Das Beispiel zeigt, dass das Texteschreiben selbst bei professionellen Schreibern weniger mit Talent und Begabung als vielmehr mit genauer und differenzierter Textarbeit zu tun hat – gleichwohl ist Schreiben im Alltagsverständnis bis heute stark mit dem Genie-Gedanken verknüpft. Auch vielen Schülern und Lehrpersonen gilt Schreiben immer noch als etwas, das man eigentlich gar nicht lernen könne: „Schreiben kann man, oder eben nicht!" (Merz-Grötsch 2001, S. 163)

In der aktuellen Schreibdidaktik steht demgegenüber der Gedanke der Lehr- und Lernbarkeit des Schreibens im Vordergrund. Es lässt sich zeigen, wie gerade der *Prozess* der Textproduktion unter Rückgriff auf Ergebnisse der Schreibforschung als Lerngegenstand modelliert werden kann. Daraus wiederum lassen sich – unter Berücksichtigung didaktisch-methodischer Aspekte des Schreibens – bestimmte Zielperspektiven für den Schreibunterricht ableiten. Mit dem Wissen um die Vielfalt möglicher Schreibanlässe und -aufgaben lassen sich spezifische Strukturierungs- und Methodenfragen einer konsequent prozessorientierten Gestaltung von Schreibunterricht fokussieren.

7.1 Schreiben als Lerngegenstand
7.2 Ziele und Kompetenzen
7.3 Schreibprozesse anstoßen: Schreibaufgaben
7.4 Schreibprozesse anleiten und unterstützen

7.1 Schreiben als Lerngegenstand

Bis in die späten 1960er-Jahre war der Schreibunterricht in der Schule als Aufsatzunterricht konzipiert. Schreiben lernen hieß, einige wenige standardisierte Darstellungsformen möglichst normgerecht beherrschen zu lernen: Die spezifischen formalen und stilistischen Merkmale der verschiedenen Aufsatzarten wurden zunächst an Mustertexten erarbeitet und dann in Übungsaufsätzen auf neue Themen angewendet – im Zentrum des traditionellen Aufsatzunterrichts stand das angestrebte Schreib*produkt*, der Aufsatz, dessen Gestaltung durch enge normative Vorgaben weitgehend festgelegt war.

Orientierung auf Schreibprodukte

Die traditionelle Aufsatzlehre unterschied sechs Grundformen des schulischen Schreibens, deren Einteilung auf einer strengen Systematik beruhte. So legte im Jahr 1962 Theodor Marthaler seiner Ordnung der Aufsatzarten (→ ABBILDUNG 20) die Annahme zugrunde, dass der Schreiber der Welt, wie sie sich ihm im zeitlichen Nacheinander, im räumlichen Nebeneinander und der gedanklichen Durchdringung darstellt, entweder auf objektiv-sachliche oder auf subjektiv-persönliche Weise gegenübertreten könne. Die so unterschiedenen Schreibformen wurden dann im schulischen Curriculum bestimmten Schul- bzw. Altersstufen zugeordnet: Am Beginn der Aufsatzerziehung stand die Erzählung, die curriculare Krönung bildete die argumentative Textform der Abhandlung oder Erörterung.

Traditionelle Aufsatzlehre

Der ausgeprägten Orientierung auf Schreibprodukte in der tradierten Aufsatzdidaktik setzt die neuere Schreibdidaktik eine grundsätzlich andere, prozessorientierte Perspektive entgegen. Die entscheidenden Impulse für diese Neuorientierung kamen aus der neueren, kognitionswissenschaftlich fundierten Schreibforschung. Hatte sich die schreibdidaktische Grundlagenforschung bis in die Mitte der 1970er-Jahre hinein vor allem mit den *Produkten* des Schreibens befasst, so rückte nun, maßgeblich angestoßen durch die „kognitive Wende" (→ KAPITEL 1.2), verstärkt die Erkundung des Schreib*prozesses*

Orientierung auf Schreibprozesse

	Zeitliches Nacheinander	Räumliches Nebeneinander	Gedankliche Durchdringung
Sachliche Aufsätze	Bericht *wie ein Dokumentarfilm*	Beschreibung *wie eine Fotografie*	Abhandlung *wie eine Röntgenaufnahme*
Persönliche Aufsätze	Erzählung *wie ein Spielfilm*	Schilderung *wie ein Gemälde*	Betrachtung *wie eine Mikro- oder Teleskopaufnahme*

Abbildung 20: Aufsatzarten (Systematisierung nach Marthaler 1962)

in den Mittelpunkt: Mithilfe von sogenannten Thinking-aloud-Protokollen versuchten die Forscher, Einblick in die Köpfe von Schreibenden zu gewinnen und herauszufinden, welche kognitiven Aktivitäten während der Textproduktion auftreten.

Modellierungen des Schreibprozesses

Auf der empirischen Grundlage dieser Denkprotokolle entstanden verschiedene Modellierungen des Schreibprozesses, von denen besonders das Modell der amerikanischen Schreibforscher John Hayes und Linda Flower aus dem Jahr 1980 breit rezipiert und diskutiert wurde. Ein früher Versuch aus dem deutschsprachigen Raum, dieses Urmodell zu ergänzen und weiter zu differenzieren, wurde 1983 von dem Schreibdidaktiker Otto Ludwig vorgelegt (→ ABBILDUNG 21).

Das Modell weist vier Teilprozesse aus, die im Prozess der Textproduktion ineinandergreifen: konzeptionelle, innersprachliche, motorische und redigierende Aktivitäten.

Konzeptionelle Prozesse

Unter konzeptionellen Prozessen sind all diejenigen Tätigkeiten eines Schreibers zu verstehen, die der Planung und Vorstrukturierung der Schreibhandlung dienen. Der Schreiber entwickelt eine erste Vorstellung davon, wie der spätere Text inhaltlich und strukturell beschaffen sein soll, und setzt sich, je nach der Intention, die er mit

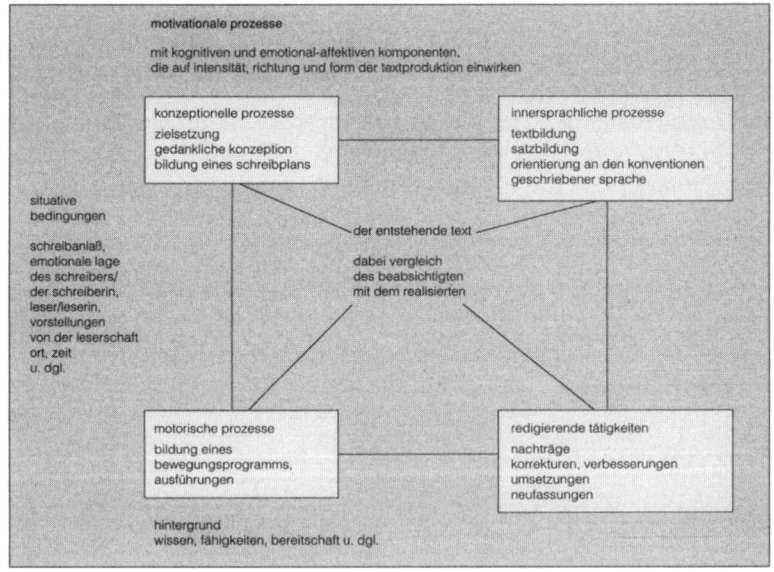

Abbildung 21: Otto Ludwig: Ein Modell des Schreibprozesses (1983, Darstellung: Baurmann 1990)

seinem Text verbindet, ein vorläufiges (nicht unbedingt explizit formuliertes) Schreibziel, das ihm im weiteren Schreibprozess als Leitlinie dient. Eine wichtige Rolle spielt in diesem Zusammenhang die Frage, *für wen* geschrieben wird: Je nachdem, wen der Schreiber als Adressaten bzw. möglichen Leser seines Textes im Auge hat, muss er bei der Bildung seines Schreibplans – in einem weiten Sinn verstanden als „die Idee von einem Text" (Ludwig 1983, S. 58) – sehr unterschiedliche Lesererwartungen und -voraussetzungen antizipieren.

Bei den innersprachlichen Prozessen handelt es sich um die sprachliche Umsetzung dieses gedanklichen Entwurfs, also um Formulierungshandlungen im engeren Sinn: Die Idee, die der Schreiber von seinem zu schreibenden Text entwickelt hat, wird in eine sprachliche Form gebracht, d. h. letztlich in die Form eines Textes überführt. Um deutlich zu machen, dass diese Versprachlichung noch keine Texte im strengen Wortsinn hervorbringt (die Texte also noch nicht in geschriebener Form, sondern vorerst nur im Kopf des Schreibers vorhanden sind), werden solch gedanklich repräsentierte Texte und Formulierungen in der Schreibforschung als Prätexte bezeichnet. **Innersprachliche Prozesse**

Motorische Prozesse sind notwendig, um das Gedachte und sprachlich Geformte festzuhalten und mithilfe eines Schreibgeräts aufzuschreiben. Je weniger das dafür erforderliche Bewegungsprogramm automatisiert ist, umso mehr Aufmerksamkeit fordert die motorische Schreibhandlung vom Schreiber – dies gilt für das Handschreiben wie für das Schreiben mit dem Computer gleichermaßen. **Motorische Prozesse**

Eine Schlüsselrolle im gesamten Schreibprozess kommt den vielfältigen Formen des Überarbeitens zu, die im Modell als redigierende Tätigkeiten bezeichnet werden (vgl. französisch *rédiger*: einen Text druckfertig machen, in Ordnung bringen). Überarbeitungshandlungen verlangen zuallererst einen Wechsel von der Schreiber- zur Leserperspektive: Der Schreiber muss lesend den entstehenden Text immer wieder kritisch darauf überprüfen, ob er seiner eingangs entwickelten Vorstellung gerecht wird; hält das bislang Realisierte diesem Vergleich nicht stand, so wird er versuchen, die Diskrepanzen durch gezielte Eingriffe in den Text zu beseitigen. Die Revisionen reichen dabei von einfachen Korrekturen, die in aller Regel lokal begrenzt auf der Textoberfläche vorgenommen werden können (vor allem Beseitigung orthographischer oder grammatikalischer Normverstöße), bis hin zu stilistischen und textstrukturellen Überarbeitungen, die zunehmend tiefer in die Textsubstanz eingreifen (z. B. Wahl eines anderen Wortes oder einer anderen syntaktischen Konstruktion, Streichungen **Redigierende Tätigkeiten** und Ergänzungen von Textteilen, Veränderung der Gedankenführung/des Textaufbaus usw.) (vgl. Baumann/Ludwig 1984, S. 259).

Überarbeitungsprozesse setzen jedoch nicht erst dann ein, wenn ein ausgearbeiteter Text vorliegt, sondern begleiten den Schreibprozess als Ganzen. Vor allem sind Überarbeitungen nicht auf bereits aufgeschriebene Texte oder Textteile beschränkt, sondern finden zu einem wesentlichen Teil schon im Kopf des Schreibers statt. So werden zum Beispiel bei der Suche nach einer passenden Formulierung beständig Prätexte im Kopf überarbeitet – die Tätigkeiten des Formulierens und Redigierens sind eng miteinander verbunden. Beide Arten der Überarbeitung, Prätext- und Textrevisionen, unterscheiden sich erheblich in ihren Ausgangsbedingungen: An den nur mental gespeicherten Prätexten lassen sich weitaus leichter Veränderungen vornehmen als an schriftlich vorliegenden Texten; dies gilt selbst dann, wenn man Texte nicht auf dem Papier, sondern auf dem Bildschirm überarbeitet. Aufgeschriebene Texte haben hingegen den Vorzug der größeren Gegenständlichkeit; sie stehen dem Schreiber schwarz auf weiß vor Augen und können immer wieder aufs Neue gelesen und überprüft werden (vgl. Baumann/Ludwig 1996, S. 15f.).

Prätext- und Textüberarbeitungen

Die beschriebenen Teilhandlungen sind in dem Modell von Ludwig (→ ABBILDUNG 21) in einen komplexen Handlungsrahmen gesetzt. Darin sind die wesentlichen Rahmenbedingungen bzw. Einflussfaktoren aufgeführt, die auf die Prozesse der Textproduktion einwirken:

Schreibmotivation

- Motivationale Prozesse spielen nicht nur zu Beginn des Schreibens, sondern während des gesamten Schreibvorgangs eine wichtige Rolle. Das Verfassen eines Textes ist ein komplexer und schwieriger Prozess, der vom Schreiber einen langen Atem verlangt – besonders dann, wenn sich beim Schreiben Schwierigkeiten und Widerstände auftun (vgl. Baumann/Müller 1998).

Schreibsituation

- Zu den situativen Bedingungen zählen alle Aspekte der unmittelbaren Schreibsituation: Worin besteht der Schreibanlass bzw. die konkrete Schreibaufgabe? An wen richtet sich der Text, wer ist der (reale oder gedachte) Leser? Wo wird geschrieben und welcher zeitliche Rahmen steht zur Verfügung? Welches Schreibgerät wird genutzt?

Schreiber

- Nicht zuletzt ist zu berücksichtigen, welches Wissen und Können der Schreiber selbst in den Schreibprozess einbringt. Zur Bewältigung einer konkreten Schreibaufgabe greifen Schreiber nicht nur auf vorhandenes Sprach- und Weltwissen zurück, sondern auch auf ein im praktischen Umgang mit Texten erworbenes Textmusterwissen. Gemeint ist damit ein Wissen über grundlegende schriftsprachliche Handlungsmuster (z. B. das Erzählen, Berichten, Beschreiben, Argumentieren u. a. m.), die vom Schreiber als „Baupläne für das Schreiben" (Fix 2006, S. 30) genutzt werden.

Wie die grafische Darstellung gut sichtbar macht, folgen die Teilprozesse des Schreibens nicht linear aufeinander, sondern spielen im Prozess der Textproduktion vielfältig zusammen. Als zentrales Bindeglied fungiert der entstehende Text; er bildet den gemeinsamen Bezugspunkt der verschiedenen Aktivitäten, die im Schreibprozess teils sukzessiv, teils parallel verlaufen, vor allem aber beliebig wiederholt und auf je eigene Weise miteinander verknüpft werden können. Dieser letztgenannte Aspekt wird in der Schreibforschung auch als „Rekursivität" der Teilprozesse bezeichnet (Hayes / Flower 1980, S. 29). Interaktion der Teilprozesse

Das hier vorgestellte Schreibprozessmodell versucht, den komplexen Vorgang der Textproduktion aufzuschlüsseln und schematisch abzubilden, was sich als „gemeinsamer Kern des Schreibens" (Baurmann / Weingarten 1995, S. 21) aus der Vielzahl beobachtbarer Schreibprozesse herauslösen lässt. Im Ergebnis zeigt sich sehr deutlich, wie komplex die Anforderungen sind, die der Schreiber bei der Textproduktion zu bewältigen hat. In didaktischer Perspektive muss es folglich darum gehen, diese Komplexität für die Lernenden zu reduzieren und „die Anforderungen beim Schreiben in überschaubare Phasen zu zerlegen" (Fix 2006, S. 120). Auf diese Weise können Teilaspekte des komplexen Prozesses isoliert und durch geeignete methodische Maßnahmen gezielt unterstützt und gefördert werden (→ KAPITEL 7.4). Schreibforschung und Schreibdidaktik

7.2 Ziele und Kompetenzen

Das grundlegende Ziel des Schreibunterrichts besteht darin, Kinder und Jugendliche möglichst dauerhaft zum Schreiben zu motivieren, ihre Schreibfreude und Schreiblust zu wecken bzw. zu erhalten und die Entwicklung von Schreibgewohnheiten zu unterstützen. Dies allerdings setzt voraus, dass die Schüler das Schreiben in der Schule als für sie bedeutsame Tätigkeit erfahren können, mit der sich vielfältige Funktionen verfolgen lassen (vgl. Merz-Grötsch 2010, S. 12–17): Schreibmotivation Funktionen des Schreibens in ihrer Vielfalt erfahren

- eine kommunikative Funktion: Schreiben als Möglichkeit für Austausch, Verständigung und Unterhaltung;
- eine memorativ-konservierende Funktion: Schreiben als Möglichkeit, Dinge festzuhalten und zu speichern;

- eine erkenntnisfördernde, epistemische Funktion: Schreiben als kognitives Werkzeug des Denkens und Lernens;
- eine (selbst-)reflexive Funktion: Schreiben als Unterstützung für Reflexion, Selbstausdruck und Identitätsentwicklung.

Zugleich muss es im Schreibunterricht darum gehen, die Schüler mit der methodisch-handwerklichen Seite des Schreibens vertraut zu machen und ihnen ‚Werkzeuge' an die Hand zu geben, mit deren Hilfe sie den komplexen Prozess der Textproduktion zunehmend eigenverantwortlich gestalten und bewältigen können. Die Schüler sollen lernen, ihr schriftsprachliches Handeln in allen Phasen des Schreibprozesses

Das eigene Schreiben kritisch reflektieren

mit Blick auf Schreibaufgabe, Adressaten usw. kritisch zu reflektieren und die Arbeit am Text bzw. Textentwurf nach und nach als selbstverständlichen Bestandteil in ihren Schreibprozess zu integrieren.

Auch für das Schreiben wurden in den letzten Jahren verschiedene Kompetenzmodelle vorgelegt, die jeweils möglichst genau zu erfassen versuchen, welches Wissen und Können einen in der beschriebenen

Modellierung von Schreibkompetenz

Weise kompetenten Schreiber im Einzelnen auszeichnet. Die von Martin Fix vorgeschlagene Modellierung (vgl. Fix 2006, S. 24–33) geht von einer Integration von vier Teilkompetenzen aus (→ ABBILDUNG 22).

Die von Fix unterschiedenen Teilkompetenzen lassen sich ohne Weiteres auf die oben ausgeführten Teilprozesse des Schreibens beziehen. Auch das bei Ludwig im Hintergrund verortete Wissen, das

	Inhaltliche Kompetenz Vorwissen aktivieren, neues Wissen bereitstellen, Ideen generieren	
pragmatisches Wissen		*inhaltliches Wissen*
Zielsetzungskompetenz Schreibfunktion analysieren, den Leser antizipieren, sich ein Schreibziel setzen	Schreibkompetenz	Formulierungs- und Revisionskompetenz die „Idee vom Text" versprachlichen und aufschreiben, Dissonanzen entdecken und beseitigen
Textmusterwissen	Strukturierungskompetenz einen Schreibplan entwickeln, ein Textmuster realisieren, ggf. Textsortennormen beachten	*Sprachwissen*

Abbildung 22: Schreibkompetenz als „Wissen-Fähigkeiten-Kombination" (nach Fix 2006)

der Schreiber für einen gelingenden Schreibprozess benötigt (→ ABBIL-
DUNG 21), taucht in dem Modell erneut auf. Schreibkompetenz er-
scheint hier als eine spezifische „Wissen-Fähigkeiten-Kombination"
(Fix 2006, S. 24), die zum Verfassen eines Textes erforderlich ist.

Für die Vermittlung von Schreibkompetenz ergibt sich daraus zweierlei: Zum einen ist das schulische Schreiben konsequent prozessorientiert anzulegen, sodass die Ausführung einzelner Teilprozesse gezielt
unterstützt und zugleich die Aneignung der entsprechenden Teilkom- **Aneignung von**
petenzen befördert werden kann. Zum anderen muss der Unterricht **Teilkompetenzen**
aber auch den Erwerb von inhaltlichem und vor allem von fachlichem **Inhaltliches und**
Wissen unterstützen, das im Schreibprozess zur Anwendung kommt: **fachliches Wissen**
Dazu gehören ganz zentral das Wissen über Textmuster (d. h. auch:
über Textstruktur und sprachlich-stilistische Mittel, die ein bestimmtes
Textmuster auszeichnen) sowie das im engeren Sinne sprachliche Wis-
sen (z. B. über Wortbedeutungen, Satzstrukturen, Möglichkeiten der
Textverknüpfung u. a. m.), das ein Schreiber für das Formulieren und
Überarbeiten benötigt. In diesem Punkt ergeben sich zahlreiche Ver-
knüpfungen zu den Gegenstandsfeldern „Richtig schreiben" und
„Sprache und Sprachgebrauch reflektieren" (→ KAPITEL 8, 9).

7.3 Schreibprozesse anstoßen: Schreibaufgaben

Schreibprozesse können grundsätzlich von sehr unterschiedlichen
Schreibaufgaben aus ihren Anfang nehmen. Je nach schreibdidaktischer Konzeption, die in einer konkreten Schreibaufgabe ‚zu Wort
kommt' (vgl. Baurmann / Ludwig 2001), lassen sich verschiedene
Ausgangspunkte des schulischen Schreibens unterscheiden:

Kommunikative Schreibaufgaben stellen die soziale Funktion des **Kommunikative**
Schreibens in den Vordergrund. Schreiben wird hier in erster Linie **Schreibaufgaben**
als ein Schreiben für bzw. an andere begriffen, dem bestimmte Intentionen zugrunde liegen: Geschrieben wird, um anderen etwas zu erzählen, zu erklären oder zu beschreiben, um an andere zu appellieren
u. v. m. Wesentliche Impulse erhielt das kommunikative Schreiben
aus dem sogenannten „kommunikativen Aufsatz" der frühen
1970er-Jahre, dessen Vertreter entschieden für die Ablösung der bisherigen Schulaufsätze durch „Texte für Leser" (Boettcher u. a. 1973)
eintraten. Die damals revolutionäre Forderung einer konsequenten
Ausrichtung des Schreibens auf mögliche Zuhörer bzw. Leser ist für
kommunikative Schreibaufgaben grundsätzlich von größter Bedeutung: Das Verfassen einer Spielanleitung etwa bleibt ohne Adressaten

eine rein schulische Übung; hier bedarf es zwingend eines methodischen Arrangements, das den notwendigen Sinnzusammenhang herstellt (z. B. dadurch, dass die Schüler einer Partnerklasse als konkrete Adressaten – und als nachvollziehende Spieler! – fungieren).

Kreative Schreibaufgaben

Bei sogenannten kreativen Schreibaufgaben geht es vorrangig darum, die Entfaltung von Fantasie und Imagination anzuregen und auch den Ausdruck persönlicher Gefühle und Gedanken zu ermöglichen. Die meisten Aufgaben, die sich dieser Richtung zuordnen lassen, entstammen ursprünglich der Arbeit in außerschulischen Schreibwerkstätten und Schreibkursen; erst seit den 1990er-Jahren hat – nicht zuletzt angestoßen durch die „kognitive Wende" – das kreative Schreiben zunehmend Eingang in den Deutschunterricht gefunden. Kreative Aufgabenstellungen zeichnen sich dadurch aus, dass sie von gezielt gesetzten Impulsen ausgehen: Typische Schreibanregungen sind Bilder, Gerüche, Musik oder auch Reizwörter, die dazu dienen, beim Schreiber Assoziationen und Einfälle zu evozieren und ihn (in der Regel ohne weitere Vorgaben) zum Verfassen eines Textes zu motivieren. Der Impuls kann jedoch ebenso in der Vorgabe einer bestimmten Schreibregel oder Textform bestehen (z. B. bei der Aufgabe, ein Elfchen, Haiku oder Rondell zu verfassen).

Produktive Schreibaufgaben

Bildet eine literarische Textvorlage den Schreibimpuls, so spricht man von produktiven Schreibaufgaben. Das Schreiben zu literarischen Texten zielt darauf, die Lektüre literarischer Texte durch die eigene Produktion zu intensivieren, sei es durch Aufgaben, die zur Antizipation eines Textes oder einzelner Textteile auffordern (z. B. wenn es darum geht, den Fortgang einer Erzählung zunächst schreibend vorauszudenken), sei es durch Aufgaben, die ein Erweitern oder Umarbeiten des literarischen Textes vorsehen. Produktive Schreibaufgaben bilden somit eine Art Bindeglied zwischen Schreib- und Literaturunterricht.

In vielen Fällen ergeben sich Schreibaufgaben aus dem Unterrichtskontext – und zwar keineswegs nur im Deutschunterricht, sondern auch in anderen Fächern, sodass sich hier zahlreiche Möglichkeiten für lernbereichs- und fächerübergreifendes Arbeiten ergeben.

Funktionale Schreibaufgaben

Funktionale Schreibaufgaben betonen zum einen die memorativ-konservierende Funktion des Schreibens: Geschrieben wird, um Wissen dauerhaft festzuhalten (z. B. in Form eines Mitschriebs, Hefteintrags oder Lernplakats), um es für sich oder andere aufzubereiten und darzustellen (z. B. in Form einer Zusammenfassung oder Inhaltsangabe) und auch um Beobachtetes festzuhalten (z. B. in Form einer Versuchsbeschreibung im naturwissenschaftlichen Unterricht). Zum anderen fordern funktionale Schreibaufgaben dazu auf, „Schreiben als Mittel des Denkens einzusetzen" (Fix 2008, S. 10) und somit durch das Schreiben Probleme zu lösen und neue Erkenntnisse zu gewinnen (z. B. wenn kontroverse Sichtweisen zu einem Sachproblem erörtert oder literarische Texte schriftlich interpretiert werden). Diese erkenntnisfördernde, epistemische Funktion des Schreibens spielte lange Zeit nur im Schreibunterricht der Sekundarstufe eine Rolle. Selbstverständlich aber sollten auch jüngere Kinder bereits an einfache Formen des „Schreibdenkens" (Fix 2008, S. 7) herangeführt werden.

Nicht unerwähnt bleiben darf schließlich ein schreibdidaktischer Ansatz, der sich von den bisher aufgeführten gerade dadurch unterscheidet, dass keine Schreibaufgaben gestellt werden: das freie Schreiben. Es wird zumeist in Form regelmäßiger freier Schreibzeiten, vor allem im Primarbereich praktiziert. Eine wichtige Rolle spielt dabei eine anregende, zum Schreiben verlockende Schreibumgebung, die die Schüler bei der nicht zu unterschätzenden Anforderung, sich selbst ein Schreibziel zu setzen, unterstützt (vgl. Fix 2006, S. 150). **Freies Schreiben**

7.4 Schreibprozesse anleiten und unterstützen

Unabhängig davon, welche Schreibaufgabe im konkreten Fall den Schreibprozess initiiert, besteht die zentrale Herausforderung eines prozessorientiert konzipierten Schreibunterrichts darin, die durch Interaktion und Rekursivität der Teilprozesse bedingte Komplexität des Schreibprozesses (→ KAPITEL 7.1) für die Lernenden zu entzerren und die Schreibsituation in bearbeitbare Teilaufgaben zu gliedern. Dies kann auf zweierlei Weise realisiert werden: **Komplexität reduzieren**

„Einerseits geht es um die Entlastung des rekursiven Schreibprozesses durch Schwerpunktsetzung, Ausgliederung oder Herauslösen einzelner Teilaufgaben, andererseits um die Vereinfachung des zeitlichen Ablaufs durch Bearbeitung von überschaubaren, aber nacheinander zu leistenden Schritten." (Abraham / Kupfer-Schreiner 2007, S. 30)

Zum einen also sollten regelmäßig einzelne Komponenten des Schreibprozesses (z. B. das Generieren von Ideen, das Planen und Strukturieren oder das Überarbeiten) als Übungsschwerpunkte isoliert und gezielt bearbeitet werden. In diesen Phasen geht es vorrangig darum, die Schüler systematisch mit dem ‚Handwerkszeug' vertraut zu machen, das sie für die zunehmend kompetente Bewältigung der verschiedenen Teilaufgaben benötigen. Wichtig ist allerdings, dass diese Übungspha- **Schwerpunkte setzen** sen stets mit einer Reflexion des Schreibens verbunden werden, die den Stellenwert der jeweiligen Teilhandlung für den Gesamtprozess bewusst macht (vgl. Abraham / Kupfer-Schreiner 2007, S. 30 f.).

Zum anderen muss der Unterricht versuchen, den komplexen Prozess der Bewältigung konkreter, auf den Gesamtvorgang gerichteter Schreibaufgaben durch ein methodisches Arrangement zu vereinfachen, das das Ineinander der Teilprozesse in ein schrittweise bearbeitbares Nacheinander überführt. Bei der Planung eines prozessorientierten Schreibunterrichts wird daher meist von einem Grundmuster ausgegangen, das den Unterrichtsablauf in drei aufeinanderfolgende Schreibphasen unterteilt:

Schreibprozesse mehrphasig anlegen

1. Vorbereitung des Schreibens
2. erster Textentwurf
3. Überarbeitung und Endkorrektur

Vorbereitungsphase

Zur Vorbereitungsphase gehört es, die Schreibaufgabe zu erfassen, sich für die Beschäftigung mit dem Schreibvorhaben zu motivieren, mögliche Adressaten zu bedenken und sich ein Schreibziel zu setzen. Vor allem aber geht es in dieser Phase darum, Ideen zu generieren, das eigene Vorwissen zu aktivieren und ggf. durch gezielte Recherche zu erweitern. Je nach Schreibaufgabe kann es zudem sinnvoll sein, den zusammengetragenen Stoff bereits mit Blick auf ein bestimmtes Textmuster zu ordnen und zu strukturieren.

Entwurfsphase

In der Entwurfsphase wird ein erster Textentwurf realisiert. Dabei lassen sich durchgängig zwei unterschiedliche Vorgehensweisen beobachten: Manche Schreiber bringen schnell und ohne zu stocken eine vorläufige Textfassung aufs Papier, andere erwägen sorgfältig jede einzelne Formulierung und brauchen viel Zeit, bis ein Erstentwurf vorliegt. Wichtig ist daher, dass der Unterricht einen flexiblen Zeitrahmen für die Anfertigung des Textes vorsieht, der beiden Schreibertypen gleichermaßen die Realisierung ihrer Schreibstrategie ermöglicht.

Überarbeitungsphase

In der Überarbeitungsphase, die unbedingt eine deutliche zeitliche Distanz zur Entwurfsphase wahren sollte, wird der bisherige Text einer kritischen Überprüfung unterzogen. Es kommt darauf an, den eigenen Text mit den Augen des Lesers wahrzunehmen, Unstimmigkeiten zu entdecken und diese möglichst so zu bearbeiten, dass der Text optimiert wird. An letzter Stelle steht die Endkorrektur des Textes, die allein auf die Beseitigung formaler Fehler abhebt. Da sich die Endkorrektur durch diese Normorientierung grundsätzlich von den anderen Überarbeitungsaktivitäten unterscheidet, wird sie gelegentlich als eigene Phase aus der sonstigen Arbeit am Text herausgelöst (→ KAPITEL 8.3).

Selbstverständlich muss dieses Drei-Phasen-Modell für die konkrete Unterrichtsplanung methodisch noch weiter entfaltet werden. Im Folgenden werden daher einige ausgewählte Verfahren vorgestellt, die sich für die methodische Gestaltung der Vorbereitungs- und Überarbeitungsphase bewährt haben.

Zur Unterstützung der Ideenfindung in der Vorbereitungsphase werden häufig assoziative Verfahren herangezogen. Vor allem das sogenannte Clustering, „ein nichtlineares Brainstorming-Verfahren" (Rico 1984, S. 27), hat sich einen festen Platz im Schreibunterricht erobert: Das Stichwort, zu dem man Einfälle sucht, wird in die Mitte eines Blattes geschrieben und eingekreist. Um dieses Kernwort herum werden dann die Assoziationsketten notiert, die sich spontan im Kopf des Schreibers einstellen, sodass nach und nach auf dem Papier ein nur durch Umkreisungen, Linien und Pfeile geordnetes ‚Ideennetz' (englisch *cluster*: Büschel, Anhäufung) entsteht. Das Verfahren verlangt in einem zweiten Schritt eine Ordnung und Bewertung der gesammelten Einfälle: Nicht alles, was einem nach der ersten Phase des unzensierten, freien Assoziierens an Schreibideen vor Augen steht, kann und muss in einem Text verarbeitet werden.

Ebenso wie das Clustering ist auch das sogenannte Mindmapping ein grafisches Verfahren, das von einem zentralen Begriff in der Mitte des Blattes ausgeht. Im Unterschied zum Cluster ist die Mindmap jedoch nicht assoziativ, sondern systematisch ordnend angelegt und daher besonders für die Strukturierung von Ideen geeignet. Die ‚Äste' und ‚Zweige', die sich in einer Mindmap von der Mitte aus strahlenförmig in alle Richtungen entfalten, repräsentieren auf verschiedenen Hierarchieebenen die für das zentrale Thema relevanten (Unter-)Begriffe. Im Idealfall lässt sich somit aus der Mindmap bereits die inhaltliche Gliederung für den zu schreibenden Text ableiten.

Für die Gestaltung der Überarbeitungsphase wird häufig auf Verfahren zurückgegriffen, bei denen gezielt erste Leserrückmeldungen zum Textentwurf eingeholt werden. Das Feedback kann dabei entweder durch die Lehrperson erfolgen oder von den Mitschülern eingebracht werden (sogenanntes Peer-Feedback, von englisch *peer*: Gleichrangiger). In beiden Fällen sollte die Rückmeldung ausdrücklich auch Gelungenes würdigen und kritische Anmerkungen möglichst mit konkreten Vorschlägen zur Weiterarbeit verbinden. Vor allem beim Lehrer-Feedback ist entscheidend, dass die Nachfragen und Hinweise zum Text von der Lehrperson so formuliert und im Entwurf notiert werden, dass sich vom Schreiber daraus konkrete Überarbeitungsschritte ableiten lassen. In höheren Klassen bietet es sich

Verfahren zur Ideenfindung

Clustering

Mindmapping

Verfahren zur Strukturierung

Verfahren zur Textüberarbeitung

Lehrer-Feedback

an, die Rückmeldungen zum Text ergänzend auf ein Kriterienraster zu beziehen, das gemeinsam mit den Schülern für die fragliche Schreibaufgabe entwickelt wurde (→ KAPITEL 11.4).

Peer-Feedback

Formen des Peer-Feedbacks setzen darauf, dass nicht nur der Autor des Textes, sondern auch die beteiligten Schreibberater vom Sprechen und Nachdenken über Textentwürfe profitieren. Da der distanzierte Blick auf fremde Texte weitaus besser gelingt als die Distanzierung zum eigenen Text, bieten Peer-Verfahren gerade für die rückmeldenden Schüler die Chance, ihren Blick für Qualitäten und Mängel eines Textes zu schärfen und entsprechende Überarbeitungsvorschläge zu entwickeln.

Textlupe

Bei der Textlupe handelt es sich um eine schriftliche Form des Peer-Feedbacks (→ ABBILDUNG 23), bei der die Textentwürfe zusammen mit einem vorstrukturierten Kommentarbogen in der Kleingruppe reihum gereicht werden (vgl. Reuschling 2000, S. 11):

Jeder Schüler ist aufgefordert, die Texte seiner Mitschüler genau ‚unter die Lupe zu nehmen‘ und in die Spalten seine Leseeindrücke, Anmerkungen und Fragen, aber auch konkrete Überarbeitungsvorschläge einzutragen. Der von den Gruppenmitgliedern ausgefüllte Kommentarzettel, mit dem der Schreiber schließlich seinen Textentwurf zurückerhält, bietet in der Regel wertvolle Ansatzpunkte für eine Optimierung des Textes – allerdings muss der Schreiber auch in der Lage sein, die Brauchbarkeit der gegebenen Hinweise zu bewerten und sinnvolle Vorschläge adäquat umzusetzen. Hierzu bedarf es

Aufbau von Handlungswissen

eines Handlungswissens, das in eigens dafür vorgesehenen Unterrichtsphasen an fremden, ggf. auch in spezifischer Weise modellierten Texten sukzessive aufgebaut werden muss: Wie Texte und Formulierungen durch die grundlegenden Operationen des Umstellens, Ersetzens, Weglassens und Erweiterns (zu den sogenannten „Glinz'schen Proben" → KAPITEL 9) überarbeitet werden können, sollte in der Klasse modellhaft an Beispieltexten entwickelt und immer wieder geübt werden.

Schreibkonferenz

Dies gilt gleichermaßen für das Verfahren der Schreibkonferenz, das ebenfalls auf die Rückmeldung durch gleichaltrige Leser bzw.

Das hat mir besonders gut gefallen!	Hier habe ich noch Fragen!	Hier fällt mir etwas auf!	Meine Tipps, meine Vorschläge!
…	…	…	…

Abbildung 23: Musterbogen für Textlupe

Hörer baut. Anders als bei der Textlupe handelt es sich bei Schreib-konferenzen jedoch um eine mündliche, diskursive Form der Textbear-beitung: Der Schreiber liest zwei oder drei selbst ausgewählten Bera-tern seinen Textentwurf vor; im Anschluss wird der Text gemeinsam unter inhaltlichen, sprachlichen und rechtschreiblichen Aspekten be-sprochen und sodann vom Schreiber überarbeitet (vgl. Spitta 1992). Die Anforderungen, die Schreibkonferenzen an die beteiligten Schüler stellen, werden vielfach unterschätzt: Das gemeinsame Gespräch über Qualitäten und Mängel des eingebrachten Textentwurfs ist in der Schreibkonferenz maßgeblich dadurch erschwert, dass der Text den Beratern nicht schriftlich vorliegt; häufig bleibt die Diskussion daher stark auf die Inhaltsseite des Textes beschränkt. Auch erfordert die Ge-sprächssituation in der Kleingruppe gut ausgebildete sozial-kommuni-kative Kompetenzen (allen voran die Fähigkeit, Kritik anzunehmen bzw. konstruktiv zu formulieren und dabei Sach- und Beziehungsebene zu trennen).

Hohes Anforderungsprofil

Keinesfalls allerdings darf erwartet werden, dass die von der Lehr-person oder von den Mitschülern angeregten Überarbeitungen stets zu einer spürbaren Verbesserung des vorgelegten Textentwurfs füh-ren. Dennoch ist davon auszugehen, dass sich auch erfolglose Über-arbeitungsversuche grundsätzlich positiv auf künftige Schreib- und Überarbeitungsprozesse auswirken (vgl. Baumann / Ludwig 1996, S. 18). Umso wichtiger ist es, dem Überarbeiten im Unterricht kon-sequent den ihm gebührenden Raum zu verschaffen und die hier vor-gestellten Methoden langfristig als selbstverständliche Elemente in der schulischen Schreibpraxis zu verankern.

Fragen und Anregungen

- Stellen Sie dar, welche Einflussfaktoren und Teilprozesse des Schreibens das Schreibprozessmodell von Ludwig ausweist und wie diese im Prozess der Textproduktion zusammenwirken.

- Benennen und erläutern Sie die zentralen Ziele des Gegenstands-feldes „Texte schreiben".

- Geben Sie je zwei konkrete Beispiele für eine kommunikative, kreative, produktive und funktionale Schreibaufgabe. Welche Schreibfunktion steht jeweils im Vordergrund?

- Entwerfen Sie zu einer dieser Schreibaufgaben eine prozessorien-tierte Unterrichtsplanung: Auf welche Methoden würden Sie zur

Unterstützung des Schreibprozesses in der Vorbereitungs- und Überarbeitungsphase zurückgreifen?

Lektüreempfehlungen

- Jürgen Baurmann / Otto Ludwig (Hg.): **Schreiben: Konzepte und schulische Praxis**, Praxis Deutsch Sonderheft, Seelze 1996. *Dieses Sonderheft versammelt einschlägige Beiträge und Unterrichtsmodelle aus früheren Jahrgängen und gewährt interessante Einblicke in die Entwicklung der Schreibdidaktik seit den 1970er-Jahren.*

- Martin Fix: **Texte schreiben. Schreibprozesse im Deutschunterricht**, Paderborn 2006. *Gut lesbare, von zahlreichen Arbeitsaufgaben begleitete Einführung in die Didaktik des Texteschreibens, die den schulischen Schreibprozess aus Subjekt-, Sach- und institutioneller Perspektive beleuchtet.*

- Martin Fix: **Lernen durch Schreiben**, in: Praxis Deutsch 35, 2008, Heft 210, S. 6–15. *Basisartikel des gleichnamigen Themenhefts, das vielfältige Möglichkeiten aufzeigt, wie Schreiben lernbereichs- und fächerübergreifend als Medium des Lernens genutzt werden kann.*

- Jasmin Merz-Grötsch: **Texte schreiben lernen. Grundlagen, Methoden, Unterrichtsvorschläge**, Seelze 2010. *Der Band entwickelt überzeugend die Konzeption eines schüler- und prozessorientierten, integrativen Schreibunterrichts und bietet eine Fülle von Anregungen und konkreten Vorschlägen für alle Schulstufen.*

8 Richtig schreiben

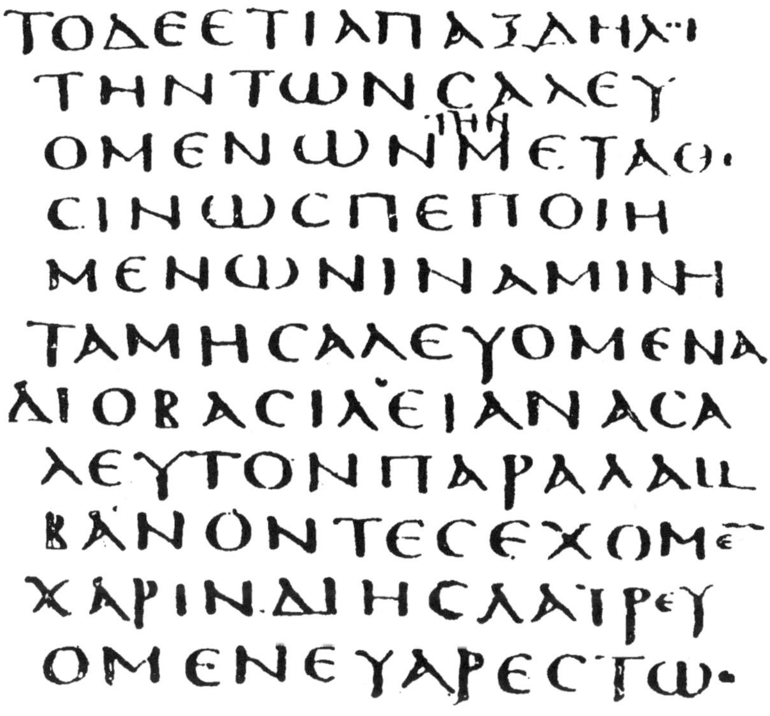
ΤΟΔΕΕΤΙΑΠΑΞΔΗΛΟΙ
ΤΗΝΤΩΝϹΑΛΕΥ
ΟΜΕΝΩΝ ΤΗΝ ΜΕΤΑΘΕ
ϹΙΝΩϹΠΕΠΟΙΗ
ΜΕΝΩΝΙΝΑΜΙΝΗ
ΤΑΜΗϹΑΛΕΥΟΜΕΝΑ
ΔΙΟΒΑϹΙΛΕΙΑΝΑϹΑ
ΛΕΥΤΟΝΠΑΡΑΛΑΜ
ΒΑΝΟΝΤΕϹΕΧΟΜΕ̄
ΧΑΡΙΝΔΙΗϹΛΑΤΡΕΥ
ΟΜΕΝΕΥΑΡΕϹΤΩ·

Abbildung 24: Codex Sinaiticus (4. Jhdt.), Auszug des Faksimiles

Der Text dieser Manuskriptseite aus dem „Codex Sinaiticus", der ältesten erhalten gebliebenen Bibelhandschrift der Welt, präsentiert sich dem Leser als eine ununterbrochene Folge gleich großer Buchstaben: Gemäß dem in der Antike üblichen Prinzip der „scriptio continua" sind weder Abschnitte oder Absätze noch Wort- und Satzgrenzen markiert. Da in der Antike vorwiegend laut gelesen wurde, das Aufgeschriebene also stets wieder in gesprochene Sprache überführt wurde, war eine solch kontinuierliche Schreibung zunächst ausreichend. Erst mit zunehmender Bedeutung des stillen Lesens bildete sich nach und nach eine Schreibpraxis heraus, die das Lesen durch die grafische Markierung grammatischer Strukturen wesentlich unterstützt bzw. erleichtert: Wörter werden durch Wortzwischenräume voneinander abgetrennt, Sätze durch Interpunktionszeichen markiert und gegliedert. Für die deutsche Schriftsprache kommen als wichtige Lesehilfen z. B. die satzinterne Großschreibung sowie die Kennzeichnung verwandter Wortformen durch die sogenannte Stammschreibung hinzu.

Vom Schreiber allerdings verlangen diese leserfreundlichen Komfortleistungen, die unsere Orthographie auszeichnen, weitaus mehr als nur ein Schreiben von Buchstaben im Sinne einer „scriptio continua". Er muss lernen, unsere grammatisch strukturierte Orthographie beim Verfassen von Texten zu berücksichtigen. Die hohe Systematik, mit der die entsprechenden Markierungen das deutsche Schriftsystem auf Wort-, Satz- und Textebene durchziehen, sorgt allerdings dafür, dass diese Aufgabe für den Schreiber bewältigbar bleibt.

Die Erkenntnis der Systemhaftigkeit unserer Orthographie ist für die neuere Rechtschreibdidaktik zentral: Die Rechtschreibung erscheint hier nicht länger als Schulkreuz, also als notwendiges Übel, dem nur durch häufiges Üben beizukommen ist, sondern als zwar komplexer, dabei aber *lernbarer* Gegenstand, der somit auch neue didaktische Zugänge erforderlich macht. Dargestellt wird daher zunächst, wie die deutsche Orthographie auf der Grundlage schriftsystembezogener (graphematischer) Forschungen als Lerngegenstand modelliert werden kann. Auf dieser Grundlage werden im Weiteren Ziel- und ausgewählte Methodenfragen eines schriftsystematisch fundierten Rechtschreibunterrichts erörtert.

8.1 Die deutsche Orthographie als Lerngegenstand
8.2 Ziele und Kompetenzen
8.3 Rechtschreiblernen anregen und unterstützen

8.1 Die deutsche Orthographie als Lerngegenstand

Das Schriftsystem des Deutschen gehört zu den alphabetischen Schriften. Dieser Schrifttyp zeichnet sich dadurch aus, dass seine Grundeinheiten (die Grapheme) in bestimmter Weise auf Segmente der gesprochenen Sprache (Phoneme) bezogen sind; geschrieben wird also in Orientierung an den Lauten der Sprache. Allerdings gilt für das deutsche Schriftsystem, dass das alphabetische Grundprinzip der Schreibung in erheblichem Maße durch weitere Prinzipien überformt ist, sodass sich bei zahlreichen Wortformen Abweichungen von einer lautorientierten Schreibung ergeben. Ausgehend vom Ideal einer reinen Alphabetschrift, die Phoneme und Grapheme möglichst eindeutig, also ohne größere Abweichungen aufeinander abbildet (gemäß der Maxime „Schreibe, wie du sprichst"), hat dies der deutschen Orthographie lange den Ruf einer durch und durch irregulären, willkürlich gesetzten Norm eingetragen – ein Eindruck, der von der Darstellung der Orthographieregeln im amtlichen Regelwerk (letzte Änderung: 2006) zusätzlich bestätigt wird (vgl. Hinney 1997).

Irregularität der deutschen Orthographie?

Einen grundlegend anderen Blick auf die deutsche Orthographie vermitteln graphematische Darstellungen, die sich – losgelöst von Normierungsfragen – um eine *Beschreibung* der *Regularitäten* unseres Schriftsystems bemühen. Orthographie erscheint hier nicht länger als bloße Ansammlung von Regeln und Einzelfestlegungen, sondern als ein in sich logisches, strukturiertes System, das auch ohne explizite Normierung bestimmten impliziten Normen folgt, die sich als Regularitäten eines Schriftsystems aus den Schreibungen rekonstruieren lassen. Programmatisch heißt es bei dem Linguisten Peter Eisenberg: „Der Schreiber kann die Orthographie seiner Sprache nicht nur beherrschen, er kann sie auch verstehen." (Eisenberg 2009, S. 65)

Systematik der Orthographie

Regularitäten statt Regeln

Diese Feststellung ist unter rechtschreibdidaktischem Aspekt von größter Bedeutung: Die Systemhaftigkeit unserer Orthographie macht es möglich, im Rechtschreiblernprozess auf systematische Einsichten in Strukturen und Regularitäten unserer Schriftsprache zu setzen und den Lernenden somit einen *verstehenden* Zugang zum normgerechten Schreiben zu eröffnen – eine Chance, die der traditionell auf das Einprägen und Üben von Schreibweisen angelegte Rechtschreibunterricht bis heute vielfach ungenutzt lässt (→ KAPITEL 8.3). Da ein diesem Anspruch verpflichteter Unterricht zuallererst bei den Lehrenden ein solides Wissen über den Aufbau der deutschen Schriftsprache voraussetzt, seien die wesentlichen Prinzipien, die der Schreibung des Deutschen

Orthographie verstehen

zugrunde liegen, im Folgenden zumindest umrissartig dargestellt (vgl. Eisenberg 2009, S. 61–94).

Das phonographische Prinzip

Nach Eisenberg lässt sich die Wortschreibung des Deutschen als ein Zusammenwirken von drei Prinzipien begreifen. Das phonographische Prinzip, das die Beziehungen zwischen Laut- und Schriftebene definiert, fungiert dabei als Grundprinzip: In sogenannten Graphem-Phonem-Korrespondenzregeln (GPK-Regeln) wird formuliert, welches Schreibzeichen einem bestimmten Phonem im Normalfall entspricht. Unter der Voraussetzung einer Explizitlautung (also z. B. [ge:bən] statt [ge:bm], aber auch ohne besondere Betonungen wie in [ge:bɛn]) ist die normgerechte Schreibung vieler Wortformen allein aus den GPK-Regeln herleitbar (z. B. *Tisch, sieben, Gabel*). In zahlreichen Wortformen jedoch finden sich Abweichungen von der den GPK-Regeln entsprechenden Schreibung, die nach Eisenberg auf die Geltung des silbischen und des morphologischen Prinzips zurückzuführen sind.

Das silbische Prinzip

Zum besseren Verständnis des silbischen Elements unserer Schreibung ist es hilfreich, sich zunächst die silbenstrukturellen Informationen zu verdeutlichen, die in der für das Deutsche typischen zweisilbigen Wortform aufgehoben sind. Obwohl wir nämlich im Deutschen Lang- und Kurzvokale mit dem gleichen Graphem verschriften (vgl. z. B. die Wortformen *raten* und *rasten*), ist für den Leser in der Regel aus dem Aufbau der Silbe, in dem das Vokalgraphem steht, die Vokallänge bzw. -kürze zu entnehmen: Ist die Silbe offen, d. h. dem Vokalgraphem folgt kein Konsonantgraphem (wie in *ra-ten, Ta-fel*), dann ist das Vokalgraphem lang zu lesen; ist die Silbe geschlossen, d. h. dem Vokalgraphem folgt mindestens ein Konsonantgraphem (wie in *brem-sen, Kin-der*), dann ist der Vokal kurz. Vokallänge bzw. -kürze wird also im unmarkierten Fall in der Schreibung nicht besonders angezeigt, sondern ist für den Leser aus der Silbenstruktur zu erschließen.

Die Silbengelenk-schreibung

Vor diesem Hintergrund erscheint die Verdopplung von Konsonantgraphemen im Deutschen, die in gängigen Regelformulierungen meist an das Auftreten eines betonten Kurzvokals im Wortstamm gebunden wird (vgl. § 2 des Amtlichen Regelwerks 2006), in einem anderen Licht: Nach Eisenberg bildet die Verdopplung von Konsonantgraphemen ein sogenanntes Silbengelenk ab, entspricht also einem Konsonanten, der in der gesprochenen Wortform (z. B. in [tanə], [mɪtə], [zumən]) sowohl zur ersten als auch zur zweiten Silbe gehört und somit als Gelenkstelle zwei Silben miteinander verbindet. Dadurch dass im Geschriebenen jede der beiden Schreibsilben ihr eigenes Graphem erhält (vgl. *Tan-ne, Mit-te, sum-men*), bleiben die oben ausgeführten silbenstrukturellen Regularitäten gewahrt: Die Vokalkürze ist durch die geschlossene erste Silbe des Zweisilbers klar ausgewiesen.

Eine weitere Besonderheit unserer Schreibung, die durch das silbische Prinzip erklär- und begründbar ist, liegt in Wortformen wie *gehen, drohen, Ruhe* vor. Das Graphem <h>, das in diesen Zweisilbern die zweite Silbe eröffnet (und daher auch als „silbeninitiales h" bezeichnet wird), hat hier keine lautliche Entsprechung, sondern wird zur Markierung der Silbengrenze eingesetzt. Als Durchgliederungshilfe steht es immer dann, wenn sich durch die Aufeinanderfolge zweier Vokale in der gesprochenen Wortform (wie in [geːən], [droːən], [ruːə]) eine Häufung von Vokalbuchstaben im Geschriebenen ergäbe (vgl. **geen, *droen, *Rue*). **Das silbeninitiale h**

Neben diesen sehr systematisch geregelten silbischen Schreibungen haben sich im Laufe der Schriftgeschichte auch einzelne Wortformen etabliert, in denen die offene Silbe – leider wenig systematisch – durch Verdopplung des Vokalgraphems oder durch das sogenannte Dehnungs-h besonders markiert ist (vgl. *Haa-re, Sahne*). Da der Vokal in offenen Silben ohnehin lang gelesen würde (vgl. **Ha-re, *Sane*), sind diese Markierungen als zusätzliche Lesehilfen zu interpretieren. Es handelt sich um silbische Sonderschreibungen, die dem sogenannten Peripheriebereich unserer Orthographie zugeordnet werden müssen. **Markierungen in offenen Silben**

Erhebliche Abweichungen vom phonographischen Prinzip, die jedoch allesamt sehr systematisch auftreten, kommen auch durch das morphologische Prinzip zustande. Es besagt, dass unsere Schrift die bedeutungstragenden Grundeinheiten (Morpheme), aus denen Wortformen aufgebaut sind, möglichst konstant hält und dadurch die lautlichen Veränderungen, die Morpheme im Gesprochenen erfahren, zur besseren Identifizierbarkeit beim Lesen im Geschriebenen ausgleicht. Besonders deutlich zeigt sich diese weitreichende Morphemkonstanz bei der Umlautschreibung (*Haus – Häus/er*, *kalt – Kält/e*), bei der Beibehaltung der Langformschreibung bei Auslautverhärtung (*Hand – Händ/e*) und Spirantisierung (*wenig – wenig/e*) sowie bei der konsequenten ‚Vererbung' silbisch bedingter Schreibungen aus dem Zweisilber in sämtliche verwandte einsilbige Formen (*komm/en – er komm/t, seh/en – er sieh/t, fahr/en – er fähr/t*). Die ausgeprägte Leserorientierung unserer Schrift ist hier unübersehbar. **Das morphologische Prinzip**

Weitere Mittel der Wortschreibung wie z. B. die Großschreibung und die Getrennt- und Zusammenschreibung, aber auch die Zeichen-

119

Das syntaktische Prinzip

setzung und die *das/dass*-Schreibung sind durch das syntaktische (oder wortübergreifende) Prinzip geregelt:

Die deutsche Schriftsprache hebt, wie viele andere Alphabetschriften auch, bestimmte Wortformen im Text durch Großschreibung hervor. Allerdings ist das Deutsche die einzige Sprache, die neben der Satzanfangs-, der Eigennamen- und der Höflichkeitsgroßschreibung noch weitere Kennzeichnungen im Text vornimmt. Die satz-

Die satzinterne Großschreibung

interne Großschreibung bestimmter Wortformen ist eine deutsche Besonderheit, die zwar fraglos eine entscheidende Strukturierungshilfe für den Leser darstellt, für den Schreiber jedoch so manche Tücke bereithält – zumindest, wenn man sie als Substantivgroßschreibung interpretiert und damit an eine bestimmte Wortart bindet. Genau genommen jedoch ist mit der klassischen Regel (vgl. § 55 des Amtlichen Regelwerks: „Substantive schreibt man groß") die der satzinternen Großschreibung zugrunde liegende Regularität nicht zutreffend beschrieben: „[G]roßgeschrieben werden nicht Wörter einer festgelegten Wortart, sondern syntaktische Elemente – die Kerne von nominalen Gruppen." (Bredel/Günther 2006, S. 210) Die Hervorhebung bezieht sich demzufolge nicht auf die Wortart Substantiv, sondern auf die grammatische Funktion, die einem Wort im Satz zukommt. Diese jedoch kann, wie der zweite Satz im folgenden Beispiel zeigt, auch von Wörtern jeder anderen Wortart wahrgenommen werden: *Die (schöne) Katze/sitzt/am (offenen) Fenster. Das (tiefe) Schwarz/ihres (dichten) Fells/glänzt/in der (heißen) Sonne.* Gerade Fälle wie *das (tiefe) Schwarz*, die bei wortartbezogenem Zugriff in Form einer Zusatzregel zur substantivbezogenen Hauptregel gefasst werden müssen, zeigen die Erklärungsmacht der neueren syntaxbezogenen Sichtweise. Entscheidend für die Großschreibung ist, dass das Wort als Kern einer sogenannten Nominalgruppe fungiert, deren Minimalstruktur (ein Artikelwort als „Kopf" sowie ein weiteres Wort als „Kern") im Deutschen typischerweise durch adjektivische Attribute erweitert werden kann (vgl. die obigen Beispiele).

Die Getrennt- und Zusammenschreibung

Die Getrennt- und Zusammenschreibung steht, wie auch die satzinterne Großschreibung, im Dienst der grammatischen Strukturierung des Satzes. Durch Zwischenräume (sogenannte Spatien) wird in der geschriebenen Sprache für den Leser angezeigt, was als eine Wortform erscheinen soll. Dies setzt beim Schreiber notwendigerweise eine Vorstellung darüber voraus, was als Wort zu gelten hat – das Schreiben erfordert eine Sprachanalyse, die die „Sollbruchstellen" im Satz identifiziert (Maas 1992, S. 177). Als Grundregularität lässt sich formulieren, dass immer dann ein Spatium gesetzt wird, wenn an der betreffenden Stelle bestimmte syntaktische Operationen – Ersetzen, Einfügen und Umstellen – möglich sind. Ein Vergleich der folgenden Beispiele verdeutlicht dies: *Auf dem Plakat bitte groß schreiben! – Das erste Wort im Satz muss man großschreiben.* Nur im ersten Fall sind an der fraglichen Stelle sowohl Ersetzung (*deutlich schreiben*) als auch Einfügung (*groß genug schreiben*) als auch Umstellung *(Bitte groß … schreiben!)* möglich, sodass zweifellos eine syntaktische „Sollbruchstelle" vorliegt.

Nicht zuletzt ist auch die Zeichensetzung ein wichtiges grafisches Mittel, um grammatische Strukturen zu markieren und den geschriebenen Text dadurch für den Leser übersichtlich zu gestalten. Dies gilt in besonderem Maße für die Satzzeichen mit Grenz- und Gliederungsfunktion, also insbesondere für die Satzschlusszeichen und das Komma. Letzteres stellt das wichtigste Zeichen zur Binnengliederung von Ganzsätzen dar; es steht als einstelliges Komma bei der Reihung oder Aufzählung von sprachlichen Einheiten (z. B. *Er kam, sah und siegte.*) und als paariges Zeichen bei der Abtrennung von Nebensätzen (z. B. *Er blieb, da es regnete, im Bett.*). Darüber hinaus erfüllt die Zeichensetzung vielfach auch eine stilistische Funktion. Besonders durch die Setzung fakultativer Zeichen wie Doppelpunkt, Gedankenstrich oder Ausrufezeichen kann ein Text vom Schreiber auf spezifische Weise konturiert werden (vgl. Eisenberg u. a. 2005).

Die Darstellung der grundlegenden Prinzipien des deutschen Schriftsystems sollte deutlich machen, dass unsere Schrift auf höchst systematische Weise grammatische Strukturen der Sprache abbildet. Diese Wahrnehmung unserer normierten Schriftsprache als ein geordnetes, bestimmten Grundprinzipien folgendes System ist für die didaktische Modellierung des Gegenstandes von allergrößter Bedeutung: „Wer dies so sehen kann, hat eine Aussicht auf Unterrichtserfolg – dies gilt für Lehrer und für Lerner gleichermaßen." (Balhorn u. a. 1997, S. 187)

Die Zeichensetzung

8.2 Ziele und Kompetenzen

Zentrales Ziel des Rechtschreibunterrichts ist es, die Schüler zu einem orthographisch sicheren Umgang mit der Schriftsprache zu befähigen und ihnen somit die Teilhabe an Schriftkultur zu ermöglichen (vgl. Hanke 2003, S. 791). Die dieser Zielformulierung zugrunde liegende Auffassung steht in bewusstem Gegensatz zu einem Schreibkonzept, das (Recht-)Schreiben lediglich als Kulturtechnik ansieht

Teilhabe an Schriftkultur

und im Unterricht demgemäß die reine Fertigkeitsschulung in den Vordergrund stellt. Die neuere Orthographiedidaktik betrachtet Rechtschreiblernen „als ein Element im Rahmen des Erlernens einer komplexen kulturellen Tätigkeit" (Hanke 2003, S. 791): Rechtschreibung ist nach diesem Verständnis kein Selbstzweck, sondern ein sinnvolles und notwendiges Element einer am Leser orientierten schriftkulturellen Praxis.

Für den Rechtschreibunterricht folgt daraus, dass er als selbstverständlicher Teil einer unterrichtlichen Schriftkultur gesehen werden muss, die den Schülern Funktion und Bedeutung einer normierten Schriftsprache im eigenen Schriftsprachgebrauch erfahrbar macht. Dass das „Richtig schreiben" in den Bildungsstandards dem „Texte verfassen" zu- bzw. untergeordnet ist, betont genau diesen Zusammenhang: Das Schreiben bildet den Ausgangs- und zugleich Zielpunkt des Rechtschreiblernens.

Da jedoch Schriftpraxis allein für die Aneignung des zwar systematischen, gleichwohl aber komplexen Lerngegenstandes Orthographie in der Regel nicht ausreicht, ist es Aufgabe des Rechtschreibunterrichts, die Lernenden auf ihrem Weg zur richtigen Schreibung durch „vorstrukturierte Lernangebote" (Müller 2010, S. 88) so zu unterstützen, dass sie ihre in eigenaktiver Auseinandersetzung mit der Schriftsprache gebildeten ‚inneren Regeln' (→ KAPITEL 4) zu einem tragfähigen Wissen über die Ordnungen der Schrift ausbauen und auf dieser Basis zu einem zunehmend sprachbewussten, „reflexiven Schriftgebrauch" gelangen können. Es geht also darum, die Lernenden zu einem Verständnis der Regularitäten und Strukturen unserer Schriftsprache zu führen.

Welche Einsichten von den Schülern dabei im Einzelnen zu erwerben sind, wird in orthographischen Kompetenzmodellen zu veranschaulichen versucht, wie sie u. a. im Rahmen der nationalen Ergänzungsstudie zur Internationalen Grundschul-Lese-Untersuchung (IGLU-E 2006) entwickelt wurden. Zur Erfassung der orthographischen Kompetenzen von über 8 000 Grundschülern aus allen Bundesländern kamen dort drei verschiedene Testverfahren zum Einsatz, die auf je unterschiedlichen Modellierungen orthographischer Kompetenz beruhten. Entscheidend für den je eigenen Zuschnitt, den das Konstrukt „Rechtschreibkompetenz" in den verschiedenen Modellen erhält, sind die unterschiedlichen Theorieannahmen, die der jeweiligen Modellierung zugrunde liegen – ein orthographisches Kompetenzmodell ist stets Ausdruck einer bestimmten Perspektive auf den Lerngegenstand Orthographie.

„Reflexiver Schriftgebrauch"

Orthographische Kompetenz

Phonographisches und silbisches Prinzip im Kernbereich	Morphologisches Prinzip im Kernbereich	Peripheriebereich	Prinzipien der Wortbildung	Wortübergreifendes Prinzip
Bezug herstellen zwischen Schrift- und Lautstruktur unter Berücksichtigung der silbenstrukturellen Informationen	Vererbte silbenschriftliche Informationen in flektierten und abgeleiteten Formen herleiten; Flexionsmorpheme kennen und anwenden	Markierungen in offenen Silben setzen und vererbte Schreibweisen herleiten; Transfer bei Sonderfällen und Lernwörtern; Fremdwortschreibung	Wortarten und Wortbildungsmorpheme kennen und in Ableitungen und Komposita produktiv anwenden	Wortarten und Syntaxstrukturen kennen und für Groß- und Kleinschreibung, *dass*-Schreibung und Kommasetzung anwenden

Abbildung 25: Ein Modell von Rechtschreibkompetenz (Voss u. a. 2007, S. 17)

Dasjenige Kompetenzmodell aus IGLU-E (→ **ABBILDUNG 25**), das im Folgenden herangezogen wird, beruht im Wesentlichen auf einer graphematischen Beschreibung unseres Schriftsystems, wie sie in Anlehnung an die Arbeiten von Eisenberg referiert wurde. In Orientierung an den allgemeinen Prinzipien, die unserer Schreibung zugrunde liegen, benennt das Modell fünf Bereiche zu erwerbender Teilfähigkeiten.

Ergänzend zu den von Eisenberg beschriebenen Prinzipien sind im Modell auch die „Prinzipien der Wortbildung" als eigener Bereich ausgewiesen. Die dort aufgeführten Teilfähigkeiten fokussieren die Rechtschreibung komplexer (d. h. abgeleiteter und zusammengesetzter) Wörter, für die der Schreiber – zusätzlich zu dem für die Schreibung einfacher Wörter Notwendigen – auch ein spezifisches Wortbildungswissen benötigt: Damit z. B. die kritische Stelle in einem Wort wie *Schiedsrichter* überhaupt als solche erkannt werden kann, muss der Schreiber in der Lage sein, die Wortform morphologisch zu durchgliedern und bedeutungsbezogen aufzuschließen (ein *Schied/s/richter* hat mit *Entscheidungen* zu tun); dies setzt allerdings nicht nur morphologisches, sondern ebenso lexikalisches Wissen voraus (vgl. Balhorn u. a. 1997, S. 189). Eine wichtige Hilfe speziell für die Schreibung abgeleiteter Wörter stellt die Kenntnis der gebräuchlichsten Wortbildungsmorpheme dar: Wer z. B. die Suffixe *-ig* und *-lich* als gängige Wortbausteine für die Bildung von Adjektiven erfasst hat, kann sich dieses Wissen bei der Schreibung entsprechender Wortbildungen zunutze machen (*eil/ig* statt phonographisch **eilich* usw.)

Auf der Ebene der Einzelwortschreibung zentral ist die im Modell vorgenommene Unterscheidung zwischen Kern- und Peripheriebereich: Der Kernbereich stellt den Teil der Wortschreibungen dar, der syste-

Kompetenzmodell auf graphematischer Grundlage

Schreibung komplexer Wörter

Kern- und Peripheriebereich

matisch durch das phonographische, silbische und morphologische Prinzip geregelt ist (nach Eisenberg/Fuhrhop 2007 immerhin 90–95 Prozent der Schreibungen); der Peripheriebereich umfasst den (mit 5–10 Prozent sehr überschaubaren) Bereich der Ausnahmen. Diese Unterscheidung ist didaktisch höchst relevant: Während Schreibungen im Kernbereich durch ein entdeckend-erforschendes Untersuchen verstehend angeeignet werden können, müssen Schreibungen im Peripheriebereich als Merkschreibungen behandelt und durch Üben eingeprägt werden.

Die Trennung von Kern und Peripherie lässt sich ebenso auf orthographische Teilbereiche anwenden, die im Modell dem wortübergreifenden Prinzip zugeordnet sind: So gibt es z. B. auch bei der satzinternen Großschreibung einige Fälle, die der grundsätzlichen Regularität, dass erweiterbare Kerne im Satz durch einen Großbuchstaben markiert werden, zuwiderlaufen (z. B. Verbindungen wie *im Allgemeinen*, *im Wesentlichen*); dasselbe gilt für den (im Modell nicht eigens erwähnten) Bereich der Getrennt- und Zusammenschreibung. In all diesen Fällen hat die Aneignung der Regularitäten im Kernbereich grundsätzlich Vorrang vor der Peripherie: „Für den Schriftlernenden sollte […] zunächst der Kernbereich als ein überschaubares Ordnungssystem in den Mittelpunkt gestellt werden." (Hinney 2004, S. 76)

Vorrang des Kernbereichs *(marginalie)*

8.3 Rechtschreiblernen anregen und unterstützen

Der Orthographieerwerb wird heute als ein eigenaktiver Regelbildungsprozess angesehen, der maßgeblich durch den Gebrauch von Schriftsprache selbst angestoßen wird (→ KAPITEL 4.2). Die vielzitierte Maxime, dass man „Schreiben nur durch Schreiben lernt", betont daher zu Recht die Notwendigkeit, das implizite Lernen der Schüler durch „reichliche und reichhaltige sprachliche Erfahrungen" (Balhorn 1995, S. 6) anzuregen und zu fördern – Rechtschreiblernen findet im Unterricht also in erheblichem Maße auch dann statt, wenn Orthographisches gar nicht explizit thematisiert wird. Der Rechtschreibunterricht versucht, diese individuellen Erwerbsprozesse durch die fokussierte Betrachtung schriftsprachlicher Strukturen gezielt zu unterstützen. Das gemeinsame „Rechtschreiben-Erforschen" (Eisenberg/Feilke 2001) knüpft dabei bewusst an das eigenständige Erkunden der Lernenden im Schriftspracherwerb an und schafft Lernsituationen, in denen die Schüler ihre bereits erworbene orthographische Bewusstheit ausbauen und differenzieren können.

Implizites Lernen anregen *(marginalie)*

Rechtschreiben erforschen *(marginalie)*

Das Erforschen der geschriebenen Sprache und ihrer Struktur sollte stets *einen* Lerninhalt bzw. *ein* Rechtschreibproblem klar in den Mittelpunkt stellen. Es bietet sich an, den ausgewählten Ausschnitt des Kernbereichs für die Lernenden als konkrete Schreibentscheidung darzustellen (vgl. Hinney 2004, S. 84): <i> oder <ie>? <m> oder <mm>? Groß oder klein? Komma oder kein Komma? usf. An einem sinnvoll vorstrukturierten Sprachangebot, das für den fraglichen Bereich typische Fälle als Modelle zusammenstellt, kann das jeweilige Schreibproblem dann gezielt bearbeitet werden. Im Rahmen des hier vertretenen entdeckend-erforschenden Ansatzes werden schriftstrukturelle Einsichten dabei stets über einen operational handelnden Umgang mit der geschriebenen Sprache gewonnen, d. h. den Schülern werden bestimmte Analyseoperationen bzw. Proben an die Hand gegeben, mit deren Hilfe sie die vorliegenden Modellwörter, -sätze oder -texte untersuchen können. Dieses Vorgehen lässt sich an ausgewählten orthographischen Regularitäten beispielhaft verdeutlichen (→ ABBILDUNG 26).

Konkrete Schreibentscheidungen

Operationen an geschriebener Sprache

Eine entscheidende Rolle kommt in diesen Analyse- und Reflexionsprozessen dem Austausch mit anderen über die je individuellen Beobachtungen und Problemlösungen zu: Die Hypothesen der Schüler sollten immer wieder in der Lerngruppe zur Sprache gebracht, diskutiert und auf ihre Gültigkeit überprüft werden – und zwar auch dann, wenn sie sich zunächst nicht als zielführend erweisen. Denn es ist gerade „die Kritik und die gemeinsame Bearbeitung von Unsicherheiten der Problemlösung im Gespräch" (Eisenberg/Feilke 2001, S. 7), die wesentlich zum forschenden Lernen dazugehören.

Dialogisches und kooperatives Lernen

Im Peripheriebereich ist ein entdeckend-erforschendes Vorgehen nur sehr eingeschränkt möglich. Zwar lassen sich auch an peripheren Schreibungen durchaus ergiebige Erkundungen anstellen, die Reichweite der möglichen Erkenntnisse ist jedoch begrenzt. Wer z.B. herausgefunden hat, dass das Dehnungs-h niemals in Wörtern vorkommt, die mit <t> beginnen, kann zwar in Zukunft Schreibhypothesen wie *Tahl* oder *Tühr* ausschließen, muss sich aber die Wörter, in denen das Dehnungs-h tatsächlich steht, dennoch merken. In jedem Fall setzt ein forschender Zugriff auf den Peripheriebereich zwingend voraus, dass die Schüler sicher über die Ordnungen des Kernbereichs verfügen (vgl. Blatt 2006, S. 28).

Erkundungen im Peripheriebereich

Letztlich kommt man nicht umhin, die Wortschreibungen des Peripheriebereichs als Merkwörter zu behandeln und sie auch für die Lernenden ausdrücklich als „merk-würdig" auszuweisen. Unter lerntheoretischen Aspekten ist es ratsam, die zu merkenden Schreibungen

„Merk-würdige" Wörter

Regularität	Analyseoperationen / „Proben"
Silbisch bedingte Markierungen im Kernbereich der Wortschreibung (Silbengelenkschreibung, silbeninitiales h)	Gabriele Hinney (2004) schlägt zwei sogenannte „Silbenproben" als zentrale Untersuchungsmethoden vor: – Mithilfe der Silbenprobe 1 (Symbol: ‿‿), die aus einer rhythmischen Silbensegmentierung und dem vergleichenden Beobachten der geschriebenen und gesprochenen Wortform besteht, untersuchen die Schüler prototypische Zweisilber, die als Schlüsselwörter für das Erkennen der fraglichen Gesetzmäßigkeit gelten können (so ist z. B. *schwimmen* Schlüsselwort für die Untersuchung der Schärfungsschreibung, *gehen* für die Erkundung des silbeninitialen h). – Mithilfe der Silbenprobe 2 (Symbol: ‿→) werden einsilbige Wortformen bzw. Wortstämme, die aus morphologischen Gründen ‚vererbte' silbische Informationen enthalten, durch Verlängerung auf die zweisilbige Wortform bezogen (*er schwimmt* weil *schwim-men*, *Stehplatz* weil *ste-hen* usw.).
satzinterne Großschreibung	Die beiden grundlegenden Operationen zur Erforschung der satzinternen Großschreibung sind die Umstell- und die Erweiterungsprobe: – Das Umstellen dient der Ermittlung der Satzglieder bzw. nominalen Gruppen (*ein Grinsen / huschte / über sein Gesicht*). – Mithilfe der Erweiterungsprobe wird der großzuschreibende Kern der Nominalgruppe identifiziert (*ein breites, unverschämtes Grinsen / huschte / über sein jugendliches Gesicht*). Da die Attribuierbarkeit eines Wortes im Satzkontext für die Schreibentscheidung „groß oder klein?" das wesentliche Kriterium bereitstellt, sollten die Schüler vor allem das probierende Erweitern durch adjektivische Attribute sicher als Schreibhilfe nutzen können. Methodisch kann das Erforschen z. B. an sogenannten „Treppengedichten" ansetzen, in denen die einzelnen Satzglieder eines Satzes als Verse erscheinen und vorhandene Nominalgruppen stufenweise um ein zusätzliches Adjektivattribut erweitert werden (vgl. Röber-Siekmeyer 1999 sowie für die Sekundarstufe I Noack 2006).
Kommasetzung	Auch grundlegende Regularitäten der Kommasetzung lassen sich mithilfe syntaktischer Proben auf vielfältige Weise erkunden. So kann z. B. durch Umstellungen in der Reihenfolge von Teilsätzen die Struktur komplexer Sätze verdeutlicht und die Funktion des Kommas als Grenz- bzw. Gliederungszeichen bewusst gemacht werden. Entscheidend ist, dass die Schüler durch das Experimentieren mit bzw. an Sätzen nach und nach ein Verständnis für die syntaktische Motiviertheit der Kommasetzung im Deutschen entwickeln. Dabei gilt besonders für den Bereich der Kommasetzung, „dass der Blick des Lesers und seine Anforderungen an die geschriebenen Texte immer wieder didaktisch und methodisch in den Unterricht einbezogen werden sollten" (Eisenberg u. a. 2005, S. 13). Als äußerst ergiebig dürfte sich in dieser Hinsicht gerade die Reflexion der seltenen Fälle erweisen, in denen die Verständlichkeit durch ein fehlendes oder falsch gesetztes Komma erschwert ist (vgl. Gorschlüter 2001): *Wir bitten die Zuschauer nicht zu fotografieren* – hier könnte, abgesehen vom Kontext, nur ein Komma dem Leser darüber Auskunft geben, wie die Äußerung zu verstehen ist.

Abbildung 26: Ausgewählte Regularitäten und Analyseoperationen

im Unterricht gruppiert nach Rechtschreibbesonderheiten anzubieten: Wörter mit Dehnungs-h (<ah>, <oh>, <eh> usw.), Wörter mit doppeltem Vokalgraphem (<aa>, <oo>, <ee>), Wörter mit <v>, Wörter, in denen das lange /iː/ als <i> geschrieben wird usw. Die Aneignung dieser Schreibungen bedarf dann spezifischer, auf Einprägen angelegter Übungsmethoden, die jedoch keinesfalls auf bloßes Ab- und Nachschreiben beschränkt sein sollten. Wichtig ist u. a., dass die Merkstellen in den fraglichen Wortformen von den Lernenden selbst aufgespürt, markiert und als Besonderheit formuliert werden („*fahren* mit <ah>").

In didaktischer Hinsicht höchst problematisch ist es, wenn Übungsformen, die für das Einprägen von Ausnahmeschreibungen funktional sind, auch auf Schreibungen des Kernbereichs ausgeweitet werden. Gleichwohl ist dieses Vorgehen in vielen Klassenzimmern immer noch gang und gäbe, sicher auch deswegen, weil viele der im Unterricht eingesetzten Lernmaterialien das wiederholte Ab- bzw. Nachschreiben von „Lernwörtern" zu ihrer zentralen Übungsmethode erklären. Hier wirkt das vor allem in den 1980er-Jahren verbreitete Arbeiten mit einem sogenannten Grundwortschatz nach: Die Verpflichtung auf einen verbindlichen, in den Lehrplänen festgeschriebenen Wortschatz, der zu einem gewissen Zeitpunkt von allen Schülern orthographisch beherrscht werden sollte, führte in vielen Fällen dazu, dass sich der Rechtschreibunterricht im methodisch zwar durchaus abwechslungsreichen, aber einseitig auf Merken und Behalten angelegten Üben der im Grundwortschatz zusammengestellten Lernwörter erschöpfte. Dabei war ein solch mechanisches Abarbeiten vor allem in den neueren Grundwortschatzkonzepten keineswegs intendiert: Viele Grundwortschätze berücksichtigten bei der Zusammenstellung bewusst auch den Modellcharakter der Lernwörter, sahen also durchaus ein kognitives Durchdringen der Schreibungen vor. Heute ist ein Grundwortschatz größeren Umfangs nur noch in wenigen Bundesländern verbindlich festgelegt; vielfach ist in den aktuellen Lehrplänen lediglich von einem „Lernwortschatz" der Rede, der neben einem verpflichtenden Grundbestand an besonders häufigen Wörtern der deutschen Sprache auch klassenspezifische Wörter (also solche, die von der Lehrperson für die Klasse festgelegt werden) sowie individuelle Wörter enthalten soll.

Selbstverständlich kommt dem Üben auch im Rahmen des hier vertretenen entdeckend-erforschenden Ansatzes große Bedeutung zu. Im Vordergrund stehen hier jedoch kognitiv aktivierende Übungsformen, die dazu dienen, das Erarbeitete in den Schülerköpfen präsent

Übermacht des mechanischen „Übens"

Arbeit mit dem „Grundwortschatz"

Kognitiv anregende Übungsformen

zu halten und den Zugriff auf bekannte Strukturen und Regularitäten zu automatisieren. Eine wichtige Rolle spielen dabei Aufgaben, die die Schüler zum Nachdenken über bestimmte Schreibweisen herausfordern und sie auch dazu anregen, ihr Vorgehen bei der Lösung des orthographischen Problems zu explizieren. Bei einem sogenannten Rechtschreibgespräch z. B. sind die Schüler aufgefordert, in der Partner- oder Kleingruppe ihr individuelles schriftstrukturelles Wissen zur Sprache zu bringen und es im Gespräch mit anderen zu verteidigen, zu korrigieren oder weiter zu entfalten.

Der ‚Ernstfall‘: Texte verfassen

Letztlich allerdings müssen sich die im Rechtschreibunterricht erlernten Problemlösungen im Ernstfall, und das heißt vor allem: im komplexen Gesamtprozess der Textproduktion beweisen (→ KAPITEL 7). Das wichtigste Übungs- bzw. Erprobungsfeld für orthographische Entscheidungsprozesse stellen daher die zahlreichen Texte dar, die im Deutschunterricht (und auch in allen anderen Fächern!) von den Kindern und Jugendlichen selbst verfasst werden: Die Schüler sollten konsequent dazu angehalten werden, geschriebene Texte im letzten Schritt sorgfältig auf ihre orthographische Korrektheit durchzusehen und dabei auch verfügbare Hilfsmittel, z. B. die Rechtschreibprüfung des Computers oder ein orthographisches Wörterbuch, zu nutzen. Dieses Überprüfen und Korrigieren eigener Texte muss anfangs unbedingt durch entsprechende Lehrerhilfen gestützt werden (z. B. indem falsch geschriebene Wörter zwar markiert, aber nicht berichtigt werden) – so lange, bis der jeweilige Schreiber selbst eine entsprechende Fehlersensibilität entwickelt hat.

Texte überprüfen und korrigieren

Schülertexte als Ausgangspunkt

In jedem Fall gilt, dass die Fragen und Probleme, die sich für die Schüler im Rahmen der Überarbeitung bzw. Endkorrektur ihrer eigenen Texte stellen, wiederum als Ausgangspunkt für gemeinsame schriftstrukturelle Entdeckungen bzw. für deren Festigung und Übung genutzt werden sollten. So könnte z. B. eine Häufung von Fehlschreibungen mit <h> in den Schülertexten für die Lehrperson Anlass sein, die entsprechenden Fehlerwörter mit korrekten <h>-Schreibungen zu kontrastieren und auf dieser Datenbasis Bedingungen und Unterschiede der verschiedenen h-Schreibungen zu erkunden (vgl. Eisenberg/Feilke 2001, S. 13f.). Auch lassen sich ausgewählte Wörter aus Schülertexten im Rahmen eines Rechtschreibgesprächs thematisieren u. a. m.

Fragen und Anregungen

- Geben Sie einen Überblick über die wichtigsten Lesehilfen, die die deutsche Orthographie zur Erleichterung des Lesens bereithält.

- Erklären Sie am Beispiel der folgenden Testwörter aus der *Hamburger Schreibprobe* von Peter May (2010), welche grundlegenden Prinzipien im deutschen Schriftsystem zusammenwirken: *Fahrradschloss, Rollschuhe, Räuber, Schlüsselloch.*

- Nennen und erläutern Sie die zentralen Ziele des Gegenstandsfeldes „Richtig schreiben".

- Erläutern Sie die Unterscheidung von Kern- und Peripheriebereich der deutschen Orthographie. Zeigen Sie auf, welche didaktischen Konsequenzen sich daraus für den Rechtschreibunterricht ergeben.

- Erweitern Sie die obige Tabelle (→ ABBILDUNG 26) um Überlegungen zur Umlautschreibung sowie zur Getrennt- und Zusammenschreibung: Welche Analyseoperationen bzw. Proben würden Sie den Schülern an die Hand geben?

Lektüreempfehlungen

- **Anne Berkemeier: Zur Bedeutung der Silbe in der neueren rechtschreibdidaktischen Diskussion: Versuch einer Synopse, in:** Osnabrücker Beiträge zur Sprachtheorie, 2007, Heft 73, S. 81–96. *Der Beitrag bietet einen vertiefenden Überblick über konkurrierende orthographietheoretische Positionen zur Silbe und darauf bezogene didaktisch-methodische Umsetzungen.*

- **Ursula Bredel / Hartmut Günther: Orthographietheorie und Rechtschreibunterricht, in: dies.** (Hg.), Orthographietheorie und Rechtschreibunterricht, Tübingen 2006, S. 198–215. *Der Aufsatz gibt einen interessanten Abriss über die historische Entwicklung von Orthographietheorie und Rechtschreibunterricht und ihres komplexen Zusammenhangs.*

- **Peter Eisenberg / Helmuth Feilke: Rechtschreiben erforschen, in:** Praxis Deutsch 28, 2001, Heft 170, S. 6–15. *Basisartikel des gleichnamigen Themenhefts, der die wesentlichen Begründungszusammenhänge für ein rechtschreibdidaktisches Konzept auf der Grundlage entdeckend-erforschenden Lernens verhandelt.*

- **Astrid Müller: Rechtschreiben lernen. Die Schriftstruktur ent-decken – Grundlagen und Übungsvorschläge,** Seelze 2010. *Dieser Band bietet einen hervorragenden Überblick über die schrift-linguistischen und rechtschreibdidaktischen Grundlagen eines graphematisch orientierten Rechtschreibunterrichts. Der umfang-reiche Praxisteil bietet exemplarische Aufgaben zu allen Lern-bereichen der deutschen Rechtschreibung.*

9 Sprache und Sprachgebrauch reflektieren

KiWi

Bastian Sick
Der Dativ ist dem Genitiv sein Tod

Ein Wegweiser durch den Irrgarten der deutschen Sprache

Die Zwiebelfisch-Kolumnen SPIEGEL ONLINE

Abbildung 27: Bastian Sick: *Der Dativ ist dem Genitiv sein Tod* (2004); Buchcover

Das Buch „Der Dativ ist dem Genitiv sein Tod" (2004) umfasst knapp fünfzig Kolumnen, in denen Bastian Sick entschlossen gegen falsches Deutsch und schlechten Stil zu Felde zieht. Als selbsternannte Instanz für richtiges und gutes Deutsch hat es der „Sprachpfleger" Sick zu einer erstaunlichen Popularität gebracht: Offenkundig trifft er mit seinen Belehrungen genau den Ton, den eine breite Öffentlichkeit im Umgang mit Sprachfragen für angemessen hält. Sicks Attacken gegen grammatische und stilistische Unsitten und Verfehlungen liegt ein ausgeprägt normatives Sprach- und Grammatikverständnis zugrunde, das nur die Kriterien richtig und falsch kennt und Sprachwandelprozesse sowie unterschiedliche Sprachgebrauchskontexte weitgehend ignoriert. Der von Sick als Verflachung der Hochsprache beklagte Gebrauch von „wegen" mit Dativ-Rektion zum Beispiel (vgl. Sick 2004, S. 15) ist in mündlichen Kontexten allgemein üblich („wegen dem schlechten Wetter") und akzeptiert, in konzeptionell schriftlichen Texten hingegen ist die Verwendung des Genitivs („wegen des schlechten Wetters") nach wie vor die Regel. Eine abstrakte Sprachnorm, die die Genitiv-Rektion in allen denkbaren Gebrauchskontexten für verbindlich erklärt, wird dem tatsächlichen Sprachgebrauch in keiner Weise gerecht.

Auch wenn Bastian Sick gelegentlich als „oberster Deutschlehrer der Nation" bezeichnet wird: Als Vorbild eignet er sich nicht (vgl. Kruse 2009, S. 5). Im Gegenstandsfeld „Sprache und Sprachgebrauch reflektieren" geht es nämlich nicht um die Durchsetzung bestimmter ‚von oben' gesetzter Sprachnormen, sondern darum, Sprache – ausgehend von den eigenen Spracherfahrungen – unter verschiedenen Aspekten zum Gegenstand des Nachdenkens, der Reflexion zu machen. Dabei spielen zwar auch Normfragen eine gewisse Rolle, sie stellen aber keinesfalls den Ausgangs- oder gar Zielpunkt des Unterrichts dar.

In klarer Abgrenzung zu einem Grammatikunterricht traditioneller Prägung wird zunächst gezeigt, dass Sprachreflexion im Unterricht weit mehr umfasst als die Beschäftigung mit grammatischen Strukturen. Zu klären ist auch, welche Ziele die Arbeit in diesem Gegenstandsfeld verfolgt und durch welche methodischen Maßnahmen sich Sprachreflexionsprozesse im Unterricht anregen und unterstützen lassen.

9.1 Sprache als Reflexionsgegenstand
9.2 Ziele und Kompetenzen
9.3 Sprachreflexion anregen und unterstützen

9.1 Sprache als Reflexionsgegenstand

Traditionell war der Teilbereich des Muttersprachunterrichts, in dem die Sprache selbst zum Gegenstand wird, als Grammatikunterricht angelegt. In eigens dafür vorgesehenen Einheiten wurde den Lernenden ein klar umrissener, kanonisierter Bestand an grammatischem Wissen vermittelt, wobei sich das unterrichtliche Vorgehen unmittelbar an die übliche Praxis der Grammatikvermittlung im lateinischen Fremdsprachenunterricht anlehnte. Die Folge war ein formaler, von der Lehrperson stark gelenkter Grammatikunterricht, der sich inhaltlich weitgehend auf Satz-, Wort- und Formenlehre beschränkte. Trotz aller Kritik, die diese Form der grammatischen Unterweisung über die Jahrhunderte erfahren hat, sind die Nachwehen dieses traditionellen Konzepts im Schulalltag noch immer spürbar: Der „fremdsprachendidaktische ‚Geburtsfehler‘ bei der Einführung des muttersprachlichen Grammatikunterrichts ist bis heute nicht überwunden" (Steinig / Huneke 2002, S. 140).

Grammatikunterricht traditioneller Prägung

Heute macht die Beschäftigung mit grammatischen Fragen nur noch einen Teil des sprachreflexiven Gegenstandsfeldes aus. Zwar bilden *grammatik*bezogene Reflexionen in Lehrplänen und Bildungsstandards nach wie vor den Schwerpunkt, das Gesamtspektrum der Gegenstände von Sprachreflexion jedoch reicht weit über den tradierten grammatischen Kernkanon hinaus. Eine Übersicht über die verschiedenen Teilfelder bietet das Strukturmodell in → ABBILDUNG 28.

Sprache als System reflektieren		Sprache im Gebrauch reflektieren
Strukturbezogene (*grammatische*) Reflexionen	Bedeutungsbezogene (*semantische*) Reflexionen	Handlungsbezogene (*pragmatische*) Reflexionen
auf Wortebene: – Wortarten und Flexion – Wortbildung auf Satzebene: – Satzglieder und Attribute – Satzarten – komplexe Sätze auf Textebene: – Textkohäsion	Bedeutungsbeziehungen zwischen sprachlichen Ausdrücken Mehrdeutigkeit, idiomatische Wendungen u. a. m.	Sprachgebrauch in Rede und Gespräch Sprachgebrauch in Texten
Sprache und Sprachgebrauch unter weiteren Gesichtspunkten reflektieren (z. B. historisch-diachrone, varietätenbezogene, philosophische Reflexionen)		

Abbildung 28: Teilfelder schulischer Sprachreflexion

**Sprache struktur-
bezogen: Grammatik**

Die grammatische Betrachtung von Sprache stellt das Sprach*system* ins Zentrum. Sie fragt danach, wie eine Sprache ‚gebaut' ist, d. h. nach welchen Regularitäten aus den kleinsten Einheiten der Sprache, den Phonemen, in einem mehrstufigen Prozess komplexere Einheiten – Morpheme, Wörter, Sätze, Texte – aufgebaut werden. Grammatische Reflexionen und Analysen können auf unterschiedlichen sprachlichen Ebenen ansetzen: auf der Ebene des Wortes, des Satzes oder des Textes.

**Wortarten und
Flexion**

Die grammatische Lehre vom Wort (vgl. Boettcher 2009a) befasst sich zum einen mit Fragen der Einteilung bzw. Klassifikation von Wörtern in Wortarten. In diesem Zusammenhang werden meist auch die verschiedenen Flexionskategorien behandelt, die sich für die flektierbaren Wortarten des Deutschen – Verben, Nomen, Pronomen und Adjektive – unterscheiden lassen (für die Verben z. B. die Kategorien Person, Numerus, Tempus, Modus, Diathese). Zum anderen beschäftigt sich die Lehre vom Wort mit den Möglichkeiten der Wortbildung, fragt also danach, mit welchen Verfahren aus vorhandenem Wortmaterial neue Wörter gebildet werden können. Für das Deutsche ist hier vor allem die Betrachtung der beiden Basisverfahren Komposition (Zusammensetzung: *Wald/rand, moos/grün*) und Derivation (Ableitung mithilfe von Präfixen: *un/schön* oder Suffixen: *Acht/ung*) relevant.

Wortbildung

Die Lehre vom Satz behandelt zunächst die Struktur des einfachen Satzes (vgl. Boettcher 2009b): Es geht um den Aufbau von Sätzen aus einem Prädikat und weiteren, um dieses verbale Satzzentrum herum gruppierten Satzgliedern. Sofern es sich um komplexe Satzglieder handelt (z. B.: *die schwarze Katze unserer Nachbarn*), können diese ihrerseits auf ihren internen Aufbau hin untersucht werden (Attribute als Satzgliedteile, hier: die Phrasen *schwarze* und *unserer Nachbarn* als Beifügungen zum Bezugswort *Katze*). Analog zur Wortartenlehre spielt auch in der Satzlehre die Frage der Klassifikation von Satzgliedern und Attributen eine zentrale Rolle; hinzu kommt die Unterscheidung von Satzstellungstypen (Erst-, Zweit- und Letztstellung des finiten Verbs) und Satzarten (innerhalb des Stellungstyps Finitum-Erststellung z. B. die Satzarten Fragesatz: *Kommst du?*, Ausrufesatz: *Bist du aber braun geworden!*, Aufforderungssatz: *Setzen Sie sich!*).

**Satzglieder und
Attribute**

Satzarten

Komplexe Sätze

Eine weitere Komplexitätsstufe ist erreicht, wenn der Bau komplexer Sätze betrachtet wird, die aus mehreren Teilsätzen (Haupt- oder Nebensätzen) bestehen (vgl. Boettcher 2009c). Da untergeordnete Teilsätze im Deutschen in der Regel durch Komma vom jeweils übergeordneten Teilsatz getrennt werden, kommen bei der Analyse komplexer Sätze fast zwangsläufig auch die Regularitäten der Kommasetzung im Deutschen in den Blick. Dies gilt in gleichem Maße für Sätze, die insofern komplex sind, als sie Herausstellungen, Zusätze, Nachträge, Einschübe und andere Erweiterungen enthalten: In all diesen Fällen muss der Bau der Sätze für den Leser durch Kommata transparent gemacht werden.

Die grammatische Betrachtung kann auch über die Satzgrenze hinausgehen und den Bau und die Struktur von Texten in den Blick nehmen. Eine Textgrammatik fragt danach, wie Sätze auf der Textoberfläche durch sogenannte Kohäsionsmittel (z. B. durch explizite Wiederaufnahmen oder verschiedene Pro-Formen) semantisch-syntaktisch so miteinander verknüpft werden können, dass ein zusammenhängender (kohärenter) Text entsteht (→ KAPITEL 6.1).

Die Grammatik beschreibt Sprache als ein System von Zeichenformen und blendet dabei die Inhaltsseite der sprachlichen Zeichen weitgehend aus. Die systembezogene Betrachtung von Sprache kann jedoch auch unter semantischen, d. h. bedeutungsbezogenen Gesichtspunkten erfolgen: In der schulischen Sprachreflexion spielt der semantische Aspekt z. B. bei der Zusammenstellung von sogenannten Wortfeldern eine Rolle (bedeutungsähnliche Wörter wie *Tümpel, Teich, Weiher, See,* usw.) sowie grundsätzlich bei der Reflexion von Bedeutungsbeziehungen zwischen sprachlichen Ausdrücken (wie Synonymie, Antonymie, Hypero- und Hyponomie u. a.). Aber auch mehrdeutige (polyseme) sprachliche Ausdrücke (z. B. Homonyme wie *Bank, kosten* usw.) oder idiomatische Wendungen, deren Gesamtbedeutung nicht aus der Bedeutung der Einzelwörter erschlossen werden kann (*ein Brett vor dem Kopf haben, einen Bären aufbinden*), bieten ein reiches Feld für semantische Analysen und Reflexionen.

Eine grundlegend andere Betrachtungsweise von Sprache schließlich liegt vor, wenn nicht das Sprachsystem, sondern vielmehr der Gebrauch von Sprache im Zentrum steht. Die handlungsbezogene (pragmatische) Betrachtung von Sprache fragt danach, wie Sprache in unterschiedlichen Situationen als Mittel der Kommunikation eingesetzt wird und welche kommunikativen Zwecke dabei verfolgt werden. Da sich sprachliches Handeln sowohl im Sprechen und Zuhören als auch im Schreiben und Lesen manifestiert, erstreckt sich die pragmatische Betrachtung von Sprache auf gesprochene (Rede und Gespräch) und geschriebene Sprache (Texte) gleichermaßen: In beiden Fällen geht es darum, sprachliche Äußerungen in ihrem Ver-

Kommasetzung

Textkohäsion

Sprache bedeutungs-bezogen: Semantik

Sprache handlungs-bezogen: Pragmatik

hältnis zum jeweiligen situativen und kommunikativen Kontext zu reflektieren. Eine wichtige Rolle spielt dabei die Erkundung des Handlungswerts bzw. der kommunikativen Funktion von mündlichen und schriftlichen Äußerungen (*auffordern, beschreiben, sich entschuldigen* usw.), wobei insbesondere bei der Analyse von Rede- und Gesprächssituationen unbedingt auch die Bedeutung nonverbaler (körpersprachlicher und stimmlicher) Ausdrucksmittel zu berücksichtigen ist.

Über die system- und handlungsbezogene Betrachtungsweise von Sprache in Grammatik, Semantik und Pragmatik hinaus kann Sprache noch unter einer Reihe weiterer Gesichtspunkte bzw. Fragestellungen zum Gegenstand von Reflexion werden. Sprache lässt sich nicht nur (synchron) als punktuelle ‚Momentaufnahme‘ der Gegenwartssprache, sondern auch (diachron) mit Blick auf ihre historische Entwicklung betrachten. Hier eröffnen sich vielfältige Möglichkeiten der Reflexion von Sprachwandelprozessen auf den verschiedenen sprachlichen Ebenen (vgl. Tophinke 2009).

Sprachwandel

Die Vielzahl der „Sprachen in der Sprache" (Linke/Voigt 1991) kommt in den Blick, wenn man Sprache unter vornehmlich soziologischer Perspektive als soziales Phänomen betrachtet, das durch die gesellschaftlichen Lebensbedingungen der Sprecher/Schreiber (z. B. durch ihre regionale Verwurzelung, ihr Geschlecht oder die Zugehörigkeit zu einer bestimmten Gruppe) maßgeblich mit geformt und beeinflusst wird. Von Interesse ist dabei nicht nur, durch welche sprachlichen Charakteristika sich bestimmte Sprachvarietäten (der gesprochene Dialekt, die sogenannte Jugendsprache usw.) beschreiben lassen, sondern vor allem, in welchen Situationen und zu welchen Zwecken Sprecher – mehr oder minder angemessen – von diesen Varietäten Gebrauch machen.

„Sprachen in der Sprache"

Überdies kann Sprachreflexion auch an sprachphilosophischen Fragen nach dem Ursprung und dem Wesen sprachlicher Zeichen ansetzen. Dass Kinder und Jugendliche sich häufig besonders für solch ‚große‘, elementare Fragen interessieren, zeigen beispielhaft die folgenden Forscherfragen, die ein Schüler der dritten Klasse auf Anregung seiner Lehrerin notiert hat (vgl. Neuland 1992, S. 10): *Was ist denn Tiersprache? Wie die Viecher sich verständigen? Wer hat die Sprache erfunden? Wer hat den Menschen gesagt, dass die Menschen reden? Wer hat das erste Wort gesagt? Haben die Steinzeitmenschen Deutsch geredet?*

Sprachphilosophische Fragen

Der Überblick über die verschiedenen Teilfelder von Sprachreflexion, der sich um weitere Gesichtspunkte und Fragestellungen ergänzen ließe, zeigt sehr deutlich, dass das Gegenstandsfeld „Sprache und Sprachgebrauch untersuchen" keineswegs auf grammatikbezogene Reflexionen beschränkt ist, sondern weit mehr als nur den herkömmlichen grammatischen Kanon umfasst. Hinzu kommt, dass ein Grammatikunterricht, der sich als Teil eines umfassenden Konzepts schulischer Sprachreflexion versteht (→ ABBILDUNG 28), mit dem traditionellen Grammatikunterrichtskonzept nicht mehr als den Namen gemein hat: Der Terminus „Grammatikunterricht" steht in diesem Rahmen nicht für grammatische Unterweisung, sondern für die *Reflexion grammatischer Strukturen* (vgl. Kliewer / Pohl 2006, S. 199); eine formale Sprachlehre, wie sie bis heute in vielen Klassen praktiziert wird, ist damit in keiner Weise zu vereinbaren.

„Grammatikunterricht" als Reflexion grammatischer Strukturen

Eine wichtige Frage ist in diesem Zusammenhang, welchen Grammatikbegriff man einem so verstandenen Grammatikunterricht zugrunde legt. Nach wie vor ist die Grammatikarbeit stark an der aus dem Lateinischen übernommenen Schulgrammatik orientiert, die die Beschreibung sprachlicher Formen ins Zentrum stellt, ohne dabei die Frage nach der Funktion dieser Formen angemessen zu berücksichtigen. Für einen Grammatikunterricht jedoch, dem daran gelegen ist, sprachliches Wissen und sprachliches Können zu verbinden, ist eine funktionale Sprachbeschreibung von größter Bedeutung: Schließlich geht es nicht um ein „totes Kategorienwissen, das niemand anwenden kann" (Hoffmann 2004, S. 39), sondern um ein grammatisches Wissen, das tatsächlich geeignet ist, die Schüler in ihrem sprachlichen Handeln zu unterstützen. Die Erarbeitung einer didaktisch sinnvollen, funktional orientierten Bezugsgrammatik ist vor diesem Hintergrund ein dringendes Desiderat der grammatikdidaktischen Forschung (vgl. Gornik / Granzow-Emden 2008, S. 132f.).

Formaler vs. funktionaler Grammatikbegriff

9.2 Ziele und Kompetenzen

Das Nachdenken über Sprache und Sprachgebrauch spielt als integratives Element in allen Gegenstandsfeldern des Sprachunterrichts eine zentrale Rolle. Zugleich jedoch ist die reflexive Beschäftigung mit der eigenen Sprache in einem eigenständigen Gegenstandsfeld angesiedelt, in dem systematisch sprachreflexive Kompetenzen aufgebaut und entwickelt werden. Das zentrale Ziel des sprachreflexiven Unterrichts besteht darin, die Lernenden zu einer „kognitiven Orientierung beim Sprachgebrauch" (Andresen / Funke 2003, S. 439) zu befähigen und die für ein „reflexives Sprachhandeln" unerlässliche

Förderung von Sprachbewusstheit

Bereitschaft und Fähigkeit zu einer bewussten Hinwendung zur Sprache (→ KAPITEL 2) auszubauen und zu fördern.

Die Entwicklung von Sprachbewusstheit sollte Hand in Hand gehen mit der Herausbildung einer Grundhaltung gegenüber dem Lern- und Reflexionsgegenstand Sprache, die durch Aufmerksamkeit und Interesse für und Neugier auf Sprache gekennzeichnet ist – ein für das sprachreflexive Lernen grundlegendes Ziel, das allerdings besonders im Grammatikunterricht noch immer viel zu selten erreicht zu werden scheint: Obwohl Kinder und Jugendliche außerhalb der Schule durchaus lustvoll, spielerisch und experimentell mit Sprache umgehen, überwiegt im schulischen Kontext zumeist die „Unlust an der Grammatik" (Andresen 1990). Für eine sprachbewusstheitsfördernde Beschäftigung mit sprachlichen Fragen ist es jedoch von entscheidender Bedeutung, die außerschulisch durchaus vorhandene Lust an der Sprache soweit möglich auch im Sprachunterricht wachzuhalten und die Förderung einer von Interesse und Aufmerksamkeit geprägten Haltung zur Sprache als wesentliche Aufgabe der Arbeit im Gegenstandsfeld „Sprache und Sprachgebrauch" ernst zu nehmen.

Die reflexive Auseinandersetzung mit Sprache zielt auch darauf, bei den Lernenden ein Wissen über sprachliche Sachverhalte und Zusammenhänge zu entwickeln. Sprachliches Wissen meint in diesem Zusammenhang nicht das unbewusste Wissen, das dem sprachpraktischen Beherrschen einer Sprache zugrunde liegt, sondern meint ein Wissen *über* Sprache, das die Bearbeitung metasprachlicher Aufgabenstellungen ermöglicht. So verlangt z. B. die Aufgabe, in gegebenen Sätzen das Subjekt zu ermitteln, vom Schüler ein *meta*sprachliches grammatisches Wissen, das von seinem sprachpraktischen Wissen und Können zu unterscheiden ist: Auch wenn er beim Sprechen und Schreiben sehr wohl in der Lage ist, das Prädikat eines Satzes in Abhängigkeit vom Subjekt richtig zu flektieren (er also durchaus zu ‚wissen' scheint, was das Subjekt ist), so bedeutet das nicht zwangsläufig, dass er die metasprachliche Frage nach dem Subjekt des Satzes beantworten kann (vgl. Andresen / Funke 2003, S. 439).

Bei der Entwicklung metasprachlichen Wissens geht es ausdrücklich nicht um ein bloß terminologisches, sondern um begriffliches Lernen. Der sprachreflexive Unterricht soll es den Lernenden ermöglichen, sprachliche „Begriffe" zu bilden: Gemeint ist damit der Erwerb einer abstrakten Repräsentation eines sprachlichen Sachverhalts oder Zusammenhangs, der über die Verwendung eines bestimmten Terminus (Adjektiv, Subjekt usw.) hinausgeht. Das Verfügen über einen Terminus ist erst dann sinnvoll, „wenn hinter dem Terminus begriffliches

Aufmerksamkeit, Interesse, Neugier auf Sprache

Entwicklung sprachlichen Wissens

Metasprachliches Wissen

Begriffliches Lernen

Wissen steht, er in dieser Weise gedeckt ist" (Gornik / Granzow-Emden 2008, S. 129). Nur wenn ein Schüler ‚begriffen' hat, was beispielsweise Subjekte sind und was sie ausmacht, ist der Terminus „Subjekt" für ihn mehr als eine bloße Worthülse. Unterrichtsbeobachtungen weisen allerdings darauf hin, dass das terminologische Wissen, das die Schüler im Unterricht erwerben, vielfach eine entsprechende begriffliche Fundierung, mithin ein echtes Verständnis des bezeichneten Sachverhalts oder Zusammenhangs, vermissen lässt. Immer wieder zeigt sich, dass Lernende – z. B. beim Erfragen des Subjekts mit der gelernten Frageprobe – Fehler machen, die darauf hindeuten, dass sie gar nicht erfasst haben, worum es eigentlich geht: Eine Schülerin, die das Subjekt in dem Beispielsatz *Kennst du Aquanauten?* mit der Frage *Wer oder was kennst du?* zu identifizieren versucht (vgl. Brünner 1982), hat jedenfalls keinen Subjektbegriff entwickelt.

Mangelnde begriffliche Fundierung

Entscheidend ist bei alldem, dass die Ausbildung begrifflichen Wissens im sprachreflexiven Unterricht nicht als Selbstzweck betrieben wird, sondern stets mit Blick auf übergeordnete Zielsetzungen erfolgt: Das im Unterricht erworbene sprachliche Wissen darf nicht ‚träge' bleiben, sondern muss so modelliert sein, dass es sich förderlich auf das produktive und rezeptive Sprachhandeln der Schüler auswirkt und ein zunehmend bewusstes, reflexives Sprachhandeln unterstützt.

Anders als in den übrigen Gegenstandsfeldern (→ KAPITEL 5–8) liegen bislang nur wenige Ansätze vor, die im Bereich „Sprache und Sprachgebrauch reflektieren" zu erwerbende „Sprachreflexionskompetenz" (Klotz 2004) in Kompetenzmodellen abzubilden. Ein erstes Kompetenzmodell für den sprachreflexiven Bereich wurde im Rahmen der DESI-Studie (Deutsch Englisch Schülerleistungen International) entwickelt, für die Schüler der 9. Jahrgangsstufe untersucht wurden. Dort werden, ebenso wie später im Projekt VERA (Vergleichsarbeiten in der Grundschule), im Wesentlichen drei Kompetenzniveaus unterschieden, die durch qualitativ unterschiedliche Umgangsweisen der Schüler mit sprachlichen Phänomenen gekennzeichnet sind (vgl. Eichler 2007):

Kompetenzmodelle

Kompetenzniveaus in DESI und VERA

- Niveau 1: Weitgehend unbewusst vorhandene Fähigkeiten im Werkzeuggebrauch der Sprache.
- Niveau 2: Implizite Sprachbewusstheit, das sogenannte Monitoring, welches das eigene Sprachhandeln begleitet.
- Niveau 3: Explizite Sprachbewusstheit, das aktive Umgehen mit grammatischen Begrifflichkeiten in funktionaler Verwendung.

Bereits die Benennung der einzelnen Kompetenzniveaus zeigt, dass dem Modell ein Begriff von Sprachbewusstheit zugrunde liegt, der weitgehend dem des (meta-)sprachlichen Wissens (s. o.) entspricht.

Dabei wird davon ausgegangen, dass sich verschiedene Grade der Bewusstheit voneinander abgrenzen lassen: Das unbewusste sprachliche Können wird zunächst um eine noch implizit bleibende Aufmerksamkeit für sprachliche Phänomene erweitert, bevor schließlich auf dem höchsten Niveau die „Früchte des Unterrichts in Reflexion und Grammatik" (Eichler 2007, S. 126) auch explizit formuliert werden können. Die Entwicklung sprachreflexiver Kompetenz ist hier als ein Prozess modelliert, der mit der Kompetenz zur Explizierung sprachlicher Wissensbestände seinen Höhepunkt erreicht. Inwieweit sich jedoch explizites Sprachwissen einem impliziten begrifflichen Wissen als tatsächlich überlegen erweist, ist in der Grammatikdidaktik keineswegs unumstritten, zumal häufig zweifelhaft ist, ob das im Unterricht erworbene explizite Wissen auf wirklich *begrifflichem* Lernen beruht, also „ein wirkliches Erfassen sprachlicher Strukturen einschließt" (Andresen / Funke 2003, S. 443).

Stellenwert
expliziten Wissens

Ein weiteres Kompetenzmodell ist im Zuge der Evaluation der Bildungsstandards im Fach Deutsch für den Primarbereich entstanden (vgl. Bremerich-Vos / Böhme 2009). Bei der Entwicklung wurde allerdings aus Gründen der Testvalidität bewusst nur derjenige Teil des Gegenstandsfeldes einbezogen, der „nach wie vor faktisch im Zentrum des Unterrichts steht" (Bremerich-Vos / Böhme 2009, S. 379) – der Grammatikunterricht. Auf diese Weise erfasst das vorgelegte fünfstufige Kompetenzmodell natürlich allenfalls einen Teilaspekt dessen, was bei der Modellierung von Sprachreflexionskompetenz zu berücksichtigen wäre. Für die konkrete Unterrichtsarbeit ist das Modell jedoch auch mit Blick auf den gewählten Ausschnitt von Sprachreflexion nur bedingt hilfreich. Da das Modell eine aufgabenübergreifende Beschreibung bzw. Benennung der einzelnen Niveaustufen vermissen lässt, bleibt es inhaltlich zu vage, als dass ein kompetenzorientierter Grammatikunterricht davon profitieren könnte.

Kompetenzniveaus
im Bereich der
Schulgrammatik

9.3 Sprachreflexion anregen und unterstützen

Unterrichtliche Sprachreflexionsprozesse setzen grundsätzlich voraus, dass es gelingt, die Aufmerksamkeit der Schüler auf die Sprache selbst zu richten. Da wir Texte und Äußerungen üblicherweise zunächst auf ihre Inhalte hin betrachten, gilt es, den notwendigen „Schwenk von der Inhaltsebene auf die Ebene der Gestaltung, der sprachlichen Mittel" (Einecke 1999, S. 149) im Unterricht stets gezielt zu initiieren.

Am leichtesten fällt das Fokussieren der sprachlichen Ebene, wenn Sprachreflexion an Texten und Sprachverwendungssituationen ansetzt, in denen Sprache für die Schüler tatsächlich „frag-würdig" wird, in denen sich also echte Anlässe für ein vertieftes Nachdenken über Sprache und Sprachgebrauch ergeben: Dies ist z. B. dann der Fall, wenn Sprache – absichtlich oder aus Versehen – in charakteristischer Weise vom alltäglichen Sprachgebrauch abweicht. Bewusst gesetzt sind solche Abweichungen besonders in literarischen Texten, wo Sprache sozusagen „poetisch aus der Reihe tanzt" (Boettcher 2009a, S. 8): Wenn Friedrich Hölderlin sein Gedicht *Abendphantasie* (1800) mit einer eigentlich ungrammatischen Folge von drei Adverbialen im Vorfeld eröffnet („Vor seiner Hütte ruhig im Schatten sitzt / Der Pflüger, […]", Hölderlin 1800), so stellt sich nicht nur die Frage, worin die Besonderheit der gewählten Stellung besteht, sondern auch, welche (poetische) Funktion sich mit dieser ungewöhnlichen Konstruktion verbindet.

Fokussieren der sprachlichen Ebene

Sprachlich ‚auffällige' literarische Texte

Absichtsvolle Abweichungen von der sprachlichen Norm liegen auch den vielfältigen Sprachspielereien zugrunde, die uns zahlreich im Alltag begegnen: als einprägsamer Werbeslogan (z. B. eines Stadtreinigungsbetriebes: *We kehr for you*), als pfiffige Schlagzeile (*Ist Schaf Dolly eine Ente?*), als Cartoon oder pointierter Sprachwitz (*Bist du per Anhalter gefahren? – Wieso? – Weil du so mitgenommen aussiehst.*). Aber auch die moderne Literatur macht sich den Reiz des spielerischen, teils sogar experimentellen Umgangs mit Sprache zunutze (z. B. in der Konkreten Poesie), wobei sich besonders die Kinder- und Jugendliteratur durch eine Fülle an sprachspielerischen Formen auszeichnet. Für die schulische Sprachreflexion bergen solche Texte ein unschätzbares Potenzial: Da sie den Blick des Rezipienten unmittelbar auf sprachliche (und nicht zuerst inhaltliche) Fragen fokussieren, sind Sprachspiele in besonderem Maße geeignet, „sprachliche Phänomene ins Feld der Aufmerksamkeit zu rücken" (Haueis 1985, S. 661) und bei den Schülern ein entdeckendes, forschendes Lernen anzustoßen. Je nach „Spielart" des Textes (vgl. den Systematisierungsvorschlag von Ulrich 1999, S. 26–32) lassen sich auf diese Weise Normverstöße und Konventionsbrüche auf allen Ebenen des Sprachsystems und auch im Bereich der Sprachhandlungskonventionen reflektieren.

Sprachspiele

Abweichungen geben auch dann zu Sprachreflexionen Anlass, wenn sie (ungewollt) als sprachliche Fehler oder grammatisch-stilistische Auffälligkeiten in Schülertexten erscheinen. Probleme bereiten zum einen typisch schriftsprachliche Formen, die den Schülern aus ihrem alltäglichen Sprachgebrauch nicht oder nur wenig vertraut sind

Fehler und Auffälligkeiten in Schülertexten

(z. B. bestimmte konjunktivische Formen, Genitivkonstruktionen usw.). Viele Regelunsicherheiten resultieren aber auch daraus, dass bestimmte Formen je nach Sprachverwendungskontext unterschiedlich bewertet werden: Ob z. B. die Dativ-Rektion nach *wegen* korrekt oder angemessen ist, lässt sich nur entscheiden, wenn man den Kontext der entsprechenden Äußerung berücksichtigt – solchen grammatischen Zweifelsfällen wird man mit der rein präskriptiven Dichotomie von „richtig" und „falsch" nicht gerecht. Gerade solche Fälle aber bieten im Unterricht eine gute Möglichkeit, Normfragen mit Blick auf Sprachvariation und Sprachwandel zu reflektieren und Grammatiken als Norminstanz auch kritisch zu hinterfragen.

Kontrastierung von eigenem und ‚fremdem' Sprechen

Auch durch die Kontrastierung von eigenem und ‚fremdem' Sprechen lassen sich gezielt sprachbezogene Fragen fokussieren. Eine „Schlüsselsituation" (Switalla 1992, S. 32) stellt in dieser Hinsicht die alltägliche Begegnung mit anderen Sprachen dar: mit den verschiedenen Herkunftssprachen der Schüler (→ KAPITEL 10.2), mit den in der Schule gelernten Fremdsprachen und ebenso mit den verschiedenen Sprachverwendungsweisen, denen Kinder und Jugendliche in ihrem Schulalltag begegnen (der unbekannte Dialekt eines Mitschülers, die je eigenen Fachsprachen der anderen Unterrichtsfächer, die oftmals stark jugendsprachlich geprägte Pausenkommunikation usw.). Diese Alltagserfahrungen lassen sich für das gemeinsame Nachdenken über Sprache dadurch fruchtbar machen, dass man die in der Klasse gesprochenen Sprachen bzw. Sprachvarietäten gezielt als Vergleichsobjekte in den Unterricht einbezieht und somit den distanzier-

Sprachenvergleich

ten, ‚fremden' Blick auf die eigene Sprache befördert: Im Sprachenvergleich kann nicht nur das „Fremde vertrauter, sondern auch das ‚Eigene' ein Stück weit ‚fremd', d. h. zum *Gegen*stand werden" (Bremerich-Vos 1999a, S. 27). Darüber hinaus gibt es noch zahlreiche weitere Möglichkeiten, Merkmale des eigenen Sprachgebrauchs durch den Kontrast zum Sprechen und Schreiben anderer zu ‚vergegenständlichen'. Denkbar ist z. B. der Vergleich des uns vertrauten Gegenwartsdeutschen mit Schriftzeugnissen früherer Sprachstufen, der Vergleich unserer Lautsprache mit der Gebärdensprache Gehörloser oder auch der Vergleich menschlicher Sprache mit der ‚Sprache' von Tieren (vgl. Bremerich-Vos 1999b).

‚Verfremdung' von Originaltexten

In vielen Fällen lässt sich die Fokussierung der sprachlichen Ebene auch durch didaktisch motivierte ‚Verfremdungen' von Originaltexten unterstützen. Dabei werden Texte bewusst so verändert, dass die Schüler durch den Eingriff direkt auf ein bestimmtes Sprachphänomen ‚gestoßen' werden. Soll es im Unterricht z. B. darum gehen, die

Leistung von Attributen zu reflektieren, macht eine Zeitungsmeldung, aus der alle Attribute entfernt wurden, die Informationslücken offensichtlich:

> „~~Drei~~ Jungen ~~im Alter von 10 bis 12 Jahren~~ gelang es gestern am ~~späten~~ Nachmittag, den ~~im März zur Welt gekommenen~~ Jungbären ~~Puh~~ an sich zu nehmen und zu entführen. [...]" (Einecke 1999, S. 153).

Ist der Blick der Schüler erst einmal erfolgreich auf die Sprache selbst fokussiert, gilt es im Weiteren den Reflexionsprozess methodisch so zu gestalten, dass die Schüler wo immer möglich durch ein entdeckendes, ‚forschendes‘ Lernen zu Erkenntnissen über Sprache und Sprachgebrauch gelangen können. Zu beachten ist dabei, dass Sprachreflexion in der Schule nicht an einer „Null-Punkt-Situation" (Neuland 1992, S. 8) beginnt, sondern dass Kinder und Jugendliche auch vor und außerhalb der Schule über Sprache nachdenken (→ KA-PITEL 2.3). Schüler verfügen somit immer schon über ein bestimmtes Alltagsverständnis sprachlicher Phänomene und Kategorien, „das meist ein Konglomerat ist aus schulischem Wissen und subjektiver Theorie" (Peyer 2007, S. 89) und das sie als Vorwissen in den Unterricht mitbringen. Wichtig ist daher, dass der sprachreflexive Unterricht den Schülern ausreichend Raum bietet, ihre individuellen Beobachtungen und Hypothesen zu formulieren und im Austausch mit anderen zur Sprache zu bringen. Vorwissen einbinden

Dies gilt insbesondere für die Reflexion grammatischer Strukturen: Die ausgeprägte Ergebnisorientierung des traditionellen Grammatikunterrichts ist heute einer Grundhaltung gewichen, die den Reflexions*prozess* klar ins Zentrum der Unterrichtsarbeit rückt. Als methodisches Grundprinzip wird generell ein induktives Vorgehen favorisiert, das den Schülern, unterstützt durch entsprechende Lernhilfen, ein verstehendes (Nach-)Entdecken strukturbezogener Regularitäten ermöglicht. Induktives Vorgehen als methodisches Grundprinzip

Als wichtiges ‚Handwerkszeug‘ für grammatische Entdeckungen dienen die nach dem Schweizer Sprachdidaktiker Hans Glinz benannten Glinz’schen Proben. Dabei handelt es sich um aus der Linguistik übernommene operationale Verfahren, mit deren Hilfe sich die Schüler handelnd grammatische Kategorien erschließen können. So lassen sich z. B. mithilfe der Umstell-, der Ersatz- und der Weglassprobe zentrale syntaktische Einsichten gewinnen: Operationale Verfahren (Glinz’sche Proben)

- Mit der Umstellprobe kann ermittelt werden, welche Wortgruppen sich im Satz nur als gesamte verschieben lassen: Umstellen
  Der junge Mann träumt seit Jahren von einer Reise nach Paris.

Seit Jahren träumt der junge Mann von einer Reise nach Paris.
Von einer Reise nach Paris träumt der junge Mann seit Jahren.
Was beim Umstellen zusammen bleibt, bildet ein Satzglied.

Ersetzen
- Mit der Ersatzprobe kann geprüft werden, ob sich eine bestimmte Wortgruppe gesamthaft durch ein einzelnes Wort ersetzen lässt: *Er (der junge Mann) träumt andauernd (seit Jahren) davon (von einer Reise nach Paris)*. Auch bei dieser Probe steht die Gewinnung von Satzgliedern im Zentrum.

Weglassen
- Mit der Weglassprobe lässt sich herausfinden, ob eine bestimmte Wortgruppe für einen grammatisch korrekten Satz obligatorisch ist oder nicht: *Der junge Mann träumt ~~seit Jahren~~ von einer Reise nach Paris.* – Aber: **Der junge Mann träumt seit Jahren ~~von einer Reise nach Paris~~*. Auf diese Weise können fakultative Satzglieder ermittelt werden.

Der Umgang mit den Glinz'schen Proben ist aus dem Grammatikunterricht heute nicht mehr wegzudenken (für eine kommentierte Übersicht vgl. Ossner 2006, S. 227–229). Die operationalen Verfahren ermöglichen ein induktives Arbeiten, das die Schüler „an der *Aufstellung* der grammatischen Kategorien beteiligt", anstatt sie, wie im traditionellen Grammatikunterricht üblich, „nur immer den *Resultaten* dieser Prozesse hinterherlaufen" zu lassen (Menzel 1999, S. 14). Allerdings muss man sich als Lehrperson auch der Grenzen dieser Verfahren bewusst sein: Die Handhabung der Proben setzt einen kompetenten Sprecher voraus, der z.B. intuitiv beurteilen kann, ob eine vorgenommene Umstellung grammatisch korrekt ist oder nicht. Besonders Schüler, die Deutsch als Zweitsprache erlernen, können daher die Proben nur begrenzt als Hilfen nutzen.

Notwendigkeit systematischen Lernens

Selbstverständlich sollten auch grammatikbezogene Reflexionen nicht isoliert erfolgen, sondern grundsätzlich an grammatikträchtigen Texten und Situationen ansetzen. Allerdings sind insbesondere im Grammatikunterricht immer wieder auch Phasen systematischen Lernens notwendig, in denen gezielt sprachliche Begriffe und Analyseoperationen eingeführt sowie bereits erworbene Kenntnisse systematisiert und vertieft werden. Nur so kann es gelingen, dass die Schüler nach und nach ein nicht nur bruchstückhaftes, sondern *systematisches* Sprachwissen aufbauen, das zunehmend auch als Analyse- und Beschreibungsinstrumentarium in neuen Sprachreflexionssituationen zur Verfügung steht. In diesem Sinne versucht die Aufgabe in → AB-BILDUNG 29), die Ausbildung von intelligentem, anwendbarem Grammatikwissen zu unterstützen:

> *Ein Junge geht in ein Bekleidungsgeschäft und sagt: „Ich möchte gerne die Jeans im Schaufenster anprobieren!" Da sagt die Verkäuferin: „Du kannst auch gerne die Umkleidekabine benutzen!"*

Was der Junge sagt, kann unterschiedlich verstanden werden.

a) Schreibe das, was der Junge sagt, so auf, wie er es wahrscheinlich meint. Achtung: Deine Formulierung muss eindeutig sein!
b) Stell dir vor, der Junge wollte tatsächlich das machen, was die Verkäuferin versteht. Wie könnte er das auf eindeutige Weise fordern?
c) Erkläre, warum der Satz des Jungen zweideutig ist. Du kannst dabei grammatische Proben verwenden.
d) Wie kann man die zwei unterschiedlichen Bedeutungen mit grammatischen Fachausdrücken beschreiben?

Abbildung 29: Eine Aufgabe zum Attribut (Gornik / Granzow-Emden 2008, S. 135)

Die Aufgabe stellt mit dem gewählten Sprachwitz einen grammatikträchtigen Text ins Zentrum, zu dem vier aufeinander aufbauende Teilaufgaben formuliert werden. Verlangt ist zunächst, die zweideutige Äußerung des Jungen, auf der die Pointe des Witzes beruht, so zu paraphrasieren, dass Gemeintes (a) und Verstandenes (b) in jeweils eindeutiger Formulierung vorliegt. Damit ist Teilaufgabe (c), die eine Erklärung für das witzige Missverständnis einfordert, bereits sinnvoll vorbereitet: Durch Umstellen *(Ich möchte die Jeans gerne im Schaufenster anprobieren.)* oder Ersetzen *(Ich möchte gerne die Jeans anprobieren, die im Schaufenster hängt.)* lässt sich die Phrase *im Schaufenster* als diejenige Einheit identifizieren, deren Funktion im Satz auf verschiedene Weise interpretiert werden kann.

Paraphrasieren

Grammatische Proben nutzen

Entscheidend ist: Für das Aufdecken der syntaktisch bedingten Mehrdeutigkeit ist eine alltagssprachliche Erklärung der Pointe völlig ausreichend – sofern die entsprechenden Termini eingeführt sind, sollten sich die Schüler aber auch an der fachsprachlichen Beschreibung (d) der beiden syntaktischen Funktionen (satzbezogene Adverbiale vs. Attribut zum Substantiv *Jeans*) versuchen. Und für den, der wirklich ‚begriffen' hat, wie dieser Sprachwitz funktioniert, dürfte es eigentlich ein Leichtes sein, selbst einen analog strukturierten Sprachwitz zu erfinden.

Alltagssprachliche und fachsprachliche Beschreibung

Fragen und Anregungen

- Geben Sie einen Überblick über die verschiedenen Teilfelder schulischer Sprachreflexion.

- Nennen und erläutern Sie die zentralen Ziele des Gegenstands-feldes „Sprache und Sprachgebrauch untersuchen". Gehen Sie in diesem Zusammenhang auch auf den Unterschied von begriff-lichem und terminologischem Lernen ein.

- Konzipieren Sie eine sprachreflexive Lernaufgabe zu einem selbst gewählten Gegenstand, die – analog zu der in → KAPITEL 9.3 vor-gestellten Aufgabe – an einem authentischen Text ansetzt. Formu-lieren Sie konkrete Teilaufgaben, die den Reflexionsprozess der Schüler anregen und unterstützen können.

Lektüreempfehlungen

- **Wolfgang Boettcher: Grammatik verstehen**, 3 Bde. (I – Wort, II – Einfacher Satz, III – Komplexer Satz), Tübingen 2009. *Das drei-bändige Studienbuch für Lehramtsstudierende behandelt ausführ-lich und durchweg vergnüglich die klassischen Gegenstände der Grammatikschreibung.*

- **Hildegard Gornik: Methoden des Grammatikunterrichts**, in: Ursula Bredel u. a. (Hg.), Didaktik der deutschen Sprache, Bd. 2, Paderborn 2003, S. 814–829. *Sehr gute Darstellung historischer und aktueller Konzeptionen des Grammatikunterrichts.*

- **Peter Klotz: Grammatikdidaktik – auf dem Prüfstand**, in: Klaus-Michael Köpcke / Arne Ziegler (Hg.), Grammatik in der Universität und in der Schule. Theorie, Empirie und Modellbildung, Tübingen 2007, S. 7–32. *Der Beitrag vermittelt einen guten Einblick in den gegenwärtigen Stand der grammatikdidaktischen Diskussion.*

- **Winfried Ulrich: Sprachspiele**. Texte und Kommentare. Lese- und Arbeitsbuch für den Deutschunterricht, Aachen 1999. *Eine nach linguistischen Gesichtspunkten geordnete Anthologie sprach-spielerischer Texte – eine Fundgrube für den sprachreflexiven Unterricht!*

10 Sprachunterricht in mehrsprachigen Klassen

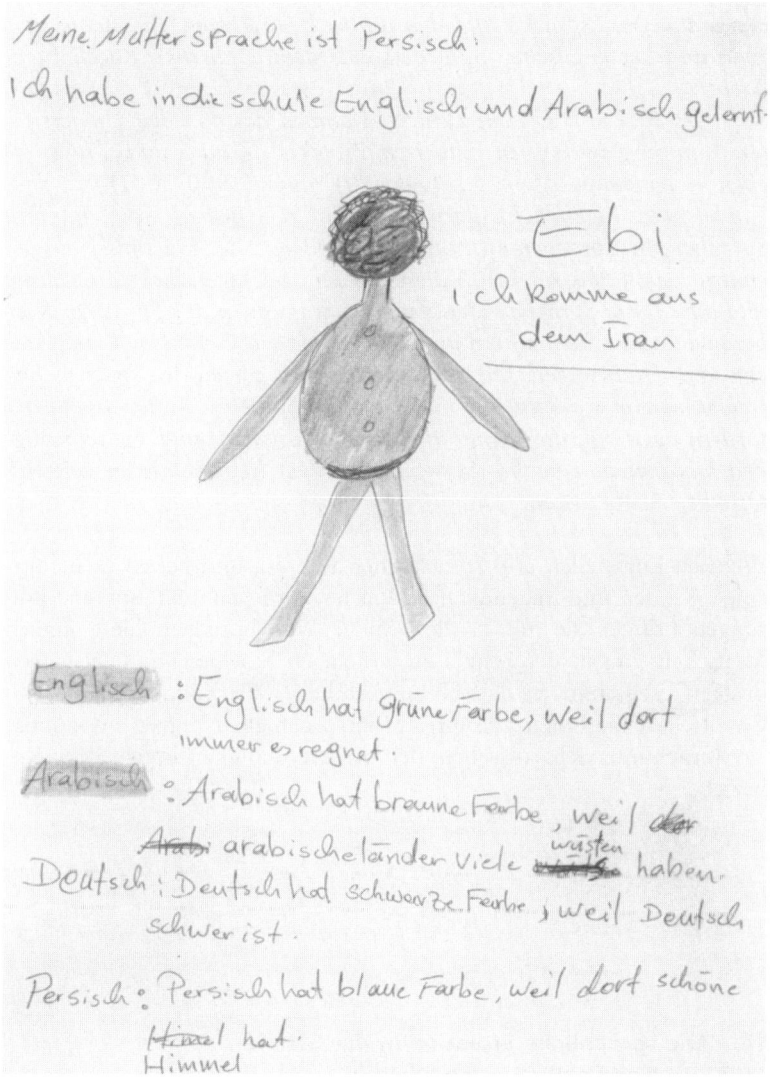

Meine Muttersprache ist Persisch.
Ich habe in die schule Englisch und Arabisch gelernt.

Ebi
ich komme aus
dem Iran

Englisch : Englisch hat grüne Farbe, weil dort
immer es regnet.

Arabisch : Arabisch hat braune Farbe, weil ~~der~~
~~Arabi~~ arabische länder viele ~~wüsten~~ haben.

Deutsch : Deutsch hat schwarze Farbe, weil Deutsch
schwer ist.

Persisch : Persisch hat blaue Farbe, weil dort schöne
Himmel hat.
Himmel

Abbildung 30: „Arabisch hat braune Farbe, weil ...“ (Krumm / Jenkins 2001)

*Ebi aus dem Iran zeigt in seinem Sprachenportrait, mit welchen Far-
ben und Körperteilen er ‚seine' Sprachen verbindet. Deutsch, die
Sprache, die er lernt, ist der Farbe Schwarz und seinem Kopf zugeordnet, „weil Deutsch schwer ist". Sein Rumpf ist Persisch und blau,
„weil dort schöne Himmel hat", braun sind die Arme, verbunden mit
der arabischen Sprache und den arabischen Wüsten, die Beine sind
grün und der englischen Sprache sowie dem englischen Regen zuge-
dacht.*

*Dieses Bild von Ebi entstand im Rahmen des von den Universitä-
ten Hamburg und Wien initiierten Projekts „Kinder und ihre Sprachen – lebendige Mehrsprachigkeit"(Krumm 1990–2001), in dem
Kinder und Jugendliche dazu aufgefordert wurden, sich und ihre
Sprachen in Sprachenportraits darzustellen. Die Ergebnisse zeigen
eindrucksvoll, wie stark sich diese Kinder und Jugendlichen mit ihren
und durch ihre Sprachen identifizieren. Sie ordnen den Sprachen Kör-
perteile und Farben zu und verbinden diese mit Gefühlen, Einstellungen und Erfahrungen. Die Sprachenportraits zeigen den sprachlichen
Reichtum von Kindern, die mit mehreren Sprachen aufwachsen, und
fordern dazu auf, die Lerner in ihrer Individualität und Vielschichtigkeit wahrzunehmen, ihre Sprachbewusstheit konstruktiv in den Unterricht einzubeziehen.*

Welchen kulturellen und sprachlichen Hintergrund haben mehrsprachige Kinder und Jugendliche? Welche Sprachen und Spracherfahrungen bringen sie mit in die Schule? Was brauchen diese jungen
Menschen, um in der Schule zu lernen, zu bestehen, und ihr Leben
in der Gesellschaft erfolgreich zu gestalten? Wie können Schule und
Gesellschaft die Potenziale ihrer Mehrsprachigkeit nutzen? Wie muss
ein Sprachunterricht aussehen, der Mehrsprachigkeit konstruktiv einbezieht?

10.1 Die sprachliche Situation in der Schule
10.2 Interkulturelle Sprachdidaktik
**10.3 Didaktische Prinzipien des Sprachunterrichts in
mehrsprachigen Klassen**

10.1 Die sprachliche Situation in der Schule

Ebi ist einer der zahlreichen Schüler, die mit einer anderen Erstsprache als Deutsch in deutschsprachigen Ländern zur Schule gehen und dort die deutsche Sprache lernen. Die Sprachenvielfalt in deutschen Schulklassen ist teilweise erheblich: Manchmal sind dort zehn verschiedene Sprachen versammelt, ohne dass diese im Unterricht Erwähnung oder Berücksichtigung finden. Fragt man Lehrende, ob sie wissen, welche Sprachen in ihrer Klasse gesprochen werden oder wie viele Schüler andere Sprachen sprechen, so stößt man häufig auf zwei sehr unterschiedliche Reaktionen. Die einen drücken Verwunderung und Erstaunen aus, verbunden mit der Aussage, dass die Kinder und Jugendlichen in ihrem Unterricht als Anderssprachige gar nicht auffallen und nicht besonders zu berücksichtigen sind. Die anderen reagieren abwehrend und mutlos, verbunden mit der Aussage, dass anderssprachige Kinder und Jugendliche durchaus auffälliges Verhalten zeigen, was sie auf die mangelnde Beherrschung der deutschen Sprache und den soziokulturellen Hintergrund zurückführen (vgl. Chlosta / Ostermann 2008).

Diese Reaktionen weisen deutlich auf ein Problem hin, das im Unterricht mit Kindern unterschiedlicher Erstsprachen vorherrscht: In beiden Fällen wird nicht angemessen auf die besonderen Umstände des schulischen Lernens in mehrsprachigen Situationen eingegangen.

Verschiedene Forschungsrichtungen aus der Interkulturellen Pädagogik, der Spracherwerbsforschung und der Bildungsforschung beschäftigen sich seit mehreren Jahrzehnten mit der besonderen Lebens- und Lernsituation von Menschen mit Migrationshintergrund (vgl. insbesondere Auernheimer 2006). Ihre Erkenntnisse haben zwar Eingang in die Fremd- und Zweitsprachendidaktik gefunden, sind im regulären Deutschunterricht bisher allerdings zu wenig berücksichtigt worden. Erst die PISA-Studie 2000 hat durch ihre Ergebnisse den engen Zusammenhang zwischen einem Migrationshintergrund und dem mangelnden Bildungserfolg gerade für Deutschland herausgestellt. Spätestens seit diesem Zeitpunkt wird der Lernsituation für Kinder und Jugendliche mit einer anderen Erstsprache in der Bildungspolitik hohe Aufmerksamkeit geschenkt, die sich etwa in der Einrichtung von Sprachfördermaßnahmen, Kultur-Begegnungsprogrammen oder in schulbegleitenden pädagogischen Maßnahmen zeigt. Der reguläre Deutschunterricht kann von diesen stützenden Maßnahmen profitieren, aber es bleibt dennoch seine Aufgabe, diese

Mehrsprachige Lernsituation

Migration – Bildung – Bildungspolitik

Schüler in der Ausbildung ihrer sprachlichen Handlungsfähigkeit in der deutschen Sprache gezielt zu unterstützen.

Um Unterricht in einer sprachheterogenen Lerngruppe didaktisch und methodisch angemessen entwickeln und planen zu können, müssen die Formen der sprachlichen Heterogenität und der schulische Umgang damit betrachtet werden.

Zuwanderungs-bewegungen

Die Formen der Sprachheterogenität in den mehrsprachigen Lerngruppen deutscher Schulen spiegeln die verschiedenen Zuwanderungsbewegungen im Deutschland der letzten 50 bis 60 Jahre wider. Die größte Gruppe bilden Schüler mit einem russischen oder einem türkischen Migrationshintergrund, gefolgt von Kindern mit Herkunftssprachen aus dem ehemaligen Jugoslawien. Daneben finden sich viele Kinder und Jugendliche, die in ihren Familien Polnisch, Griechisch oder andere europäische Sprachen sprechen. Sprachen aus afrikanischen Ländern, aus Südamerika, aus Asien, speziell aus dem Iran und Irak sind ebenfalls vertreten.

Migrationshinter-grund vs. Sprachhintergrund

Die Erhebungen vom Statistischen Bundesamt zur Migrationssituation liefern keine ausreichende Grundlage für bildungspolitische Maßnahmen zur Sprachförderung, denn durch sie lassen sich weder die Sprachkompetenzen in der Erstsprache noch die in der Zweitsprache ermitteln (vgl. Chlosta / Ostermann 2008). Mehrsprachigkeit wird durch unterschiedlichste Faktoren bestimmt, und nur auf Grundlage von Migrationshintergrund und Sprachhintergrund (etwa der familiären Sprachsituation) gemeinsam lassen sich unterschiedliche Schülergruppen identifizieren:

In Deutschland geborene Kinder Eingewanderter

- Kinder und Jugendliche, die in Deutschland geboren sind und deren Eltern (teilweise auch schon deren Großeltern) bereits vor Geburt der Kinder nach Deutschland eingewandert sind. Mit diesen Kindern wird in der Familie teilweise Deutsch gesprochen, teilweise in einer der Herkunftssprachen. Das Niveau der sprachlichen Fähigkeiten ist bei den Bezugspersonen unterschiedlich gut ausgebildet (vgl. Dírím / Müller 2007).

Aussiedler und ihre Kinder

- Kinder und Jugendliche aus Aussiedlerfamilien (häufig mit einem sprachlichen Hintergrund wie Russisch oder Ukrainisch), die erst vor kurzer Zeit die deutsche Staatsbürgerschaft erworben haben und noch gar kein Deutsch sprechen.

Flüchtlinge und Asylbewerber

- Kinder und Jugendliche mit einem unsicheren Aufenthaltsstatus oder ungeklärter Verweildauer der Familien bzw. minderjährige alleinreisende Flüchtlinge, die sich in Deutschland aufhalten. Ihre sprachlichen Fähigkeiten und ihre sprachliche Lebenssituation werden durch die Daten zum Migrationshintergrund nicht festgehalten.

Sehr häufig ist bei den Lehrenden kein Bewusstsein für die besondere sprachliche und damit auch die fachliche Lernsituation dieser Kinder und Jugendlichen vorhanden. Dies gilt sowohl für Deutschlehrer als auch für Fachlehrkräfte des gesellschaftlichen und naturwissenschaftlichen Bereichs. Oftmals lassen organisatorische Bedingungen keine Möglichkeiten zur Förderung zu. Lehrende und Schüler sind in mehrsprachigen Lernsituationen häufig auf sich allein gestellt. Für viele Kinder und Jugendliche mit nicht-deutscher Familiensprache gibt es die Möglichkeit zur Teilnahme in extra eingerichteten Lerngruppen oder -kursen in Deutsch als Zweitsprache (DaZ), jedoch gibt es auch viele Schüler, die trotz Bedarf keine gesonderte Sprachförderung erhalten oder an deren Schulen keine diesbezüglichen Fördermöglichkeiten bestehen (vgl. Rösch 2009; → ASB RÖSCH).

Schulische Rahmenbedingungen

Fördermöglichkeiten sind allerdings dringend notwendig. Da Wissenserwerb und Wissensvermittlung in fast allen Fächern zum überwiegenden Teil auf der Basis von Texten erfolgen, wirken die unterschiedlichen sprachlichen und sozialen Hintergründe der Schüler in erheblichem Maße auf die schulische Situation ein. Die Fähigkeiten des Textverstehens und die der eigenen Textproduktion zählen zu den zentralen Voraussetzungen schulischen Lernens. Dies umfasst zum einen die Fähigkeit, Wissen zu speichern und zu strukturieren (z. B. in Form von Tafelanschrieben oder eigenen Heftaufzeichnungen, das Verfassen von Protokollen), zum anderen den Umgang mit Fachtexten. Deren spezifische Textsorten und ihre grammatisch-syntaktischen Strukturen (Fachwortschatz, Nominalisierungen, Passivkonstruktionen, Imperfektverwendungen, komplexe Attribute usw.) müssen im Sprachunterricht aufgenommen und reflektiert werden.

Fachliches und sprachliches Lernen

10.2 Interkulturelle Sprachdidaktik

Dass im deutschen Schulsystem Sprachheterogenität so wenig berücksichtigt wird, hängt stark damit zusammen, wie die Gesellschaft insgesamt mit Mehrsprachigkeit umgeht. Die Situation in Deutschland stellt sich anders dar als in gewachsenen Einwanderungsländern, in denen grundsätzlich zwei oder mehrere Sprachen in der Bevölkerung gesprochen werden (z. B. in Kanada). Auf die zwischen 1956 und 1973 erfolgten Zuwanderungsbewegungen der sogenannten „Gastarbeiter" wurde erst sehr spät offiziell reagiert, nämlich mit gesellschaftlichen und pädagogischen Bemühungen durch die Ausländerpädagogik. Integration muss in dieser Zeit als das Bestreben nach Anpassung (Assimila-

Ausländerpädagogik: Integration gleich Assimilation

tion) an die vorherrschende Sprache und Kultur in Deutschland verstanden werden. Neben dem Unterricht in Deutsch als Muttersprache (DaM) fand in Unterstützungskursen Deutsch als Zweitsprachenunterricht (DaZ) statt. Zu diesem Zweck wurden meistens Vorbereitungsklassen eingerichtet, was oftmals eine Segregation, also eine sprachliche und räumliche Trennung von Kindern der Regelklassen zur Folge hatte.

Ende der 1980er-Jahre veränderte sich die Situation erheblich, da mit den (Spät-)Aussiedlern aus der ehemaligen Sowjetunion, Polen und Rumänien große Gruppen nach Deutschland kamen, die das sprachliche und kulturelle Bild in der Gesellschaft aktiv mitgestalteten. Die Politik förderte neben der Einrichtung von Volkshochschulsprachkursen spezielle Lehrerfortbildungen, die gezielt auf Aussiedler-Sprachkurse vorbereiteten, weiterhin finanzielle Maßnahmen zur Erstellung von Fortbildungsmaterialien.

Interkulturelle Pädagogik

In den 1990er-Jahren fand die Interkulturelle Pädagogik vermehrt Beachtung, die die Integration der Herkunftskulturen in Deutschland und die Stützung der kulturellen Identität von Sprechern anderer Sprachen aus anderen Ländern anstrebte. Interkulturelle Modelle waren sehr vielschichtig und zunächst grundsätzlich fachübergreifend und in Form von Projekten gestaltet.

Mit der Erkenntnis, dass Zweitsprachenunterricht, der sich auf die sprachliche Förderung konzentriert, allein nicht ausreicht, um Kinder und Jugendliche erfolgreich in die deutsche Gesellschaft zu integrieren, entwickelte sich aus der Interkulturellen Pädagogik zunehmend eine Interkulturelle Sprachdidaktik, die sich an *alle* Schüler in den Regelklassen richtet. Unter einer solchen Didaktik ist ein übergreifendes Prinzip des interkulturellen Unterrichts zu verstehen, das sich von punktuell fokussierten interkulturellen Projekten oder Maßnahmen abhebt (vgl. Oomen-Welke 2008a; Holzbrecher 2008) und stattdessen die sprachlichen Hintergründe aller Kinder und Jugendlichen der Klasse einbezieht.

Interkultureller Sprachunterricht

Der Kerngedanke des interkulturellen Lernens im Sprachunterricht ist, dass sich die Ausbildung der Persönlichkeit durch den Austausch mit anderen mittels der Sprache vollzieht. Da mit der Sprache Kultur und Weltverständnis transportiert werden, werden diese auch im Sprachunterricht thematisiert. Ein interkultureller Sprachunterricht zeigt sich in Lernsituationen, in denen Sprachen zum Gegenstand der Betrachtung und zum Gegenstand des Lernens werden. „Interkulturelles Lernen beinhaltet konstitutiv selbstreflexives Lernen, d. h. die Erkenntnis der Kulturbedingtheit der eigenen Wahrnehmung." (Holzbrecher 2008, S. 122)

Der Sprachdidaktiker Hubert Ivo spricht in seiner Studie *Jenseits von Babylon* von einer „Interkulturellen Herausforderung" (Ivo 2000) (→ KAPITEL 2; → ASB LEUBNER/SAUPE/RICHTER KAPITEL 14.3), die natürlich nicht allein den Sprachunterricht, sondern den gesamten Deutschunterricht und das sprachliche Lernen in allen Fächern betrifft. Interkulturelles Lernen findet statt, wenn Sprachen in ihren Strukturen, in der Bedeutung von Begriffen und ihrer kulturellen Eingebundenheit wahrgenommen werden, wenn Sprachen in ihren Verwendungssituationen verglichen und analysiert werden und wenn ihre Auswirkungen auf die eigene Wahrnehmung und die Entwicklung der eigenen Persönlichkeit erkannt und reflektiert werden (→ KAPITEL 9). Im Austausch darüber können neue Sichtweisen auf die Wirklichkeit und auf die eigene und fremde Sprache(n) entwickelt werden. Durch das gemeinsame Lernen an der Sprache und in der Sprache entstehen Lernsituationen, in denen eigene Vorstellungen von sprachlich vermittelten Kultur- und Weltvorstellungen ausgetauscht werden. Daraus kann ein gemeinsames Bemühen um Konstruktionen von Welt, von Werten, von Kultur entstehen. So ist z. B. das Thema „Familie" stets relevant und die Bezeichnungen der Familienmitglieder geben eine Vorstellung von Beziehungsverhältnissen der Familienmitglieder untereinander: im Russischen gibt es für *Bruder* und *Cousin* nur einen Begriff, für das deutsche Wort *Großmutter* oder *Oma* existieren aber zwei Bezeichnungen, in denen die Mutter der Mutter bzw. die Mutter des Vaters unterschieden werden. Die sprachlichen Erfahrungen und Kenntnisse aller Schüler erfahren in solchen Lernsituationen Wertschätzung. Die Sprachlernerfahrungen können gemeinsam genutzt werden. Dabei werden die Heterogenität der Lerngruppe und eine differenzierte Förderung des Sprachenlernens und des interkulturellen Lernens berücksichtigt. Deutschunterricht bezieht die aktuelle und vergangene Lebens- und Erfahrungswelt der Kinder und Jugendlichen mit ein (vgl. Luchtenberg 1999; Knapp-Potthoff 1997).

In enger Verbindung mit dem Interkulturellen Lernen stehen Language-Awareness-Konzepte. Language Awareness (= wörtlich übersetzt: Sprachbewusstsein oder Sprachbewusstheit) ist eine zusammenfassende Bezeichnung für verschiedene Ansätze zur Sensibilisierung für Sprache, ihre Form, Struktur und ihren Gebrauch, die seit 1980 in Großbritannien entwickelt wurden und sich auf die sprachliche Förderung und Integration sprachlicher Minderheiten im Regelunterricht beziehen. Language Awareness wurde maßgeblich von dem Briten Eric Hawkins (*Awareness of Language*, 1985) geprägt

Interkulturelle Herausforderung

Reflexion über Sprache, Kultur, Denken

Language Awareness

und hat seine Wurzeln im angloamerikanischen Sprachraum. Sein grundlegender Ansatz ist, dass andere Sprachen hilfreich für den Lernprozess in der Landessprache und im Lernen der Fremdsprache sind.

Ziele Language-Awareness (LA)-Ansätze verfolgen sprachliche, soziale und kulturelle Ziele: Die Sprachkompetenz in der Muttersprache und in der Fremdsprache werden verbessert. Eine größere Sprachbewusstheit wird erzeugt. Ein grundsätzliches Interesse für Sprachen, sprachliche Phänomene und eine Sensibilisierung für Erscheinungen in der eigenen und der fremden Sprache werden geweckt. Metasprachliche Kenntnisse über verschiedene Sprachen werden erworben und ausgebaut.

Aufwertung von Minderheitensprachen Zusätzlich erfährt die Rolle von ethnischen Minderheitensprachen eine Aufwertung: Sie werden in den Lernprozess mit einbezogen, da sie zum Erwerb der Zweitsprache positiv beitragen können und ihre Anerkennung eine schulische und gesellschaftliche Integration der Minderheiten begünstigt.

Language Awareness hat sich über den angloamerikanischen Sprachraum hinaus weltweit verbreitet und ist für den Zweit- und Fremdsprachenerwerb weiter entwickelt worden. Die LA-Ansätze greifen verschiedene Aspekte von Sprache und sprachlichem Handeln auf, von sozialen, ethnischen und politischen bis hin zu philosophischen, grammatischen und sprachstrukturellen Fragen (vgl. z. B. Fairclough 1992; James / Garrett 1992).

Sprachbewusstheit Im deutschsprachigen Raum wird der Language-Awareness-Gedanke für die Fremd- und Zweitsprachendidaktik meist unter der Bezeichnung Sprachbewusstheit und in Zusammenhang mit interkulturellen Konzepten verwendet (vgl. Luchtenberg 2008; Neuland 2002; Wolff 2002).

Vielsprachiger Deutschunterricht Unter der zunächst widersprüchlich klingenden Bezeichnung „Vielsprachiger Deutschunterricht" ist für den Deutschunterricht in mehrsprachigen Klassen ein Konzept entwickelt worden, das die verschiedenen vorhandenen Sprachen wahrnimmt und nutzt. Ziel ist die Förderung einer wachen, fragenden Haltung gegenüber Sprachen (vgl. Oomen-Welke 1999). Sie soll zur Untersuchung von Aufbau, Struktur und Wirkungsformen von Sprache motivieren und anleiten sowie zu neuen Einsichten in die deutsche Sprache, zum Aufbau sprachlichen Wissens und zur Einsicht in die Vielfalt von Sprachen führen. Sprachwissen geht über das herkömmliche grammatische Wissen hinaus und umfasst Wissen um Gemeinsamkeiten und Verschiedenheiten von Sprachen. Es bezieht sich auf mögliche andere oder allgemeine Bauformen von Sprache ebenso wie auf die Rolle und den Wert der Sprachen (vgl. Oomen-Welke 2003, S. 453; → KAPITEL 2).

Die Sprachdidaktikerin Ingelore Oomen-Welke skizziert für einen vielsprachigen Deutschunterricht ein Konzept für eine interkulturelle Sprachdidaktik (Oomen-Welke 2008). Darin werden Dialekte, Fremdsprachen und Herkunftssprachen im Deutschunterricht in unterschiedlichen Aspekten thematisiert. Diese beziehen sich auf folgende Bereiche:

Sprachenvielfalt und interkulturelle Sprachdidaktik

- Nachdenken über Sprachen allgemein, ihre Entstehung, ihre derzeitige Verwendung;
- Analyse verschiedener Schriften und Sprachsysteme und syntaktischer Strukturen;
- Vergleich zwischen den Sprachen und im Hinblick auf die Schwierigkeiten des Erlernens der Zweitsprache.

Der Lerner trägt in diesem Konzept durch seinen eigenen sprachlichen Hintergrund und seine sprachaufmerksamen Aktivitäten zu seiner Ausbildung von sprachlicher Handlungsfähigkeit bei.

Um die sprachlichen Kompetenzen zu fördern, muss der Unterricht auf verschiedenen Ebenen ansetzen: auf funktionaler und kommunikativer Ebene, ebenso auf der Ebene des Erwerbs von Sprachwissen und auf der Ebene der Reflexion über Sprache hinsichtlich ihrer verschiedenen Wirkungsbereiche (vgl. Oomen-Welke 2008a, S. 480).

Entwicklung von sprachlichen Kompetenzen

Einen Vorschlag zur unterrichtlichen Umsetzung stellt der „Sprachenfächer" dar (Oomen-Welke 2006, ausgezeichnet mit dem ersten Preis im Wettbewerb Europäisches Sprachensiegel 2008). Er besteht aus verschiedenen Themensammlungen für die vierten Klassen bis in die Sekundarstufe I („Höflichkeit", „Benimm bei Tisch – Begrüßung und Anrede", „Körpersprachen", „Personennamen: Vornamen, Familiennamen", „Fremdwörter – Internationale Wörter – Internationale Wortbausteine"). Kinder mit unterschiedlichen Familiensprachen werden angeregt, sprachliche wie kulturelle Verschiedenheiten und Gemeinsamkeiten zu reflektieren. Dabei werden alle Sprachen in den Unterricht einbezogen.

Beispiel „Sprachenfächer"

Ein Curriculum für sprachsensibilisierenden Unterricht in mehrsprachigen Klassen in der Sekundarstufe sieht vor, sowohl interkulturelle Inhalte als auch Inhalte zur Darstellung der eigenen Persönlichkeit und der Entwicklung einer sozialen Identität (im Rahmen der Klassengemeinschaft) mit sprachstrukturellen und sprachfunktionalen Aspekten zu verbinden (Budde 2000). In diesem Modell werden z. B. in der Unterrichtseinheit „Anders sein – Andere Länder – Anderes

Beispiel: Curriculum Sprachsensibilisierung

Leben" Sachtexte verschiedenen Formats zum fächerübergreifenden Themenkomplex „Orientierung auf der Erde" unter dem Thema „Schule – eigene und fremde Erfahrungen" erarbeitet, Wortfelder systematisch erschlossen (z. B. Unterrichtsfächer, Leistungsbeurteilungen, Interessen, Lern- und Arbeitsmöglichkeiten), sowie Wortlisten angelegt und die Arbeit mit dem Wörterbuch intensiviert. Familienangehörige mit ausländischen Schulerfahrungen werden zu einem Interview eingeladen. Das Interview wird sprachlich, z. B. durch offene und geschlossene Fragen und durch W-Fragen („Wie lange sind Sie dort zur Schule gegangen? Welche Fächer wurden unterrichtet? Trugen Sie eine Uniform? Können Sie Ihren Schulweg beschreiben?"), und inhaltlich vorbereitet.

10.3 Didaktische Prinzipien des Sprachunterrichts in mehrsprachigen Klassen

Die Lernsituation von Kindern mit Migrationshintergrund stellt durch die Vielschichtigkeit der Zwei- und Mehrsprachigkeit sowohl für die Lernenden als auch für die Lehrenden eine besondere Herausforderung dar. Höchste Priorität für die Schüler hat es, die Sprache zu erlernen, die in der Schule gesprochen wird. Sie ist für das Lernen in allen Fächern wichtig, nicht nur für das Lernen im Deutschunter-

Erlernen sprachlicher Handlungsfähigkeit

richt. Zudem ist sprachliche Handlungsfähigkeit in der deutschen Sprache notwendig, um das Leben in der deutschsprachigen Gesellschaft angemessen zu bewältigen: Die Beherrschung der Verkehrssprache ist „unabdingbare Voraussetzung für eine gesellschaftliche Integration" (Ott 2008, S. 203). Im Rahmen des interkulturellen Sprachenlernens muss es also vorrangig um den Ausbau der sprachlichen Handlungsfähigkeit in der deutschen Sprache gehen (vgl. Haueis 2007, S. 33ff.).

Didaktische Prinzipien

Auch an die Lehrenden sind besondere Ansprüche gestellt. Sie müssen für den Regelunterricht Deutsch in mehrsprachigen Klassen Kenntnisse über didaktische Konzepte aus der Zweitsprachendidaktik erwerben, um Kinder mit nicht-deutscher Familiensprache sprachlich angemessen zu fördern. Die Didaktik des Zweitspracherwerbs bezieht ihre Grundlagen aus der Fremd- und Zweitspracherwerbsforschung, die Erklärungshypothesen über den Erwerbsprozess entwickelt hat. Daraus lassen sich Prinzipien für den Unterricht in DaZ ableiten, die auch für den Regelunterricht relevant sind (→ ASB RÖSCH).

Der Erwerb der neu zu lernenden Sprache vollzieht sich schrittweise. Die einzelnen Schritte im Erwerbsprozess lassen sich als Zwischenschritte beschreiben und sind nicht als Defizite, sondern als Sprachlernstände zu betrachten. Auf der Grundlage des Lernstandes können gezielt die weiteren Lernschritte geplant werden. Die Interlanguagehypothese (Selinker 1972) beschreibt die einzelnen Schritte im Erwerbsprozess als Lernersprachen, die jeweils in einer bestimmten Phase im Erwerbsprozess einen bestimmten Sprachstand aufweisen. Zusätzlich sind zur Einschätzung der sprachlichen Fähigkeiten auch die Dauer, Intensität und Qualität (gesteuert, ungesteuert) des Sprachenlernens zu berücksichtigen. Es wird angenommen, dass mindestens sieben bis neun Jahre gesteuertes Sprachenlernen nötig sind, um einen nahezu vollständigen Erwerb der zweiten Sprache zu erreichen.

1. Lernersprachen

In einem Unterricht, der Lernersprachen gezielt berücksichtigt, könnte ein Schüler, der z. B. schon Sätze mit einem flektierten Verb (im Präsens) bilden kann, darin gefördert werden, die verschiedenen Tempusformen zu lernen. Kann er einen Satz mit Subjekt und Verb bilden, könnte er z. B. im Bereich der Verbklammer gefördert werden (vgl. Kniffka / Siebert-Ott 2007; Budde / Schulte-Bunert 2009; → KAPITEL 11). Wenn es zu Formulierungen kommt wie *Ich habe geesst*, zeigt dies, dass der Schüler das Perfekt als Vergangenheitsform bereits gelernt hat, jedoch die verschiedenen Formen der Partizipbildung noch explizit lernen muss (vgl. Rösch 2009).

Beispiel Sprachlernstand

Der Einfluss der Erstsprache bzw. der Familiensprache auf das sprachliche Lernen muss in den Lernprozess eingebunden werden. Er kann für den Zweitspracherwerbsprozess sowohl förderlich als auch hinderlich sein. Die Auswirkungen der Erst- auf die Zweitsprache, die sich häufig in Übertragungsfehlern (Interferenzen) zeigen, werden auf theoretischer Ebene mit der Kontrastivitätshypothese (Richards 1974) beschrieben, auf deren Grundlage auch die notwendigen didaktischen Entscheidungen getroffen werden. So können gleich oder ähnlich klingende Wörter, die aber in beiden Sprachen verschiedene Bedeutungen haben, fehlerhaft benutzt werden (false friends): z. B. gibt es für das deutsche Wort *Armut* ein gleichlautendes türkisches Wort <armut>, das aber den Begriff <Birne> bezeichnet. Eine in der Erstsprache verwendete grammatische Struktur, z. B. eine Tempusform, kann auf die zweite Sprache übertragen werden, auch wenn diese ihre Tempusform anders bildet. Umgekehrt können sich Ähnlichkeiten zwischen den Sprachen (Flexion, Satzbau, Wortbildung usw.) auch förderlich auf den Zweitspracherwerb auswirken (vgl. Oomen-Welke 2008b).

2. Einfluss der Erstsprache

Erstsprach-
erfahrungen
einbeziehen

Da z. B. die türkische und die russische Sprache keine Artikelwörter kennen, ist es für Lerner mit türkischem oder russischem Hintergrund notwendig, explizit auf diese Besonderheit einzugehen. Deshalb müssen Nomen immer mit dem dazugehörigen Artikel gelernt
und geübt werden. Auf morphologischer Ebene ist die Betrachtung
der Wortbildungen aufschlussreich: An den Wortstamm werden in
der türkischen Sprache Endungen gehängt, die eine eindeutige Funktion haben. Im Deutschen dagegen werden diese Funktionen etwa
durch Funktionswörter wie Präpositionen oder Pronomen getragen
(*ev – Haus; evim – mein Haus; evimde – in meinem Haus*).

Sprecher von Sprachen mit einem anderen Lautinventar benötigen
zusätzliche Laut- und Ausspracheübungen, da sie die für sie ungewohnten Laute oft akustisch nicht differenziert wahrnehmen, das Ge-
sagte nicht immer verstehen und sich die Aussprache schwierig gestaltet. So besitzt die deutsche Sprache viele Vokale (inklusive der
Diphtonge, also der Doppellaute wie *ei, au* etc.), die sich durch unterschiedliche Lautqualitäten (Länge, Kürze) bedeutungsunterschei-
dend auswirken (*Aale / alle – Hüte / Hütte*). Dieses Phänomen ist z. B.
im Türkischen und Polnischen unbekannt. Beim Sprechen und Zuhören sollte großer Wert auf das Erlernen einer normgerechten Aussprache und auf genaues Zuhören gelegt werden (→ KAPITEL 5). Lehrer
dienen dabei als Sprachvorbilder.

Auch das Schreibenlernen mithilfe einer Anlauttabelle kann bei
Kindern mit nicht-deutscher Familiensprache zum Problem werden.
Denn häufig verbinden sie das mit dem Anlaut verbundene Bild mit
dem Wort aus ihrer Erstsprache (z. B. beim Bild *Ball* nicht den Anlaut <b>, sondern den Anlaut <t> für Türkisch *top*) (→ KAPITEL 4).

Beim Schreiben und Richtig schreiben muss berücksichtigt werden, dass die Großschreibung innerhalb des Satzes nur im Deutschen
üblich ist. Sie muss daher mit Schülern, die schon in einer anderen
Sprache alphabetisiert worden sind, explizit geübt werden. Auf Län-
gen- und Dehnungszeichen und Möglichkeiten der Zusammenschrei-
bungen muss ausdrücklich hingewiesen werden (vgl. Budde / Schulte-
Bunert 2009, S. 23ff.) (→ KAPITEL 8).

3. Alltagssprache –
Unterrichtssprache

Für den schulischen Erfolg ist es notwendig, dass die Schüler den
Unterschied zwischen der im Alltag verwendeten Sprache und der
Sprache in der Schule erkennen. Schüler müssen ein Bewusstsein dafür entwickeln, dass die Unterrichtssprache eher schriftsprachlich gestaltet wird und sich vom alltagssprachlichen Sprechstil unterscheidet. Unterrichtssprachliches Handeln muss gezielt geübt werden. Die
besondere Bedeutung der Unterscheidung zwischen alltagssprach-

licher und schulsprachlicher Kompetenz ist durch den Spracherwerbs-forscher Jim Cummins vor allem im Rahmen der Interdependenz-hypothese hervorgehoben worden (Cummins 1979). Diese Hypothese besagt, dass Schüler mit gut ausgebildeten schriftsprachlichen Mutter-sprachkenntnissen auch gute Kenntnisse in der zweiten Sprache auf-weisen und sich diese positiv auf die Schulleistungen auswirken. Da sie damit vertraut sind, schriftsprachliche Satzmuster zu bilden und Kenntnisse über phonologische, semantische und syntaktische Regu-laritäten vorhanden sind, können sie diese auf den schulischen Zweit-spracherwerb anwenden.

Für den Deutschunterricht ist insbesondere das von Cummins ge-prägte Begriffspaar BICS und CALP relevant (Cummins 1979), da es auf die besondere Berücksichtigung der Ausbildung von *schrift*sprach-licher Kompetenz hinweist (vgl. auch Haueis 2007). BICS (*basic interpersonal communicative skills*) bezeichnen die eher mündlichen Fähigkeiten der Alltagskommunikation, CALP (*cognitive academic language proficiency*) umfasst die konzeptionell schriftsprachlichen Fähigkeiten. Sprachliche Fähigkeiten werden erst dann vollständig ent-wickelt, wenn beide Bereiche gefördert werden. Dies scheint bisher in der Sprachdidaktik nicht genügend berücksichtigt worden zu sein, denn offensichtlich können Lerner mit nicht-deutscher Herkunftsspra-che, die in der konzeptionell mündlich angelegten Kommunikation gu-te Fähigkeiten zeigen, große Defizite in der schriftsprachlichen Kom-petenz aufweisen, ohne dass diese Defizite im Regelunterricht erfasst werden. Erst bei schriftlichen Prüfungen machen sich diese Defizite be-merkbar, die nicht mit fachlichen Defiziten einhergehen müssen. An-ders als in mündlichen Sprachhandlungen in Alltagssituationen er-fordert das schulische Sprechen weitere Fähigkeiten, die eher an konzeptioneller Schriftlichkeit ausgerichtet sind. Kennzeichen dafür ist die zunehmende Abstraktion von einem Personen- und Situations-bezug zu einer verstärkten Gegenstandsorientierung (nicht das eigene Erleben, sondern die Sache selbst steht im Vordergrund), weiterhin die Relevanz verallgemeinerbarer Handlungsanweisungen, z. B. Vorgangs-beschreibungen, Erklärungen von Rechenwegen, Analyse von Grafi-ken und Schaubildern. Auch das Formulieren und Verstehen von Arbeitsanweisungen, die genaue Darstellung eines Sachverhalts und der Einsatz von sprachlichen und rhetorischen Mitteln in einer Argu-mentation müssen kognitiv und sprachlich bewältigt werden (vgl. Portmann-Tselikas 1998; Portmann-Tselikas / Schmölzer-Eibinger 2002; für weitere Hypothesen und Theorien vgl. Henrici / Riemer 2003, S. 38ff.).

Mündliche und schriftsprachliche Fähigkeiten: BICS – CALP

Fachsprachliche Kompetenz

Lese- und Lernstrategien erwerben

Die Fähigkeit zum Leseverstehen muss besonders gefördert werden. Fördermaßnahmen können sich auf ein Angebot von alltags- und gebrauchsrelevanten Texten erstrecken. Insbesondere ist der Erwerb von Lesestrategien durch vielfältige Übungs-, Anwendungs- und Transferaufgaben zu fördern (vgl. Haueis 2007, S. 142ff.; Schmölzer-Eibinger 2008).

4. Scaffolding

Unterstützende Verfahren, wie sie im Erstspracherwerbsprozess beschrieben werden (Bruner 1978), sind auch für den Zweitspracherwerb günstig. Auf der Grundlage der Interaktionshypothese (vgl. Edmondson/House 1993; Henrici 1995) wird der behutsamen Lenkung des Lehrenden im Sprachproduktionsprozess des Lernenden eine entscheidende Rolle zugemessen. Ein entsprechendes Unterstützungsverfahren ist der Ansatz „Scaffolding" (von englisch *scaffold*: Gerüst; Gibbons 2006). Er sieht vor, dass der Zweitsprachenlerner beim Erwerb von unterrichtssprachlichen Kompetenzen mithilfe eines unterstützenden Gerüsts schrittweise geleitet wird, sodass er Schritt für Schritt seine eigene Sprachkompetenz aufbauen kann. Ein Fachtext kann etwa mithilfe eines schriftlichen Gerüsts (Wortschatzerklärungen, Aufschlüsselung von sprachlich verdichteten Textsequenzen, Vorgabe von sprachlichen Handlungstypen, z. B. Muster bei Vorgangsbeschreibungen oder mathematischen Berechnungen) für die Lerner speziell vorbereitet werden. Auch mündliche Redemittel können als Muster und Orientierung dienen. Mit zunehmender Sprachkompetenz werden diese Unterstützungsmaßnahmen abgebaut (vgl. Roth 2007).

Beispiel Physikunterricht

Wenn z. B. im Physikunterricht einer 7./8. Klasse zum Thema „Schwimmen – Sinken" (vgl. Tajmel/Starl 2009) das Volumen eines Körpers behandelt wird, sind neben fachlichen Inhalten auch sprachliche Inhalte zu lernen und gesondert zu thematisieren. So ist die Antwort auf die Frage *Welches Volumen hat 1 Flasche Cola?* schrittweise vorzubereiten:

- Das Maß/die Einheit *1000 cm³* wird sprachlich umgesetzt durch *eintausend Kubikzentimeter* (*ein/der Kubikzentimeter*);
- die (schrift-)sprachliche Antwort muss zunächst als Muster vorgegeben werden: *Eine Flasche Cola hat ein Volumen (das Volumen) von ...* oder *Das Volumen einer Flasche Cola beträgt eintausend Kubikzentimeter*;
- das Verb *beträgt* muss als Vokabel bzw. als neuer Begriff und in seiner Infinitiv-Form *betragen* eingeführt und in der spezifische Verwendung vermittelt werden.

Bei allen Modellen und Vorschlägen stehen didaktische und methodische Prinzipien, die zur Gestaltung von differenzierenden Lernangeboten und individuell ausgerichteten Lernprozessen führen, im Vordergrund. Differenzierende und individualisierende Lernangebote müssen sorgfältig wieder in das gemeinsame Lernen eingebracht werden und selbstständiges Weiterlernen fördern (→ KAPITEL 12).

Individualisiertes und gemeinsames Lernen

Ein Modellprogramm, das über den Deutschunterricht hinaus auf kooperativer wissenschaftlicher und bildungspolitischer Ebene eine Verbesserung der Bildungssituation für Kinder und Jugendliche mit nicht-deutscher Familiensprache vorsieht, ist das Programm „FörMig" (Förderung von Kindern und Jugendlichen mit Migrationshintergrund). Von 2004 bis 2009 waren zehn Bundesländer daran beteiligt. In unterschiedlichen, untereinander vernetzten Länderprojekten wurden Ansätze zur Optimierung von sprachlicher Bildung und Förderung entwickelt, evaluiert und ausgetauscht. Die Schwerpunkte lagen in drei Bereichen:

Förderprogramm FörMig

1. Sprachförderung auf der Basis individueller Sprachstandsfeststellungen;
2. durchgängige sprachliche Bildung und Förderung im Deutschen, in den Herkunftssprachen und Fremdsprachen;
3. Berufsbildung und Übergang in den Beruf (vgl. Gogolin 2005).

Die aus empirischen Studien gewonnenen Erkenntnisse stellen eine theoretische Grundlage zur Modellierung von sprachlichen und fachlichen Bildungs- und Förderprogrammen dar. So wurde in Kooperation zwischen Schleswig-Holstein und Sachsen mit „Niveaubeschreibungen" ein eigenständiges Beobachtungsinstrument zur Beschreibung von Sprachkompetenz entwickelt, das eine Grundlage für gezielte Fördermaßnahmen bildet (→ KAPITEL 11). Im Rahmen des Modells „Durchgängige Sprachbildung" wurden Konzepte für die integrative sprachliche Förderung und Bildung der deutschen Sprache in allen Fächern entwickelt. In diesem Zusammenhang ist für Schleswig-Holstein ein Curriculum zur durchgängigen Sprachbildung konzipiert worden, das die sprachliche Förderung von der Anfangsstufe im DaZ-Unterricht bis hin zur Teilnahme am Regelklassenunterricht vorsieht. Die durch das Bildungsministerium herausgegebenen Curricularen Grundlagen DaZ (Budde / Schulte-Bunert 2009) sehen damit einen strukturierten Spracherwerb vor, der nicht nur den Unterricht DaZ betrifft, sondern auch im regulären Deutschunterricht stattfindet.

Durchgängige Sprachbildung

Fragen und Anregungen

- Denken Sie über Ihren schulischen Erwerb einer Fremdsprache nach. Er unterscheidet sich vom Erwerb der Zweitsprache, jedoch gibt es einige vergleichbare Erfahrungen. Machen Sie sich Ihre Sprachlernerfahrungen bewusst. Sie können sich von folgenden Fragen anregen lassen: Hatten Sie Schwierigkeiten mit der Aussprache, im Wortschatzerwerb bzw. beim Vokabellernen? Welche besonderen Hürden mussten Sie im mündlichen Sprachhandeln überwinden? Welchen persönlichen Bezug hatten Sie zu der Sprache? Welche Lösungen bzw. Strategien haben Sie für Ihr Sprachenlernen entwickelt?

- Skizzieren Sie unterschiedliche Formen von Mehrsprachigkeit in einer Schulklasse.

- Welche Aspekte des interkulturellen Lernens können im Sprachunterricht genutzt werden?

- Wählen Sie einen Sachtext aus einem Deutsch-Lehrwerk aus (z. B. zum Thema „Berufsorientierung / Praktikum" der Klassenstufe 8/9) und untersuchen Sie ihn hinsichtlich seiner sprachlichen Besonderheiten, z. B. hinsichtlich besonders schwieriger grammatischer Strukturen und der Verwendung von Fachbegriffen. Entwerfen Sie auf Grundlage dieses Textes eine Übung, die auf eine der sprachlichen Besonderheiten eingeht.

Lektüreempfehlungen

- **Incí Dírím / Astrid Müller: Sprachliche Heterogenität. Deutsch lernen in mehrsprachigen Kontexten**, in: Praxis Deutsch 34, 2007, Heft 202, S. 6–14. *Ausgehend von mehrsprachigen Unterrichtssituationen wird auf die Besonderheiten im sprachlichen Lernen eingegangen, Unterrichtsprinzipien werden entwickelt.*

- **Ingelore Oomen-Welke: Didaktik der Sprachenvielfalt**, in: Bernt Ahrenholz / Ingelore Oomen-Welke (Hg.), Deutsch als Zweitsprache, Baltmannsweiler 2008, S. 479–492. *Nähere Erläuterungen und Begründungen zum Konzept der interkulturellen Sprachdidaktik.*

- **Heidi Rösch: Deutsch als Zweit- und Fremdsprache**, Berlin 2011. *Theoretisch fundierte Einführung aus der Reihe Akademie Studienbücher. Bietet auf dem aktuellsten Forschungsstand einen systematischen Überblick über die beiden durchaus verschiedenen Disziplinen DaZ und DaF und gibt wichtige Hinweise für die Berufspraxis von Lehrern.*

11 Sprachliche Leistungen beurteilen

Abbildung 31: Kaffeeverkostung

Beurteilen gehört zum Berufsalltag vieler Menschen. Bei der Kaffee-verkostung prüft der Beurteiler unterschiedliche Kaffees. Er fühlt, schaut, riecht und testet mit dem Gaumen die Qualität des Kaffees von der rohen Bohne über die geröstete bis hin zum fertig zubereiteten Getränk. Sein Urteil ist von großer Reichweite. Aus der angebotenen Ware wählt er harmonische, Erfolg versprechende Mischungen aus. Aber sein Testen hat noch weitere Konsequenzen. Die Ergebnisse seiner Qualitätsprüfung dienen den Anbauern als Rückmeldung, geben Hinweise auf geschmackliche Eigenheiten oder gar Fehler und sind vielleicht mit dem einen oder anderen Tipp zur Verbesserung verbunden.

Auch zum Berufsalltag von Deutschlehrern gehört das Beurteilen. Tagtäglich sind sie damit konfrontiert, die sprachlichen Leistungen ihrer Schüler einzuschätzen und ihre Schlüsse daraus zu ziehen. Das geschieht auf vielfältige Weise und in allen Gegenstandsfeldern des Sprachunterrichts. Ein Fokus liegt auf der Benotung der Qualität dieser Leistungen, die sich in Zeugnissen niederschlägt. Diese Beurteilungsform ist durch Bestimmungen in den Schulgesetzen der Länder Bestandteil des Unterrichts. Für das Lernen und die alltägliche Unterrichtsplanung spielt dagegen das fördernde Beurteilen eine viel wichtigere Rolle. Dabei kann der Schüler zeigen, was er bereits gelernt hat, er erhält Rückmeldungen zu seinen Leistungen und bekommt Vorschläge, wie er sich weiter verbessern kann. Die Lehrperson wiederum erhält dabei Informationen, die sie für die Planung ihres Unterrichtes benötigt. Sie muss eine Vorstellung über den Lernstand ihrer Schüler entwickeln, um angemessene Lernangebote bereitzustellen.

Ein solches Verständnis von Beurteilen steht im Folgenden im Mittelpunkt, ohne Aspekte des benotenden Beurteilens zu vernachlässigen. Am Beispiel des Beurteilens von Schreibleistungen beim Erstellen von Texten lässt sich dieses anschaulich konkretisieren.

11.1 Grundlagen der Beurteilung
11.2 Förderndes Beurteilen
11.3 Benotendes Beurteilen
11.4 Zum Beispiel: Schreibleistungen beurteilen

11.1 Grundlagen der Beurteilung

Jede Beurteilung von Schülerleistungen steht im Spannungsfeld zwischen der Qualifikations- und der Selektionsfunktion von Schule. Einerseits will die Schule alle Schüler möglichst umfassend bilden und ist dazu auf diagnostische Informationen angewiesen, um möglichst passgenaue Lernangebote bereitzustellen. Man spricht dabei auch von formativer oder fördernder Beurteilung. Andererseits bürdet die Gesellschaft der Schule die Aufgabe auf, den Schülern ihren Platz in der Klasse und später in der Gesellschaft zuzuweisen. Das Schulsystem kommt dieser Aufgabe mit der summativen Beurteilung nach, bei der es nach einer bestimmten Unterrichtszeit Zertifikate in Form von Schulempfehlungen oder -abschlüssen vergibt. Wenn diese Funktion von Schule heute eher kritisch gesehen wird, so ist historisch betrachtet zu beachten, dass der Übergang von der Stände- zur Leistungsgesellschaft einen großen Entwicklungsschritt darstellt. Bis zum Anfang des 19. Jahrhunderts waren Herkunft und Geburt für den künftigen Sozialstatus entscheidend, soziale Aufstiegsmöglichkeiten gab es kaum. Erst mit der Entwicklung hin zu einer Leistungsgesellschaft sollte der Sozialstatus von der Leistung des Individuums bestimmt werden. Der Schule kam und kommt dabei die Funktion zu, die Feststellung der Leistung zu übernehmen. Allerdings ist es bis heute nicht gelungen, diesen Anspruch einzulösen. Die PISA-Studie hat sehr deutlich gezeigt, dass besonders in Deutschland, aber auch in der Schweiz und in Österreich, die Schulleistungen in einem hohen Maße an den sozialen Status der Eltern gekoppelt sind.

Qualifikations- vs. Selektionsfunktion

Neben den beiden Hauptfunktionen „Auswählen" und „Fördern" kommen der Beurteilung von Schülerleistungen weitere Funktionen zu: Beurteilungen können die Schüler motivieren. Sie können den an der Schule Beteiligten (Schüler, Lehrpersonen, Eltern, Schulaufsicht) eine Rückmeldung über den Leistungsstand geben. Beurteilungen ermöglichen es den Lehrpersonen, die Wirksamkeit ihres Unterrichts zu überprüfen, und manchmal werden Beurteilungen auch zur Disziplinierung oder zur Klärung von Machtverhältnissen zwischen Lehrpersonen und ihren Schülern eingesetzt.

Funktionen der Beurteilung

Beurteilen gehört zum Kerngeschäft des Unterrichts, allerdings nicht so sehr in Form des eher punktuellen benotenden Beurteilens. In den meisten Fällen dient die Beurteilung der Förderung, sei es als Rückmeldung an den Schüler, wie er seine Leistungen weiterentwickeln kann, sei es als Einschätzung des Lernstandes, der die Grundlage für die weitere Unterrichtsplanung bildet. Im Unterricht sollten beide Beurteilungs-

Förderndes Beurteilen im Zentrum

anlässe deutlich voneinander getrennt sein. Das fördernde Beurteilen ist Bestandteil von Lernphasen, das benotende Beurteilen findet in Phasen der Leistungsüberprüfung statt. Die beiden Beurteilungsformen unterscheiden sich hauptsächlich durch ihre Situierung im Unterricht; ihre Verfahren und Methoden überschneiden sich in weiten Teilen.

Jede Leistungsbeurteilung braucht eine Norm, mit der sie die aktuell gemessene Leistung vergleichen kann. Das Konzept der Bezugsnormorientierung nennt drei Normen, an denen eine Leistung gemessen werden kann: die soziale, die kriteriumsorientierte oder sachliche und die individuelle Bezugsnorm.

Wer sich an der sozialen Norm orientiert, stellt einen Vergleich der Leistung eines Schülers mit den Leistungen gleichaltriger Schüler her. Dieser Vergleich spielt in der benotenden Beurteilung bei Klassenarbeiten eine wichtige Rolle. Die Verwendung dieser Norm ist nicht unproblematisch, weil die Einschätzung von den Mitschülern abhängig ist und eine Leistung somit an einer anderen Schule oder sogar in einer anderen Klasse anders eingeschätzt wird. Die kriteriumsorientierte Bezugsnorm dagegen schätzt die Leistung des Schülers im Vergleich zu den Anforderungen der Sache ein. So kann etwa bestimmt werden, wie viel Prozent seiner verwendeten Wörter ein Schüler bereits richtig schreibt oder auf welcher Stufe des Leseverstehens er sich befindet. Diese Bezugsnorm sollte bei der benotenden Beurteilung eine wichtigere Rolle spielen als die soziale Bezugsnorm. Wird eine Messung der richtig geschriebenen Wörter oder der Lesegeschwindigkeit immer wieder durchgeführt und beurteilt eine Leistungsbeurteilung die Veränderung dieses Prozentsatzes, spricht man von einer individuellen Bezugsnorm, bei der die aktuelle Leistung eines Schülers mit seinen früheren Leistungen verglichen wird. Die individuelle Bezugsnorm spielt eher bei der fördernden Beurteilung eine Rolle. Dabei wäre sie gerade für schwächere Schüler auch bei der benotenden Beurteilung angemessen, um Fortschritte zu dokumentieren, auch wenn die Leistung noch nicht dem Niveau der Klasse entspricht.

Für die Leistungserhebung und -beurteilung gibt es verschiedene Formen (→ ABBILDUNG 32), die im Deutschunterricht eingesetzt werden können. Die meisten lassen sich sowohl zum fördernden als auch zum benotenden Beurteilen verwenden. Entscheidend sind die Einbettung in den Unterricht und die Art der Aufgabenstellung. In der Lernphase können die Aufgaben so gestaltet sein, dass sie etwas schwieriger sind und auch Fehler provozieren (→ KAPITEL 13.2), die dann als Grundlage für die fördernde Beurteilung dienen können. Leistungsaufgaben verfolgen ein ganz anderes Ziel als Lernaufgaben. Sie sollen zu einem fest-

Orientierung an Bezugsnormen

Soziale Bezugsnorm

Kriteriumsorientierte Bezugsnorm

Individuelle Bezugsnorm

Formen der Leistungsbeurteilung

	Beurteilungsaspekt: Was wird beurteilt?	Beurteilungsverfahren: Wie wird beurteilt?
Sprechen und Zuhören	• Hörverstehen	• mit Verstehensaufgaben zu Audio-Input und mündlicher Bearbeitungsmöglichkeit
	• Verfügbarkeit sprachlicher Handlungs-muster (Erzählen, Argumentieren usw.) • Präsentation, Vortrag, Referat	• durch strukturierte Beobachtung mit einem Kriterienraster, ggf. unterstützt durch Video- oder Tonaufzeichnungen
Lesen	• Textverstehen auf verschiedenen Ebenen	• durch Fragen und Aufgaben zu einem Text auf verschiedenen (Anforderungs-)Niveaus
	• Anwendung von Lesestrategien	• durch Aufgaben, die den Rückgriff auf be-kannte Lesestrategien verlangen und sicht-bar machen
	• Lesetechnik (Lesegeschwindigkeit, -flüssig-keit, -genauigkeit)	• durch die Ermittlung der Anzahl richtig gelesener Wörter pro Minute und pro 100 Wörter und die Einschätzung des Leseflusses auf einer Skala
Texte schreiben	• Schreibprodukt: Angemessenheit hinsicht-lich Schreibaufgabe, Adressat, Textmuster usw.	• durch kriterienorientiertes Beurteilen von Texten oder Textsammlungen (Produkt-Portfolio)
	• Schreibprozess: Vorarbeiten, Überarbei-tungen und Endkorrektur	• durch Berücksichtigung von Zwischener-gebnissen des Entstehungsprozesses, z. B. beim Prozess-Portfolio oder dem „mehr-stufigen Prüfungsaufsatz" (Fix 2006, S. 193)
Richtig schreiben	• Nutzung von Schreibhilfen (Operationen/Proben, Wörterbuch usw.)	• durch Aufgaben, die den Rückgriff auf be-kannte Schreibhilfen verlangen und sichtbar machen
	• Verfügbarkeit geübter Merkschreibungen	• durch die Aufforderung, einzelne Wörter, kurze Sätze oder Texte aufzuschreiben und der Beurteilung des Geschriebenen hinsicht-lich des Geübten
Sprache und Sprach-gebrauch reflektieren	• Nutzung grammatischer Proben • Fachsprachliche Kenntnisse	• durch sprachreflexive Aufgaben, die den Rückgriff auf eingeführte Analyseverfahren und die im Unterricht verwendete Arbeitssprache verlangen und sichtbar machen

Abbildung 32: Ausgewählte Beurteilungsaspekte und -verfahren

gelegten Zeitpunkt eine Momentaufnahme machen und die Kompetenzen eines Schülers möglichst genau beschreiben. Sie sind so zu gestalten, dass Fehler möglichst vermieden werden und bei mittelschwerem Anforderungsniveau die bestmögliche Leistung gezeigt werden kann.

Produkt- und Prozessbeurteilung

Nicht immer kann ein Produkt Grundlage der Leistungsbeurteilung sein. Besonders wenn die zu erwerbenden Fähigkeiten prozessualer Art sind, müssen Aspekte dieses Prozesses in die Beurteilung einfließen, zum Beispiel beim Überarbeiten von Texten (→ KAPITEL 11.4). Dabei muss aber gewährleistet sein, dass nicht alle Lernsituationen zu Leistungssituationen werden. Jeder Schüler und jeder Unterricht braucht ausreichend *Lern*phasen, in denen sich Schüler ohne Notendruck neue Kompetenzen und Inhalte aneignen können.

Angemessenheit statt richtig/falsch

Bei der Beurteilung von Schülerleistungen stoßen Lehrpersonen immer wieder auf das Problem, dass sich sprachliches Handeln nur in wenigen Bereichen in den Kategorien „richtig" versus „falsch" beurteilen lässt. Meistens muss sprachliches Handeln auf einer Skala von „angemessen" bis „unangemessen" eingeschätzt werden. Es gibt keinen richtigen oder falschen Aufbau einer Erzählung, vielmehr stellt sich die Frage, wie angemessen der Aufbau des Textes den kommunikativen Absichten des Schreibers ist. Hilfe bei dieser Einschätzung bieten Kriterienkataloge.

Unabhängig vom gewählten Gegenstandsbereich und der Form der Leistungserhebung ist es in den meisten Fällen erforderlich, dass die Beurteilung der Leistungen kriteriengestützt erfolgt. Sinnvoll hierfür sind explizite, ausformulierte Kriterien, da sie die Beurteilung für den Beurteilten nachvollziehbar machen. Aber auch dann, wenn die Lehrperson aufgrund des Gesamteindruckes eine globale Beurteilung der Leistung vornimmt, kommen Kriterien zum Tragen. Im Gegensatz zur Arbeit mit Kriterienkatalogen sind die Kriterien bei einer Globalbeurteilung nicht transparent. Sie werden nicht explizit gemacht, sondern sind nur implizit beim Beurteilenden vorhanden. Ob für die Notengebung oder zur Förderplanung: Am besten greift man für solche

Verwendung von Kriterienkatalogen

Kriterienraster auf deutschdidaktische Veröffentlichungen zurück und passt sie den aktuellen Gegebenheiten an, wenn dies notwendig erscheint. Selbst erstellte Kriterienkataloge müssen immer vor dem Hintergrund deutschdidaktischer Überlegungen kritisch reflektiert werden. Es besteht die Gefahr, dass solche Raster nicht valide sind, weil sie nicht den aktuellen Stand deutschdidaktischer Forschung berücksichtigen und stattdessen z.B. einseitig Wissensaspekte fokussieren (z.B. deklaratives Grammatikwissen über Satzglieder), statt die Fähigkeit, dieses Wissen angemessen anzuwenden (z. B. bei der Überarbeitung eines Textes).

Für die Schüler stellen diese Kriterienraster eine wichtige Orientierungshilfe dar. Sie können gemeinsam mit den Schülern besprochen und überarbeitet werden, um ins Gespräch über die Leistungserwartung und über Kriterien für eine gute Leistung zu kommen. Kriterienraster dienen damit auch der Klärung des Gegenstandes; sie helfen Lehrpersonen und Schülern sich darüber zu verständigen, wodurch sich ein guter Text, ein gelungenes Gespräch oder eine erfolgreiche Präsentation auszeichnen. Nicht zuletzt haben Schüler mit den Kriterienkatalogen auch die Möglichkeit, ihre eigene Leistung und die ihrer Mitschüler selbst einzuschätzen.

Möglichkeit zur Selbstbeurteilung

11.2 Förderndes Beurteilen

Soll die Erhebung der Leistung als Grundlage für die individuelle Passung von Lernangeboten dienen, erfordert dies eine genaue Beschreibung des aktuellen Kenntnisstandes des Schülers hinsichtlich der zu erwerbenden Fähigkeit. Die Beurteilung soll also kriteriumsorientiert erfolgen (→ KAPITEL 11.1). Für die genaue Beschreibung der Leistungen und die darauf aufbauende Planung passender Lernangebote haben sich folgende Fragen bewährt:

1. Was kann der Schüler im Bereich X bereits?
2. Was muss der Schüler im Bereich X noch lernen?
3. Was kann der Schüler als Nächstes lernen? (vgl. Dehn / Hüttis-Graff 2006, S. 18)

Fragen zur Planung von individuellen Lernangeboten

Dieses Vorgehen hilft, zielorientiert und systematisch individuell passende Lern- oder Übungsaufgaben bereitzustellen. Es dient nicht nur zur Förderung von Kindern und Jugendlichen mit Schwierigkeiten, sondern bildet in jedem Unterricht die Basis für den Umgang mit Heterogenität (→ KAPITEL 12).

Eine solche individuelle Förderung beschränkt sich häufig auf die grundlegenden Lese- und (Recht-)Schreibkompetenzen und auf die Sprachförderung von Kindern mit Deutsch als Zweitsprache. In diesen Bereichen gibt es eine Vielzahl von Materialien, die der Lehrperson das Einschätzen des Leistungsstandes erleichtern sollen. Viele dieser Materialien – insbesondere Tests – eignen sich jedoch nicht als Grundlage für die Förderplanung. Sie erlauben nur einen Vergleich mit Normtabellen nach Klassen- und / oder Altersstufen und geben keine sach- oder kriteriumsorientierten Informationen über den Lernstand.

Fehleranalysen für die Rechtschreibung

Für den Bereich der Rechtschreibung bieten sich Fehleranalysen an, bei denen Rechtschreibfehler kategorisiert werden, die in selbstständig verfassten Schülertexten entstanden sind. Die Häufigkeitsverteilung bestimmter Fehler gibt Auskunft darüber, was das Kind bereits kann und in welchen Bereichen es noch Schwierigkeiten hat. Beispiele für eine solche Fehleranalyse sind die Oldenburger Fehleranalyse OLFA von Dorothea und Günther Thomé (2004) und die Dortmunder Rechtschreibfehler-Analyse DoRA von Ilona Löffler und Ursula Meyer-Schepers (1992). Auch die Hamburger Schreibprobe HSP (May 2010) bietet die Möglichkeit einer kriteriumsorientierten Auswertung. Neben einer qualitativen Fehleranalyse in freien Texten kann die Entwicklung von Rechtschreibkompetenz auch quantitativ verfolgt werden. Mit der Bestimmung der relativen Fehleranzahl, bei der die Fehler pro 100 Wörter gezählt werden, steht der Lehrperson dazu eine einfache und praktikable Möglichkeit zur Verfügung.

Für die Feststellung des Lernstandes im Bereich Lesen stehen ebenfalls informelle Diagnoseverfahren zur Verfügung, die Lehrpersonen aller Stufen mit wenig Zeitaufwand selbst durchführen können. Die im Folgenden vorgestellten Verfahren beziehen sich auf hierarchieniedrige Prozesse des Lesens (→ KAPITEL 6.1), da diese die Grundlage für ein elaboriertes Leseverständnis bilden. Als Indikatoren für den Lernstand im Bereich der Leseflüssigkeit dienen die Lesegeschwindigkeit, die angemessene Betonung und Gliederung beim Lesen und die Dekodiergenauigkeit.

Diagnose der Leseflüssigkeit

Die Leseflüssigkeit lässt sich feststellen, indem die Lehrperson dem Kind oder Jugendlichen einen eher einfachen, altersadäquaten Text vorlegt und nach dem stillen Lesen bittet, den Text laut vorzulesen. Die Lehrperson stoppt die Zeit, markiert Verlesungen und Pausen und beachtet die Interpretation. Danach berechnet sie die Lesegeschwindigkeit in Wörtern pro Minute. Die Dekodiergenauigkeit lässt sich dabei ebenfalls ermitteln. Alle richtig gelesenen Wörter werden gezählt und durch die Anzahl aller gelesenen Wörter dividiert. Multipliziert man diese Zahl mit 100, erhält man die Dekodiergenauigkeit in Prozent. Als Fehler gelten alle falsch oder nicht gelesenen Wörter, die der Schüler nicht selbst korrigiert. Zuletzt schätzt die Lehrperson die Betonung und Gliederung des Gelesenen auf einer Skala von Level 1–4 ein (→ ABBILDUNG 33). Eine Lesegeschwindigkeit unter 100 Wörtern pro Minute und der Verbleib auf Level 1 oder 2 weist auf Schwierigkeiten im Bereich der Leseflüssigkeit hin (vgl. Rosebrock/Nix 2008, S. 33–38; Holle 2009, S. 147–150).

		Ja / Nein
Level 4	Der Schüler liest weitgehend in größeren, semantisch sinnvollen Worteinheiten.	
	Trotz gelegentlicher Rücksprünge im Text, Wiederholungen und Abweichungen wird der übergeordnete Geschichtengrammatik (story grammar) Rechnung getragen.	
	Die Syntax der Geschichte wird korrekt wiedergegeben.	
	Ein Großteil der Geschichte wird *expressiv interpretiert* (Verschiedene Lesegeschwindigkeiten, Lautstärken, Stimmlagen, emotionale Beteiligung etc.).	
Level 3	Der Schüler liest überwiegend in *Dreier- oder Vierer-Wortgruppen*, gelegentlich treten auch *kleinere Wortgruppen auf.*	
	Die Mehrheit der Wortgruppierung ist (trotzdem) angemessen und entspricht der Syntax der Geschichte.	
	Wenig oder keine expressive Interpretation (Verschiedene Lesegeschwindigkeiten, Lautstärken, Stimmlagen, emotionale Beteiligung etc.).	
Level 2	Der Schüler liest überwiegend in *Zweier-Wortgruppen. Dreier- und Vierer-Wortgruppen* treten gelegentlich auf.	
	Ab und zu kommt auch ein Wort-für-Wort Lesen vor.	
	Die Wortgruppierungen erscheinen ungeschickt und stehen in keinem Zusammenhang zur Syntax der Geschichte.	
Level 1	Der Schüler liest die Geschichte hauptsächlich *Wort für Wort.*	
	Nur gelegentlich treten zweier oder dreier Wortgruppierungen auf.	
	Die wenigen Wortgruppierungen sind unregelmäßig und unterstützen nicht die Syntax der Geschichte	

Abbildung 33: Skala zur Einschätzung der Leseflüssigkeit (Rosebrock / Nix 2008, S. 34)

Für eine genaue Analyse des Leseprozesses von einzelnen Schülern bietet es sich an, dieses Vorlesen aufzuzeichnen und das Tondokument genauer zu analysieren. Dazu wird die Leseaufnahme zunächst transkribiert. Im Anschluss kann man das Vorgehen beim Erlesen von Wörtern, die Nutzung von Sinnstrukturen, das Auftreten von Pausen und den Umgang mit Verlesungen analysieren (zum genauen Vorgehen vgl. Wedel-Wolff 1998).

Zur Einschätzung des Lernstands in der deutschen Sprache bei mehrsprachigen Kindern und Jugendlichen wurden im Rahmen des Programms „Förderung von Kindern und Jugendlichen mit Migrati-

Verfahren zur
Einschätzung des
Sprachstands
onshintergrund (FörMig)" (→ KAPITEL 10) Verfahren zur Erhebung des Sprachstands und zur kompetenzorientierten Beobachtung entwickelt. Für die kompetenzorientierte Beobachtung wurden Niveaubeschreibungen konkretisiert, die neben Fähigkeiten im Lesen, Schreiben und Sprechen auch die sprachlichen Handlungsmöglichkeiten und motivationale Aspekte kriteriengeleitet zu erfassen versuchen (vgl. Döll 2009). Die Verfahren zur Sprachstandserhebung beziehen sich auf verschiedene Stufen. So ermöglicht das „Hamburger Verfahren zur Analyse des Sprachstands bei Fünfjährigen (HAVAS 5)" (Reich / Roth 2007) eine Einschätzung des Lernstands am Übergang vom Elementar- zum Grundschulbereich. Stärker auf die schriftlichen Kompetenzen ausgerichtet sind Beurteilungsverfahren wie „Der Sturz ins Tulpenbeet" (Reich u. a. 2008) für die 4./5. Klasse und „Fast Catch Bumerang" (Reich u. a. 2009) für Jugendliche am Übergang zum Beruf. Das Besondere an diesen Beurteilungsverfahren ist ihre Verfügbarkeit in mehreren Sprachen, um auch den Sprachstand in der Erstsprache zu erfassen (vgl. die Materialien auf der FörMig-Homepage, Web-Adresse: www.blk-foermig.uni-hamburg.de/web/de/all/mat/index.html).

11.3 Benotendes Beurteilen

Finden Leistungsbeurteilungen im Rahmen der Selektionsfunktion von Schule statt, haben solche Entscheidungen eine große Reichweite und werden auch juristisch relevant. Deshalb haben die Bundesländer diesen Bereich durch gesetzliche Vorgaben reguliert. Meist finden sich im Schulgesetz oder in Notenverordnungen Vorschriften darüber, wie eine Zeugnisnote zustande kommen soll. Besonders für das Fach Deutsch existieren neben Angaben zur Anzahl der benoteten Leistungsnachweise oftmals auch Vorschriften darüber, welche Formen (Klassenaufsatz, Diktat etc.) dazu eingesetzt werden müssen. Diese Vorschriften gilt es zu beachten und das rechtlich Mögliche mit dem pädagogisch-didaktisch Wünschenswerten zu verbinden.

Gesetzliche
Vorgaben

Leistungsbeurteilung
als Kodierungs-
prozess
Leistungsbeurteilungen sind mehrstufige Kodierungsprozesse. Eine Leistungserwartung wie das Leseverstehen muss zunächst in Form von Leistungsaufgaben operationalisiert werden, zum Beispiel in Form von Leseaufgaben auf verschiedenen Anforderungsniveaus. Die vom Schüler gezeigte Aufgabenlösung muss beurteilt werden, im Beispiel muss festgestellt werden, welche Antworten den erwarteten Antworten entsprechen. Anschließend kodiert die Lehrperson die Leistung in Form

einer Note oder eines Berichtes, das heißt, die Anzahl und/oder die Art der richtigen Antworten werden in eine Note oder in einen Kommentar umgewandelt (vgl. Sacher 2009, S. 55–83). Diese Noten oder Kommentare wiederum werden von den Schülern und den Eltern noch einmal interpretiert, da sie keine unabhängige Gültigkeit besitzen: Für die einen ist eine 3 eine befriedigende Leistung (wie die Umschreibung nahelegt), während andere eine 3 als eher schlechte Note empfinden.

An jeder Schaltstelle dieses Kodierungsprozesses trifft die Lehrperson subjektive Entscheidungen, die von ihrem Wissen, ihren Einstellungen und Haltungen geprägt sind: So stellt jede Lehrperson andere Fragen zu einem Text, einige Lehrpersonen lassen Diktate schreiben, andere nicht, und selbst im selben Diktat zählen Lehrpersonen unterschiedlich viele Fehler (vgl. Birkel 2009). Was für das Diktat gilt, gilt erst recht für die Aufsatzbeurteilung. Viele Forschungsarbeiten haben gezeigt, dass Lehrpersonen ein und denselben Aufsatz sehr unterschiedlich beurteilen (vgl. Baurmann 2002, S. 127–143). Benotende Beurteilungen von Schülerleistungen sind demnach keinesfalls präzise Messungen, sondern mehr oder weniger subjektive Einschätzungen der Lehrperson.

Subjektive Entscheidungen der Lehrperson

Damit offenbart sich ein Widerspruch: Gerade Beurteilungen in Form von Noten haben eine große Reichweite. Die Leistungsbeurteilung müsste deshalb eigentlich den Gütekriterien der klassischen Testtheorie genügen. Das bedeutet, dass die Leistung

Gütekriterien der klassischen Testtheorie

- objektiv, also unabhängig vom Tester, gemessen wird;
- valide gemessen wird, der Test also wirklich misst, was er zu messen vorgibt und nichts anderes;
- reliabel gemessen wird, das heißt, dass der Test das, was er messen will, möglichst zuverlässig misst.

Schon an wenigen Beispielen wird deutlich, dass die aktuelle Leistungsmessung im Deutschunterricht diesen Kriterien nicht entspricht. Ein Diktat misst nicht unbedingt die Rechtschreibleistung, sondern auch die Konzentrationsfähigkeit, die Stressresistenz, die Fähigkeit Gehörtes zu merken usw. Bei einem Aufsatz lässt sich oft nur schwer feststellen, was eigentlich beurteilt wird, da fließen Kreativität und Originalität genauso in die Note ein wie Verstöße gegen sprachliche Normen.

Lehrpersonen sollten sich über die eingeschränkte Objektivität, Validität und Reliabilität ihrer Beurteilung im Klaren sein und dies auch Schülern und Eltern vermitteln. Gleichzeitig sollen sie sich bemühen, den Gütekriterien soweit wie möglich zu entsprechen und eine Beurteilung so transparent und nachvollziehbar wie möglich zu machen.

**Steigerung der
Objektivität und
Reliabilität**

Es gibt mehrere Möglichkeiten, die Qualität der eigenen Leistungsüberprüfungen zu erhöhen. Zunächst einmal lässt sich die Objektivität steigern, indem mit Kriterienkatalogen gearbeitet wird. Das erhöht zugleich die Reliabilität. Die angelegten Beurteilungsmaßstäbe werden dadurch transparenter und intersubjektiv nachvollziehbar; auch ein anderer Prüfer kann durch die Nutzung des gleichen Kriterienkatalogs zu einer ähnlichen Einschätzung kommen.

**Erhöhung der
Validität**

Die Frage der Validität stellt für den Deutschunterricht eine große Herausforderung dar. Welche Aspekte des sprachlichen Handelns sollen beurteilt werden? Im Anschluss an die Gegenstandsfelder müssen diese die Folie sein, auf der eine Beurteilung stattfindet. Eine einseitige Leistungsmessung an Aufsätzen und Diktaten verbietet sich damit von selbst. Aber auch innerhalb der Felder stellt sich die Frage, ob stärker Fakten-, Regel- oder Strategiewissen überprüft werden soll oder aber die Anwendung dieses Wissens bei der Aufgaben- und Problemlösung. Die Ausrichtung des aktuellen Bildungsdiskurses hin auf Kompetenzen gibt darauf eine Antwort, die die Anwendung der zu erwerbenden Fähigkeiten fokussiert. So soll zum Beispiel angemessenes Gesprächsverhalten beurteilt werden und nicht die Verfügbarkeit

Passung

von Gesprächsregeln. Zentral erscheint dabei das Gebot der Passung. Gemeint ist damit, dass die Art der Leistungsfeststellung sowohl zur didaktischen Konzeption des jeweiligen Gegenstandsbereichs passen (→ KAPITEL 5–9) als auch an die gewählte Unterrichtskonzeption (→ KAPITEL 12) anschließen muss. Zusätzlich muss gewährleistet sein, dass nur das überprüft wird, was zuvor im Unterricht erworben werden konnte.

**Leistungsbeurteilung
mit Portfolios**

In den letzten Jahren hat sich mit dem Portfolio eine neue Form der Leistungsbeurteilung etabliert. Unter einem Portfolio versteht man eine Sammlung von Arbeitsergebnissen, die der Schüler aus seinen Arbeiten auswählt und zur Beurteilung einreicht. Dabei kann es sich um Materialien handeln, die einen Prozess dokumentieren (Prozess-Portfolio), oder um eine exemplarische Sammlung der besten Arbeitsergebnisse (Produkt-Portfolio). Beim Portfolio im engeren Sinne entstehen diese Dokumente grundsätzlich im Zusammenhang mit Lernaufgaben und werden nicht extra für das Portfolio erstellt (vgl. Bräuer 2006). Portfolios eignen sich im Deutschunterricht zwar besonders für die Dokumentation von Schreibfähigkeiten, darüber hinaus können aber auch Dokumente aus anderen Bereichen des Sprachunterrichtes und in anderen Medien gesammelt werden: etwa Ton- oder Videoaufnahmen, die das eigene Vorlesen oder Präsentieren dokumentieren, oder Mappen, die den mündlichen Vortrag ergänzen.

174

11.4 Zum Beispiel: Schreibleistungen beurteilen

Die Beurteilung von Schülertexten, oft in Form eines Klassenaufsatzes, ist eine zentrale Form der Leistungsmessung im Deutschunterricht. Es ist die Prüfungsform, die von der Grundschule bis zum Abitur eine wesentliche Rolle spielt und in den Vorschriften der Länder als wesentlicher Bestandteil der Zeugnisnote vorgeschrieben wird.

Zur Beurteilung eines Textes muss man zunächst zwischen einer fördernden Beurteilung als Basis für das Überarbeiten und einer benotenden Beurteilung unterscheiden. Eine fördernde Beurteilung mit Anregungen zum Überarbeiten ist Bestandteil des Schreibprozesses (→ KAPITEL 7.4). Sie muss so gestaltet sein, dass sie vom Schüler tatsächlich für die Überarbeitung seines Textes genutzt werden kann: persönlich, ermutigend, konkret, verständlich, anregend und begründet (vgl. Becker-Mrotzek / Böttcher 2006, S. 98).

Rückmeldung zur Überarbeitung

Eine benotende Beurteilung dagegen kommt erst nach Abschluss des Schreibprozesses zustande. Sie kann sich nur auf das Endprodukt beziehen, wie das beim klassischen Prüfungsaufsatz oder dem Produkt-Portfolio der Fall ist, oder den Prozess mit berücksichtigen, wie beim Prozess-Portfolio oder dem mehrstufigen Prüfungsaufsatz (vgl. Fix 2006, S. 193). Dabei schreiben die Schüler zunächst einen Textentwurf und erhalten zu einem späteren Zeitpunkt die Gelegenheit, den Text zu überarbeiten. Je nach Aufgabenstellung können dabei beide Texte und weitere Materialien bei der Beurteilung berücksichtigt werden.

Beurteilung nach Abschluss des Schreibprozesses

Die Einschätzung der Textqualität kann auf verschiedenen Wegen erfolgen. Erfahrene Lehrpersonen verfügen über implizite Kriterien, mit deren Hilfe sie ein globales Urteil aufgrund ihres Gesamteindrucks fällen. Solche Globalurteile haben den großen Nachteil, dass sie nicht transparent sind und die subjektive Beurteilung kaum nachvollziehbar ist. Nicht von ungefähr haben Studien seit den 1970er-Jahren immer wieder auf teilweise erhebliche Unterschiede in der Beurteilung des gleichen Aufsatzes durch verschiedene Lehrpersonen hingewiesen (vgl. Baurmann 2002, S. 127–143).

Einschätzung der Textqualität

Mehr Transparenz versprechen auch hier Kriterienraster, die eine differenzierte Textanalyse ermöglichen. Eines der ausführlichsten ist das „Zürcher Textanalyseraster" (Nussbaumer / Sieber 1994), das zu Forschungszwecken entwickelt worden ist und in vereinfachter Form Eingang in Kriterienraster zur schulischen Textbeurteilung gefunden hat. Es gibt mittlerweile viele solche Kriterienraster, teilweise sind sie auch online verfügbar. Im Hinblick auf die Validität muss bei jeder

Nutzung von Kriterienrastern

Schreibaufgabe gut überlegt werden, welche der vorgeschlagenen Kriterien tatsächlich zentral sind und ob und mit welcher Gewichtung auch Leistungen der Sprachrichtigkeit berücksichtigt werden sollen. Das folgende Raster (→ ABBILDUNG 34) berücksichtigt beispielsweise sowohl Aspekte der Sprachrichtigkeit als auch Aspekte des Schreibprozesses und macht damit deutlich, wie wichtig die Anpassung an die Beurteilungssituation und den Schreibanlass ist.

Dimension	Kriterium	Grad		
Sprachrichtigkeit		**1**	**0,5**	**0**
Orthografie	1. Entspricht die Orthografie einschließlich Zeichensetzung dem Lernstand?			
Grammatikalität	2. Sind Wortbildung und Satzbau grammatisch korrekt?			
Sprachangemessenheit				
Wortwahl	3. Ist der Wortschatz angemessen? Werden Inhaltswörter, Funktionswörter, komplexe Ausdrücke und Fachtermini treffend verwendet?			
Satzbau	4. Ist der gewählte Satzbau der Aufgabe und dem Leser angemessen?			
Inhalt				
Gesamtidee	5. Lässt der Text eine dem Thema angemessene Gesamtidee erkennen? (z.B. passende Überschriften)			
Umfang/ Relevanz	6. Sind Umfang und Inhalt der Aufgabe angemessen?			
Aufbau				
Textmuster	7. Wird ein der Aufgabe angemessenes Textmuster verwendet?			
Textaufbau	8. Ist der Text sinnvoll aufgebaut? Lässt er eine innere/äußere Gliederung erkennen? (Abschnitte etc.)			
Thematische Entfaltung	9. Wird das Thema in einer der Fragestellung angemessenen Art entfaltet?			
Leserführung	10. Wird der Leser aktiv durch den Text geführt? Werden textstrukturierende Mittel verwendet?			
Prozess				
Planen/ Überarbeiten	11. Lässt der Text Planungs- und Überarbeitungsspuren erkennen?			
Wagnis/ Kreativität	12. Lässt der Text ein besonderes sprachliches Wagnis erkennen? Ist er in besonderer Weise kreativ?			

© Cornelsen Verlag Scriptor, 2006 – Schreibkompetenz

Abbildung 34: Basiskatalog zur Beurteilung von Schülertexten
(Becker-Mrotzek / Böttcher 2006, S. 95)

Fragen und Anregungen

- Nennen Sie zentrale Qualitätskriterien für das Beurteilen von sprachlichen Leistungen.

- Analysieren Sie einen Schülertext mit dem Kriterienraster von Michael Becker-Mrotzek und Ingrid Böttcher. Listen Sie Vor- und Nachteile der Arbeit mit Kriterienrastern auf.

- Wählen Sie ein Gegenstandsfeld des Sprachunterrichts und entsprechende Inhalte oder Kompetenzen Ihrer Zielstufe. Erstellen Sie dazu eine oder mehrere Aufgaben zum fördernden oder benotenden Beurteilen. Diskutieren Sie Ihre Aufgabe mit Kommilitonen.

- Analysieren Sie eine oder mehrere Aufgaben zur Beurteilung auf Ihrer Zielstufe hinsichtlich ihrer Leistungen für das fördernde und für das benotende Beurteilen.

Lektüreempfehlungen

- **Jürgen Baurmann / Mechthild Dehn: Beurteilen im Deutschunterricht**, in: Praxis Deutsch 31, 2004, Heft 184, S. 6–13. *Der Basisartikel des Praxis Deutsch-Heftes „Lernen beurteilen – Beurteilen lernen" gibt einen Einblick in die verschiedenen Aspekte des Beurteilens im Deutschunterricht.*

- **Jürgen Baurmann: Schreiben – Überarbeiten – Beurteilen. Ein Arbeitsbuch zur Schreibdidaktik**, Seelze 2002. *Im dritten Teil dieses Bandes werden vielfältige Verfahren zur fördernden und benotenden Textbeurteilung vorgestellt.*

- **Michael Becker-Mrotzek / Ingrid Böttcher: Schreibkompetenz entwickeln und beurteilen. Praxishandbuch für die Sekundarstufe I und II**, Berlin 2006. *In diesem Band werden konkrete Vorschläge gemacht, wie man Texte beurteilen kann, und Kriterienraster vorgestellt.*

- **Annette Mönnich / Carmen Spiegel: Kommunikation beobachten und beurteilen**, in: Michael Becker-Mrotzek (Hg.), Mündliche Kommunikation und Gesprächsdidaktik, Baltmannsweiler 2009, S. 429–444. *Der Beitrag zeigt Aspekte auf, unter denen mündliche Leistungen beobachtet werden können, und erläutert verschiedene Methoden dazu.*

- **Maximilian Nutz: Beurteilung sprachlicher Leistungen,** in: Ursula Bredel u. a. (Hg.), Didaktik der deutschen Sprache. Ein Handbuch, Bd. 2, Paderborn 2003, S. 924–937. *Der Aufsatz gibt einen – auch historischen – Überblick über die Problematik des Beurteilens von sprachlichen Leistungen. Der Schwerpunkt liegt dabei auf der Beurteilung von Schreibfähigkeiten.*

- **Hans H. Reich: Aufbauende Sprachförderung unter Nutzung der FörMig-Instrumente,** in: Drorit Lengyel u. a. (Hg.), Von der Sprachdiagnose zur Sprachförderung, Münster 2009, S. 25–33. *Dieser Aufsatz diskutiert die Frage, in welchem Zusammenhang die Sprachstandsanalyse bei mehrsprachigen Schülern und deren sprachliche Förderung stehen und stehen sollen.*

- **Werner Sacher: Leistungen entwickeln, überprüfen und beurteilen. Bewährte und neue Wege für die Primar- und Sekundarstufe, 5., überarbeitete und erweiterte Auflage,** Bad Heilbrunn 2009. *Dieses Standardwerk zum Beurteilen im Unterricht will jenseits von normierten Schulleistungsstudien und Diagnosen durch Experten die Lehrpersonen in ihrer alltäglichen Beurteilungsarbeit unterstützen.*

12 Lehr-Lernprozesse im Sprachunterricht gestalten

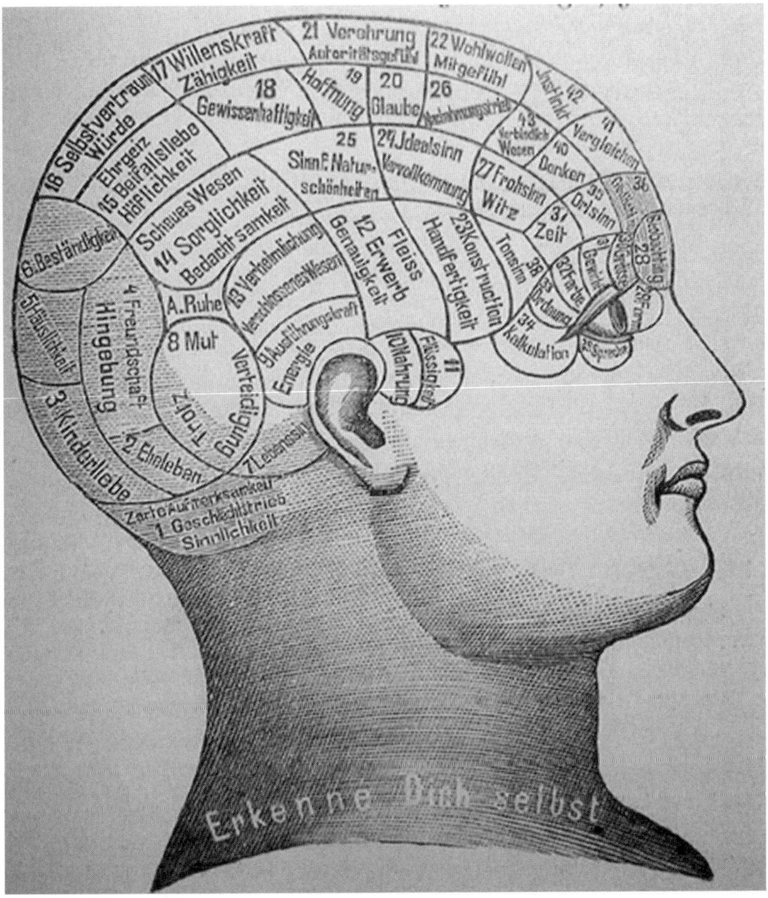

Abbildung 35: Phrenologie (Phrenology), aus: Friedrich Eduard Bilz (1894), Das neue Natur-heilverfahren (75. Jubiläumsausgabe, 1894)

Das Lehrbild der Phrenologie von 1864 illustriert, wie Mitte des 19. Jahrhunderts versucht wurde, psychische Eigenschaften und Zustände des Menschen im Gehirn zu verorten. Neben Persönlichkeitseigenschaften wie Mut (8), Frohsinn (27) oder Willenskraft (17) hat man auch kognitiven Fähigkeiten wie dem Denken (40), Vergleichen (41) oder der Sprache (35) bestimmte Areale im Gehirn zugewiesen. Man ging davon aus, dass alle Felder bei allen Menschen angelegt sind, wenn auch in unterschiedlicher Ausprägung. Phrenologen glaubten, anhand der äußeren Schädelformen bereits bei Kindern deren Talente und Charaktereigenschaften und damit deren (berufliche) Zukunft bestimmen zu können. Die Vorstellung, dass sich das Gehirn durch Lernen verändert und entwickelt, fand in ihrer Theorie kaum Platz.

Zwar geht man bis heute davon aus, dass es Bereiche im Gehirn gibt, die für bestimmte Aufgaben spezialisiert sind. Man hat aber auch herausgefunden, dass die neuronalen Strukturen ganz wesentlich von Lernprozessen abhängig sind. Für den Unterricht als systematisch organisierte Form von Lehren und Lernen spielen Vorstellungen von Lernprozessen eine wichtige Rolle. Sie bilden die Grundlage für die Gestaltung unterrichtlicher Lehr-Lernprozesse. Das Lernen als Prozess kann man genauer beschreiben. Davon ausgehend lassen sich Prinzipien für die Gestaltung von angemessenen sprachlichen Lehr-Lernangeboten ableiten. Um diese Prinzipien im Sprachunterricht zu realisieren, braucht es Lehr-Lernarrangements, die sich durch die Balance von Konstruktion und Instruktion auszeichnen. Dabei muss es Unterrichtsanteile geben in denen die Schüler individuell an ihren Stärken und Schwächen arbeiten, und außerdem Phasen, in denen sie kooperativ arbeiten und lernen können.

12.1 Gestaltungsprinzipien für den Sprachunterricht
12.2 Balance von Konstruktion und Instruktion
12.3 Individualisierung
12.4 Kooperation

12.1 Gestaltungsprinzipien für den Sprachunterricht

Die Vorstellung davon, wie Lernen funktioniert, hat sich in den letzten Jahrzehnten grundlegend gewandelt. Ging man früher davon aus, dass Wissen vom Lehrer durch den Unterricht zum Schüler transportiert wird, ist man heute zur Einsicht gelangt, dass Lernen ein aktiver Aneignungsprozess ist. Ein grundlegendes Merkmal einer solchen konstruktivistisch geprägten Sicht auf Lernen ist die Auffassung, dass der Lerner nur durch eigene Konstruktionsleistungen Wissensbestände aufbauen, verändern und erweitern kann. Lernen ist ein situierter Vorgang, also ein Vorgang, der stets an eine konkrete Situation und deren inhaltlichen und sozialen Sinn- und Bedeutungszusammenhang gebunden ist. Zwar ist die selbstständige Übertragung und Anwendung des Gelernten auf verschiedene Anforderungssituationen ein großes Ziel unterrichtlicher Bemühungen, aber die Aneignung selbst erfolgt zunächst in einem bestimmten Kontext und ist bereichsspezifisch. Die Übertragung des Gelernten auf neue Inhalte und Situationen muss explizit angeleitet und geübt werden (→ KAPITEL 13.3). Lernen ist zudem ein sozialer Prozess, der immer in einem bestimmten sozialen und kulturellen Umfeld stattfindet und im Zusammenhang mit Unterricht stets in Interaktionsprozesse eingebettet ist (vgl. Reinmann/Mandl 2006, S. 638).

Lernen als aktiver, situierter und sozialer Prozess

Beim Lernen knüpft der Lerner für den Aufbau des neuen Wissens an die bereits bestehenden kognitiven Strukturen an. Das Vorwissen, die Vorerfahrungen und die bereits vorhandenen Fähigkeiten und Fertigkeiten bilden die Grundlage für das Weiterlernen. Dazu kommt es aber nur, wenn der Lerner für die Lernsituation Interesse aufbringt und entsprechend motiviert ist. Nach der Selbstbestimmungstheorie der Motivation der amerikanischen Psychologen Edward L. Deci und Richard M. Ryan kommt Motivation dann zustande, wenn die Lerner sich als autonom und kompetent erleben und sich sozial eingebunden fühlen (vgl. Deci/Ryan 1993). Außer durch die Motivation wird der Lernprozess auch durch den Einsatz metakognitiver Strategien des Lerners gesteuert. Damit plant, überwacht, überprüft, korrigiert und lenkt er sein Lernen.

Anknüpfen an bestehende Strukturen

Steuerung durch Motivation und Metakognition

Im Sprachunterricht versucht die Lehrperson, durch die Gestaltung von Lehr-Lernarrangements gezielt Lernprozesse zu initiieren. Dabei sollen die Schüler im Rahmen sprachlicher Bildung mit dem Ziel des reflexiven Sprachhandelns und der Persönlichkeitsentwicklung (→ KAPITEL 2.4) auch Kompetenzen erwerben und diese zunehmend selbststän-

Kompetenzerwerb

Problemlösen

dig einsetzen können. Kompetenzen sind Fähigkeiten und Fertigkeiten, die qua Definition (→ KAPITEL 1.3, 3.3) befähigen, variable problemhaltige Situationen zu bewältigen. Was müssen Lerner können, um Probleme in unterschiedlichen Situationen zu lösen? Zunächst muss der Schüler in der Lage sein, die problemhaltige Situation zu analysieren, indem er sich mit dem aktuellen Ausgangs- und dem gewünschten Endzustand vertraut macht. Danach muss es ihm gelingen, eine Abfolge von Teilhandlungen zu finden, die ihn zum Zielzustand führen und über die er bereits verfügen kann. Dazu wiederum braucht er Wissen und Fähigkeiten oder Fertigkeiten sowie die Bereitschaft und Motivation zum Handeln. Dieses Wissen umfasst auch Wissensbestände, die nicht expliziert werden können, sondern nur als implizites Wissen verfügbar sind. Bei der Bewältigung dieser Anforderungen können Strategien dem Lerner helfen. Kognitive Strategien bieten quasi bewährte Standardverfahren für Teilhandlungen an, und mit metakognitiven Strategien planen und steuern Lernende den Problemlöseprozess.

Beispiel: Einen Brief schreiben

Um es an einem Beispiel zu verdeutlichen: Wer einen Brief schreiben und versenden will, muss zunächst diese Absicht haben (Ausgangszustand) und ein Ziel, nämlich den Brief in den Briefkasten zu werfen. Dann muss er versuchen, den Weg von der Absicht zum Ziel in aufeinander aufbauende Schritte zu zerlegen, die er bewältigen kann. Zunächst wird er sich vermutlich Papier und Stifte bereitlegen oder den Computer einschalten. Dann folgt eine Phase der Planung des Briefes. Dazu zieht der Schreiber Textsortenwissen heran (etwa wie ein Brief aufgebaut wird) und setzt Planungsstrategien ein, indem er vielleicht einige Notizen oder Skizzen zum Aufbau des Briefes macht. Bereits da braucht er neben motorischen Schreibfertigkeiten eine Reihe von komplexen Fähigkeiten (z. B. Formulieren) und Wissensbeständen. Im weiteren Verlauf des Prozesses muss er sein Schreiben und Handeln metakognitiv so steuern, dass am Ende der fertige Brief zum Verschicken in einem Umschlag bereit liegt.

Gestaltungsprinzipien

Nach welchen Prinzipien müssen nun Lehr-Lernarrangements im Sprachunterricht gestaltet werden, damit Lernumgebungen entstehen, die die Schüler zum Lernen im oben genannten Sinne anregen und im Rahmen sprachlicher Bildung auch Kompetenzerwerb ermöglichen? Gestaltungsprinzipien für den Unterricht lassen sich als Bindeglieder zwischen fachdidaktischer Theoriebildung und konkreter Unterrichtsplanung modellieren. Sie befinden sich auf einer mittleren Abstraktionsebene und versuchen eine allgemeine Leitlinie für Entscheidungen bei der Planung des Unterrichts zu generieren. Diese Entscheidungen wirken sich auf die Auswahl von Themen, Methoden, Medien und Sozialformen des Unterrichts aus. So wird ein Lernarrangement geschaffen, das die Zielsetzungen (→ KAPITEL 2, 3), die Lerngegenstände (→ KAPITEL 5–9) und nicht zuletzt die Schüler und deren Lernen angemessen berücksichtigt. Vor diesem Hintergrund lassen sich für die Gestaltung von Sprachunterricht folgende Prinzipien formulieren:

- Ausrichtung auf Aktivität der Lernenden: Das Prinzip beruht auf der Vorstellung von Lernen als eigenaktivem Konstruktionsprozess. Der Sprachunterricht muss so gestaltet sein, dass bei den Schülern vielfältige Lese- Schreib-, Sprech- und Reflexionsprozesse in Gang kommen können. Wichtig ist dabei, die Schüler „zu echter, sinnvoller Tätigkeit, zu sachgerechter Auseinandersetzung mit den Unterrichtsgegenständen, zu selbstverantwortlichem Handeln anzuregen und anzuleiten, ohne dass sie dabei in bloß äußere Geschäftigkeit und Betriebsamkeit verfallen." (Glöckel 1996, S. 296) Unvorbereitetes Reihum-Vorlesen oder isoliertes Abschreiben sind Beispiele für solche rein äußerlichen Handlungen, die es zu vermeiden gilt. **Aktivität der Lernenden**

- Schaffung von situierten, sinnvollen und bedeutsamen Lernsituationen: Dieses Prinzip betont, dass Lernen kontextgebunden ist. Schulisch initiiertes Lernen ist auf Fachlichkeit angewiesen. Das heißt, es braucht relevante Themen und Inhalte, an denen es dem Schüler subjektiv sinnvoll erscheint, sein Wissen und seine Fähigkeiten zu erweitern. Eine als subjektiv bedeutsam erlebte Auseinandersetzung mit sprachlichen Lerngegenständen wird möglich, wenn die Lernsituationen thematisch situiert und in schriftkulturelle Kontexte eingebunden sind. Sie können zwar isoliert den Fokus auf ein Rechtschreibphänomen, auf einen Überarbeitungsschritt beim Verfassen von Texten oder auf eine Teilfähigkeit des Lesens richten, für den Schüler muss aber immer der Zusammenhang zur Schriftkultur deutlich und erfahrbar sein. Lesen, Schreiben, Sprechen oder Sprachreflexion dürfen in der Wahrnehmung der Schüler nicht zu rein auf schulische Zwecke ausgerichteten Kulturtechniken verkommen, die keinen Bezug zu ihrer eigenen schriftkulturellen Praxis außerhalb der Schule aufweisen. **Relevante Lernsituationen**

Situierte Lernsituationen knüpfen an die Interessen der Schüler und ihre Lebenswelt in- und außerhalb des Klassenzimmers an. Das heißt nicht, dass sie sich nur auf das Hier und Jetzt der Lebenssituation der Schüler beschränken. Vielmehr kann gerade auch das interessant sein, was außerhalb der eigenen Reichweite liegt. Erfahrungen der Fremdheit sind spannend und initiieren intensive Lern- oder zumindest Reflexionsprozesse.

- Förderung der Selbstbestimmung und Selbstständigkeit: Das dritte Prinzip weist in zwei Richtungen: Zum einen fördert das Autonomieerleben des Schülers im Unterricht die Motivation ganz wesentlich (vgl. Wild u. a. 2006, S. 231). Zum anderen ist die Fähigkeit zum selbstständigen Handeln ein wichtiges Ziel schulischer Bildungsprozesse. Lehr-Lernarrangements können diese beiden Aspekte fördern, wenn sie dem Schüler immer wieder Freiräume für eigene Entscheidungen einräumen; das fordert und fördert Selbstbestimmung und Selbstständigkeit zugleich.

  Eine wichtige Rolle für selbstständiges Lernen spielen der Erwerb und die Entwicklung kognitiver und metakognitiver Strategien. Durch die Reflexion des eigenen Lernprozesses können dem Schüler sein Vorgehen beim Lernen und seine Überwachung, Planung, Steuerung und Bewertung dieses Prozesses zugänglich gemacht werden. Dabei können kognitive und metakognitive Strategien explizit angeeignet und eingeübt werden. Immer wieder gilt es bei der Gestaltung von Lehr-Lernarrangements darauf zu achten, dass die Schüler gezielt zur Anwendung bereits erworbener Strategien angeregt werden, um zunehmend selbstständig darüber verfügen zu können.

- Passung zwischen Lernangebot und Individuum: Das Prinzip der Passung macht einerseits auf die Bedeutung der vorhandenen kognitiven Strukturen und Vorerfahrung für das Lernen aufmerksam und andererseits verweist auch dieses Prinzip auf die Motivation, diesmal stärker unter dem Aspekt des Erlebens eigener Kompetenz und Wirksamkeit. Lehr-Lernarrangements, die für den einzelnen Schüler eine angemessene Herausforderung darstellen, ermöglichen Erfolgserlebnisse, lassen den Schüler seinen persönlichen Lernfortschritt erkennen und tragen so zur Motivierung des Schülers bei. Zu einer angemessenen Herausforderung können Lehr-Lernarrangements werden, wenn sie die individuellen Voraussetzungen, die vorhandenen Wissensstrukturen, die Fähigkeiten und die Verarbeitungsprozesse des einzelnen Lerners berücksichtigen und verschiedene thematische oder methodische Zugänge zu Lerngegenständen ermöglichen.

- Ermöglichung von Prozessen des sozialen und kommunikativen Austausches: Auch das letzte Gestaltungsprinzip speist sich aus unterschiedlichen Quellen. Zunächst besagt die Selbstbestimmungstheorie der Motivation (vgl. Deci / Ryan 1993), dass das Bedürfnis nach sozialer Eingebundenheit erfüllt werden muss, damit sich Lernmotivation entwickeln kann. Daher greift es zu kurz, das Prinzip so auszulegen, dass unterschiedliche Sozialformen wie Arbeit mit einem Partner, in einer Gruppe oder in der ganzen Klasse sich abwechseln sollen. Vielmehr müssen Lehr-Lernarrangements so gestaltet sein, dass sie zu authentischer Kommunikation anregen und soziale Prozesse des Miteinanders initiieren. Damit verweist das Prinzip auch auf die Auffassung, dass Lernen als sozialer Prozess sich wesentlich in Interaktionssituationen ereignet. Entsprechend gestaltete Lehr-Lernarrangements können die sozialen Beziehungen verbessern und zur Entwicklung der Persönlichkeit beitragen (vgl. Johnson / Johnson 2008, S. 17).

12.2 Balance von Konstruktion und Instruktion

Die Prinzipien der Aktivität, der Situierung und der Selbstbestimmung lassen sich besonders gut in „offenen" Lernumgebungen realisieren. Diese Lernumgebungen sind so gestaltet, dass authentische, ganzheitliche, situierte, problemhaltige und damit komplexe Situationen den Ausgangspunkt des Lernens bilden. Sie versuchen, Lehr-Lernprozesse in für Schüler subjektiv sinnvolle Kontexte einzubetten und sich auf die Interessen der Schüler und auf ihre Lebenswelt in- und außerhalb des Klassenzimmers zu beziehen. In diesen Lehr-Lernarrangements soll der Schüler aktiv eigene Konstruktionsleistungen erbringen. Ihm werden Entscheidungsspielräume gewährt, er kann – und muss – nach seinen eigenen Interessen, Neigungen und Fähigkeiten den Lernprozess und seine Zugänge dazu selbstgesteuert gestalten. Für den Sprachunterricht können solche Anforderungssituationen etwa darin bestehen, brieflichen Kontakt mit einer Partnerklasse aufzunehmen, einen Vortrag über ein selbst gewähltes Thema oder Buch zu halten, ein eigenes Buch herzustellen, Entdeckungen im Bereich der Rechtschreibung zu machen oder ein eigenes Interesse an einem sprachlichen Phänomen in der eigenen oder einer fremden Sprache zu verfolgen.

Es wird deutlich, dass zur Bewältigung dieser komplexen Situationen eine aktive Schülerrolle notwendig ist, in der selbstgesteuertes Lernen nicht nur möglich wird, sondern auch erforderlich ist. Durch die vielen Entscheidungsmöglichkeiten werden die Selbstbestimmung und damit die Motivation gefördert. Sprachliches Lernen ist sinnvoll eingebunden, denn mit diesen Anforderungssituationen sind eine Vielzahl von Lese-, Schreib-, Sprech- und Reflexionsanlässen verknüpft, die bewältigt werden müssen. Die Schüler können hier neue

Offene Lernumgebungen

Eigene Konstruktionsleistungen

Aktive Schülerrolle

Handlungsmöglichkeiten entwickeln, vor allem aber bereits vorhandene Kompetenzen in neuen Situationen anwenden und erweitern.

Grenzen konstruktionsorientierter Lernumgebungen

Jedoch haben solche komplexen, auf eigenaktive Konstruktionsleistungen der Schüler ausgerichteten Lernumgebungen auch klare Grenzen: Zum einen erfordert die erfolgreiche Bewältigung der oben dargestellten Situationen bereits vielfältige Kompetenzen, nicht nur im Bereich der Gegenstandsfelder, sondern auch im Bereich der metakognitiven Fähigkeiten wie der Selbststeuerung bei der Planung, Durchführung und Bewertung des Lernprozesses. Es besteht die Gefahr, dass Lernende bei solchen Arrangements zu wenig angeleitet und unterstützt werden, was zu Überforderung führen kann (vgl. Reinmann/Mandl 2006, S. 635). Zum anderen lässt sich von außen nur schwer nachvollziehen, inwieweit tatsächlich gesicherte sprachliche Kompetenzen erworben werden. Für den Sprachunterricht ist es aber von entscheidender Bedeutung, dass Wissen, Fähigkeiten, Fertigkeiten und Strategien systematisch aufgebaut werden, damit sie in entsprechenden Anforderungssituationen erfolgreich zur Anwendung kommen können.

Diese systematische Aneignung kann besser durch Anleitung von Seiten der Lehrperson initiiert werden. Deshalb müssen konstruktionsorientierte Lernumgebungen mit instruktiven Momenten ergänzt werden. Empirische Untersuchungen deuten darauf hin, dass Phasen direkter Instruktion besonders für leistungsschwächere Schüler wesentlich zum Lernerfolg beitragen (vgl. Wember 2007, S. 90–92). Bei direkter Instruktion durch die Lehrperson legt diese das zu Erlernende zunächst fest und strukturiert es. Die Lehrperson orientiert sich dabei an der Reihenfolge vom Einfachen zum Schwierigen. Ausgehend vom individuellen Lern- und Entwicklungsstand des Lerners versucht sie dann, den Wissens-, Fähigkeits- oder Strategieerwerb schrittweise zu steuern und anzuleiten. Wenn die Lehrperson ihr eigenes Vorgehen explizit macht und exemplarisch Lösungswege oder Lösungsbeispiele präsentiert, wird die Lehrperson für die Schüler als ‚Expertin' sichtbar. Experten können unter günstigen Bedingungen (z. B. durch positive Identifikation mit der Person) zum Vorbild werden und dazu dienen, dass die Schüler an ihrem Modell lernen.

Beispiel: Bewerbung schreiben

So kann eine Lehrperson für das Thema „Schreiben einer Bewerbung" zunächst das Vorwissen der Schüler abfragen und Kriterien für ein gelungenes Anschreiben sammeln, die die Schüler bereits kennen. Danach systematisiert und erweitert sie die Schülerantworten. Sie nennt und begründet alle wichtigen Punkte, die in einem Anschreiben berücksichtigt werden müssen. In einem nächsten Schritt

Direkte Instruktion

macht sie an einem Beispiel konkret vor, wie diese Kriterien in einem Anschreiben verwirklicht werden können. Danach fordert sie die Schüler mit klar strukturierten Aufgaben auf, die Realisierung einzelner Aspekte zu erproben. Diese Arbeitsergebnisse werden wieder verglichen und bilden die Grundlage für weitere Aufgaben, bis die Schüler in der Lage sind, eine Beispielbewerbung und schlussendlich eine echte, eigene Bewerbung zu verfassen.

Die direkte Instruktion hat einige Nachteile. Beim Erwerb von Wissen durch direkte Instruktion besteht die Gefahr, dass das Wissen „träge" bleibt. Das bedeutet, dass Schüler sich zwar Wissen aneignen, etwa über Rechtschreibregeln, dieses aber nicht anwenden können und trotzdem Rechtschreibfehler machen, obwohl sie die entsprechende Rechtschreibregel auswendig aufsagen können. Wissenserwerb ist erst dann sinnvoll und erfolgreich, wenn es dem Schüler gelingt, diese erworbenen Wissensbestände auch zu nutzen, indem er das Gelernte auf neue Situationen überträgt. Zudem muss bei instruktiven Lehranteilen berücksichtigt werden, dass ein Verstehen neuer Lerninhalte an die Wahrnehmung eines Gegenstands als Ganzes gebunden ist. Vor allem aber wird dem Schüler eine problematisch passive Rolle zugewiesen, die der eigenen Initiative und Verantwortung für den Lernprozess abträglich ist. | *Nachteile direkter Instruktion*

Erst eine Balance von Konstruktion und Instruktion ermöglicht erfolgreiches und auf Selbstständigkeit ausgerichtetes Lernen. Lehr-Lernarrangements müssen so gestaltet sein, dass sie Konstruktionsleistungen der Schüler ermöglichen und dieser Konstruktionsprozess durch Instruktion von Seiten der Lehrperson angeleitet und unterstützt wird. Im Sprachunterricht bietet sich eine Vielzahl von Gelegenheiten, etwa beim Schriftsprach- und später beim Rechtschreiberwerb. Man geht davon aus, dass sich Lerner innere Regeln konstruieren, denen ihre Schreibungen folgen (→ KAPITEL 8). Um diese Konstruktion von Regeln zu initiieren, kommt der Lehrperson die Aufgabe zu, eine strukturierte Lernumgebung zur Verfügung zu stellen, die dazu anregt, diese Regeln aus dem angebotenen Material zu entwickeln. Dazu muss das angebotene Material so ausgewählt sein, dass es die „Entdeckung" eines bestimmten Phänomens nahelegt, und es braucht eine Anleitung, welche operativen Verfahren dem Schüler diese „Entdeckung" erleichtern könnte. Zudem muss die Lehrperson dafür sorgen, dass die Schüler systematisch und gezielt so etwas wie „kognitive Klarheit" (Valtin / Sasse 2007, S. 182) darüber erwerben, wie Schreiben ‚funktioniert'. | *Balance von Konstruktion und Instruktion* | *Beispiel: Innere Regelkonstruktion*

Auch Lernarrangements wie Freie Lesezeiten (oder Freie Schreibzeiten) enthalten instruktive und konstruktionsorientierte Momente. Auf | *Beispiel: Freie Lesezeiten* der einen Seite gibt die Lehrperson klare Rahmenbedingungen vor, die eindeutige Anforderungen stellen und Strukturen und Anleitung bieten. Zudem gibt es eine sorgfältige, bewusste Auswahl der zur Verfügung stehenden Medien (Bücher, Zeitschriften, CD-ROMs), die von der Lehrperson nach bestimmten Kriterien zusammengestellt werden. Auf der anderen Seite aber lassen solche Lese- oder Schreibzeiten trotz des deutlich abgesteckten Rahmens viel Raum für das Interesse, die Fähigkeiten, die Wünsche und die eigenaktiven Tätigkeiten der Schüler.

12.3 Individualisierung

Da Lernen nur im Anschluss an bereits vorhandene kognitive Strukturen erfolgen kann, müssen für die Gestaltung von Lehr-Lernprozessen die Lernvoraussetzungen des Einzelnen möglichst genau beschrieben und darauf abgestimmte Lernangebote zur Verfügung gestellt werden. Das Prinzip der Passung erfordert von der Lehrperson eine hohe Kompetenz bei der Lernstandsdiagnose (→ KAPITEL 11). Darüber hinaus braucht sie genaue Vorstellungen darüber, welches der nächste Schritt im Lernprozess sein könnte. Die Kompetenzorientierung hat mit ihren Modellen für einzelne Lerngegenstände des Sprachunterrichts dazu geführt, dass eine genauere Feststellung des aktuellen Lernstandes möglich ist. Einige der bereits vorhandenen Kompetenzmodelle bieten eine Orientierung, welche Teilfähigkeiten auf unterschiedlichen Niveaustufen erworben werden.

Feststellung des Lernstandes

Individualisierung bedeutet zunächst, den Regelunterricht so zu gestalten, dass der Einzelne einen ihm entsprechenden Zugang zum Lerngegenstand finden und passende Lernangebote in Anspruch nehmen kann. Nur so können für das Lernen zentrale Aspekte wie die persönliche Bedeutsamkeit oder das Erleben des eigenen Erfolges und der Wirksamkeit erfahrbar werden. Dazu sind differenzierte Lernangebote notwendig, die sich nicht in Zusatzaufgaben für schnell arbeitende Schüler erschöpfen. Vielmehr gilt es, für Lehr-Lernarrangements vielfältige Differenzierungsmöglichkeiten in allen Phasen des Unterrichts zu berücksichtigen (vgl. Klafki 2007, S. 187–196):

Differenzierungs-möglichkeiten

- Erarbeitungs-, Übungs- und Transferaufgaben können einen unterschiedlichen Schwierigkeitsgrad aufweisen (→ KAPITEL 13.2);
- der Umfang des Lernstoffes kann verschieden groß sein (etwa eine unterschiedliche Anzahl von Wörtern, die es zu üben gilt);
- es kann abgestufte Hilfen und Unterstützungsmaßnahmen geben, die Schüler je nach Bedarf in Anspruch nehmen können (beim

Schreiben in der eigenen Wortkartei nachschauen, im Wörterbuch nachschauen, einen Mitschüler oder die Lehrperson fragen);

- unterschiedliche inhaltliche Zugänge können eröffnet werden, die die unterschiedlichen Interessen z. B. von Mädchen und Jungen berücksichtigen (bei einer Beschreibung können unterschiedliche Gegenstände eine Rolle spielen, bei Leseübungen kann zwischen Texten zu unterschiedlichen Themen ausgewählt werden);
- verschiedene methodische Zugänge können ermöglicht werden (etwa indem die Schüler wählen, ob sie selbstständig eine Argumentationsstruktur entwickeln oder zunächst mit dem Lehrer ein Lösungsbeispiel anschauen wollen, oder indem es ihnen überlassen ist, die Struktur eines Textes verbal oder grafisch zu veranschaulichen) und schließlich
- können verschiedene Kooperationsmöglichkeiten zur Wahl gestellt werden (Rechtschreibübungen können alleine, mit einem Partner, in einer Gruppe oder in einer Kleingruppe mit der Lehrperson bearbeitet werden).

Individualisierung heißt aber auch, einen Schüler in seinen Stärken wahrzunehmen und zu fördern (vgl. Bertschi-Kaufmann 2005). Das kann im Kleinen im Rahmen des Unterrichts geschehen, indem Schüler z. B. als Experten für bestimmte Themen oder für bestimmte Vorgänge eingesetzt werden. Ein sicherer Rechtschreiber kann während Überarbeitungsphasen im Schreibprozess ein ‚Korrekturbüro‘ eröffnen; Vielleser können ihre Mitschüler bei der Auswahl von Büchern beraten usw. Es kann sich aber auch um Bildungsangebote handeln, die über das Klassenzimmer hinausgehen. Beispiele dafür sind die Teilnahme am Vorlesewettbewerb des Börsenvereins des Deutschen Buchhandels, an Schreibwettbewerben oder Schreibwerkstätten von Autoren, die Gründung von Debattierclubs oder die Teilnahme bei „Jugend debattiert" etc. Während in den Naturwissenschaften an vielen Orten eine Förderung besonderer Stärken der Schüler durch Schülerlabors oder bekannten Wettbewerben wie „Jugend forscht" institutionalisiert ist, gibt es im sprachlichen Bereich nur wenige außerschulische Angebote.

Förderung individueller Stärken

Schließlich heißt Individualisierung auch, dass die Schüler die Möglichkeit bekommen, gezielt an ihren Schwächen zu arbeiten, sei es in entsprechenden Arbeitsphasen im Regelunterricht oder in zusätzlichen Förderstunden. Lernangebote zur Arbeit an individuellen Schwächen beziehen sich in der Regel auf die Bereiche der Rechtschreibung und des Lesens, bei mehrsprachigen Schülern auch auf ihre Deutschkompetenzen. Diese Lernangebote fokussieren meist ei-

Arbeit an individuellen Schwächen

nen funktionalen Zugriff auf Lesen und Schreiben als Kulturtechnik und stellen Übungsaufgaben in den Mittelpunkt. Das mag aufgrund der beschränkten zeitlichen und personellen Ressourcen für solche Förderangebote und im Hinblick auf die enorme Bedeutung, die der Beherrschung funktionaler Lese- und Schreibfähigkeiten für die Teilhabe an der Gesellschaft zukommt, gerechtfertigt sein. Berücksichtigt man aber den zentralen Stellenwert motivationaler Aspekte beim Lernen, ist es unverzichtbar, auch für solche Fördersituationen die anderen Gestaltungsprinzipien zu beachten.

12.4 Kooperation

Kooperative Lern- und Arbeitsformen

Um einen sozialen und kommunikativen Austausch zu ermöglichen, bieten sich durch kooperative Lern- und Arbeitsformen gerade im Sprachunterricht eine Vielzahl von Gelegenheiten. Dabei kann der individuelle Lernprozess vom sozialen Austausches profitieren: Kooperative Lern- und Arbeitsformen sollen zu einer vertieften kognitiven und thematischen Auseinandersetzung mit den Lerngegenständen führen.

Im Sprachunterricht ist damit vor allem die Hoffnung verbunden, dass sich sprachliche Lernprozesse in Kleingruppensituationen besonders gut initiieren lassen, da der Austausch in der Gruppe nur durch sprachliche Interaktion vonstatten gehen kann. Damit sind in solchen Phasen alle Schüler gezwungen, ihre Vorannahmen, Lösungspläne und -vorschläge oder ihre Vorstellungen für die anderen Gruppenmitglieder verständlich sprachlich darzustellen. Das fördert Kompetenzen wie Ausdrucks- oder Argumentationsfähigkeiten im Bereich der mündlichen und je nach Arbeitsauftrag auch der schriftlichen Kommunikation (vgl. Baurmann 2007, S. 9f.). Es kommt in diesen Gruppensituationen zu einer vertieften kognitiven Auseinandersetzung, da die explizite sprachliche Darstellung des eigenen Denkens auf dieses zurück wirkt und klärende Prozesse in Gang setzt (vgl. Tulodziecki u. a. 2009, S. 31). Dieser Prozess der Selbsterkenntnis kann die Entwicklung der eigenen Identität im Sinne des Sozialpsychologen George Herbert Mead unterstützen (→ KAPITEL 2.1).

Lernen von Gleichaltrigen

Wie bei der direkten Instruktion sind auch in Gruppenprozessen Lernen durch Imitation und Lernen am Modell möglich. Gerade für Jugendliche ist die Orientierung an den Gleichaltrigen ein entscheidender Faktor für die Beförderung oder Verhinderung des Lernens. Empirisch konnte dieser Einfluss immer wieder nachgewiesen werden, wie die Forschungen zur Anschlusskommunikation nach dem Lesen (vgl. Philipp 2008) oder zu Rückmeldungen im Schreibprozess (vgl. Rijlaarsdam u. a. 2008) gezeigt haben.

Um tatsächlich solche Wirkungen zu erzielen, die beispielsweise zu elaborierteren Argumentationskompetenzen führen, müssen aber mehrere Bedingungen erfüllt sein (vgl. Johnson / Johnson 2008, S. 17f.):

Kriterien für erfolgreiche Kooperation

- Die Gruppe selbst und der Arbeitsprozess in der Gruppe brauchen eine klare Struktur.
- In kooperativen Arbeitsphasen brauchen die Schüler ein Ziel, das sie nur gemeinsam erreichen können.
- Der Anteil des Einzelnen am Gelingen des Ganzen muss expliziert werden, dazu gehören auch Anforderungen an gegenseitige Hilfestellungen.
- Die Gruppenmitglieder müssen zumindest über ein Minimum an sozialer Kompetenz und Reflexionsfähigkeit verfügen, um die parallel ablaufenden Gruppen- und Arbeitsprozesse zu bewältigen.

Mithilfe dieser Gütekriterien für erfolgreiche Kooperation können Arbeitsformen in Gruppen, die im Deutschunterricht bereits Tradition haben, auf der Basis empirischer Lehr-Lern-Forschung „nachhaltig und zielorientiert verbessert" (Baurmann 2007, S. 10) werden. Zentral erscheint dabei das Kriterium der Strukturierung. Es weist auf die Notwendigkeit hin, für kooperative Arbeitsformen im Sprachunterricht – wie beispielsweise für eine Schreibkonferenz (→ KAPITEL 7.4) – ganz bestimmte, fest strukturierte Abläufe mit genau verteilten Rollen und entsprechenden Aufgaben einzuführen. Denkbar wäre im Fall der Schreibkonferenz eine Strukturierung in verschiedene „Runden", in denen jedes Gruppenmitglied eine Rückmeldung an den Schreiber unter einer bestimmten (auf den Inhalt, die Formulierung, die Form etc. bezogenen) Perspektive geben soll. Das könnte auch dazu beitragen, dass die Dominanz inhaltlicher Rückmeldungen bei Schreibkonferenzen abgebaut und auch andere Aspekte der Textüberarbeitung berücksichtigt werden.

Strukturierung als zentrales Kriterium

Im Hinblick auf „reflexives Sprachhandeln" als Leitziel des Sprachunterrichts spielt auch der Hinweis auf die Notwendigkeit reflexiver Betrachtung der Gruppen- und Arbeitsprozesse eine wichtige Rolle. Wie für mündliche und schriftliche Kommunikationsprozesse beschrieben, bildet Kooperation eine authentische Handlungssituation, und dies in zweifacher Hinsicht. Zum einen fördern die expliziten Reflexionsphasen am Ende des Gruppenprozesses die Kompetenz zum reflexiven Sprachhandeln, ohne dass der Unterricht auf die In-

Förderung reflexiver Prozesse

szenierung von künstlichen Sprachhandlungssituationen angewiesen ist. Zum anderen bildet die gemeinsame Arbeit am Gegenstand – etwa bei der Vorbereitung einer Präsentation – ein Erprobungsfeld für die Wirksamkeit sprachlicher Mittel und deren angemessener Verwendung. Daraus entstehende Kooperation kann direkt als hilfreich erlebt werden, z. B. wenn Gruppenmitglieder sich gegenseitig Sachverhalte erklären. Aber auch die Folgen unangemessener Verwendung sprachlicher Mittel werden unmittelbar spürbar und müssen bearbeitet werden, etwa wenn die Erklärung unverständlich bleibt oder es zu Konflikten in der Gruppe kommt.

Fragen und Anregungen

- Nennen Sie Gestaltungsprinzipien für den Sprachunterricht.
- Charakterisieren Sie die Balance von Konstruktion und Instruktion in Lehr-Lernarrangements.
- Welche Möglichkeiten der Individualisierung gibt es?
- Entwerfen Sie eine Gruppenarbeit für den Sprachunterricht und gestalten Sie diese nach den Kriterien für erfolgreiche Kooperation.

Lektüreempfehlungen

- **Jürgen Baurmann: Kooperatives Lernen im Deutschunterricht,** in: Praxis Deutsch 34, 2007, Heft 205, S. 6–11. *Der Artikel gibt einen Überblick über zentrale Aspekte des kooperativen Lernens und bezieht diese auf den Deutschunterricht.*

- **Gabi Reinmann / Heinz Mandl: Unterrichten und Lernumgebungen gestalten,** in: Andreas Knapp / Bernd Weidenmann (Hg.), Pädagogische Psychologie. Ein Lehrbuch, München 1986, 5., vollständig überarbeitete Auflage, Weinheim 2006, S. 613–658. *Dieser Lehrbuchbeitrag stellt gut verständlich verschiedene Positionen zur Gestaltung von Lernumgebungen vor.*

- **Susanne Riegler: Sprachbewusstsein bei Lernenden fördern – kooperative Lernarrangements als Chance?,** in: Werner Knapp / Heidi Rösch (Hg.), Sprachliche Lernumgebungen gestalten, Freiburg 2010, S. 41–68. *Der Beitrag gibt einen empirisch fundierten Einblick in kooperative Lernprozesse im Deutschunterricht.*

13 Aufgaben im Sprachunterricht

Auch in den folgenden Sätzen sind adverbielle Bestimmungen enthalten.   5.2.8.
Ermittle sie durch Fragen mit *wann? wielange? wie? wo? wohin?*
(1) Nach der Schule bestimmen die Jungen ihren Kandidaten.
(2) Karin belauscht sie hinter dem Fahrradschuppen.
(3) Sie erfährt auf diese Weise den ganzen Plan.
(4) Sie bestellt die Mädchen in die Eisdiele.
(5) Stundenlang beraten die Mädchen Gegenmaßnahmen.

Satz (2) im Stammbaum. Ergänze an den Leerstellen.   5.2.9.

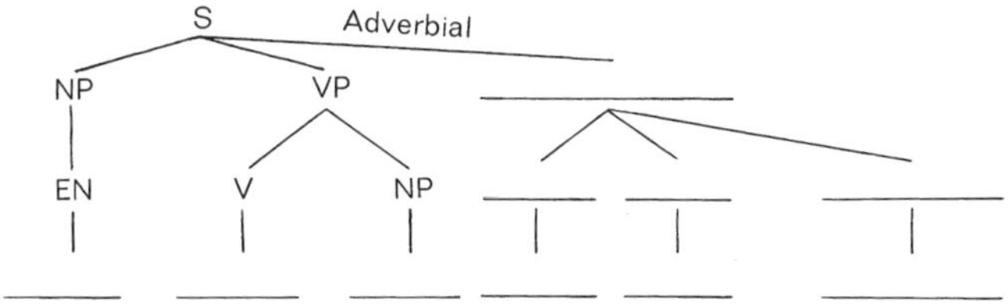

```
          S          Adverbial
         / \
      NP    VP      _____
      |    /  \    /   \
      EN  V   NP  __  ___  ____
      |   |   |   |   |    |
```

Satz (1) im Stammbaum. Ergänze an den Leerstellen.   5.2.10.

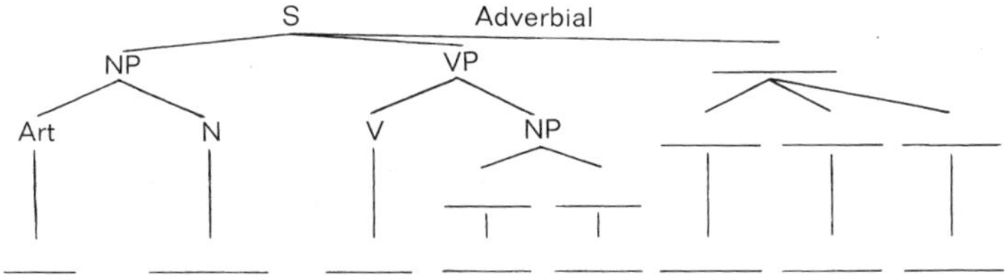

```
            S         Adverbial
          /   \      _____
       NP      VP   /  \
      /  \    /  \  
   Art    N  V   NP   __ ___ ____
    |     |  |   /\   |  |   |
    |     |  |  |  |  
    __    __ __ _  _  __ ___ ____
```

Stelle die Sätze (3), (4) und (5) im Stammbaum dar.   5.2.11.
Kennzeichne jeweils im Stammbaum die Funktion Adverbial.

Abbildung 36: Aufgabe zur Satzanalyse (Sprache und Sprechen, 1973, S. 85)

Diese Abbildung ist ein typisches Beispiel für eine Aufgabe aus einem Sprachbuch der frühen 1970er-Jahre. Sie soll dazu anleiten, die Struktur eines Satzes zu erfassen und seine einzelnen Bestandteile zu klassifizieren. Konkret sollen die Schüler der 6. Klasse hier die adverbialen Bestimmungen des Ortes, der Art und Weise und der Zeit richtig erkennen und benennen. Die Aufgabe erscheint uns heute fremd, besonders die Darstellung der „Stammbäume" kennen wir höchstens noch aus linguistischen Fachpublikationen. In dieser Aufgabe kommt sehr deutlich zum Ausdruck, wie man versucht hat, linguistische Fragestellungen und Darstellungsformen – hier der Valenzgrammatik – mithilfe von Aufgaben direkt für den Schulunterricht nutzbar zu machen. Die linguistische Bezugstheorie ist hier auf den ersten Blick erkennbar.

Heute weiß man, dass Sprachlerner und Linguisten nicht unbedingt das gleiche Interesse an Sprache verfolgen. Deshalb werden linguistische Theorien nicht mehr 1:1 in Aufgaben umgewandelt. Vielmehr versucht man, auf einer theoretischen Basis sach- *und* schülerangemessene Aufgaben zu formulieren. Trotzdem ist jede Aufgabe zum sprachlichen Lernen Ausdruck von bestimmten linguistischen Grundannahmen, auch wenn das nicht mehr auf den ersten Blick erkennbar ist.

Mehrere tausend Aufgaben stellt eine Lehrperson im Laufe ihres Arbeitslebens, mehrere tausend Aufgaben muss ein Schüler in seiner Schulzeit bearbeiten. Schon dieses Ausmaß ist Grund genug, sich mit Fragen der Aufgabenkonstruktion zu beschäftigen. Neben der linguistischen Theorie gibt es weitere Faktoren, die Aufgaben für den Sprachunterricht beeinflussen und sich in der konkreten Aufgabenstellung widerspiegeln. Ihnen gilt es auf die Spur zu kommen. Aufgaben besitzen nicht nur eine inhaltliche, sondern auch eine formale Dimension, die sich unter verschiedenen Gesichtspunkten systematisch analysieren lässt. Im Anschluss an diese beiden analytischen Zugänge stellt sich die nun normative Frage, was gute *Lern*aufgaben für den Sprachunterricht auszeichnet.

13.1 Aufgaben im Kontext
13.2 Aufgaben systematisch analysieren
13.3 Qualitätskriterien für gute Lernaufgaben

13.1 Aufgaben im Kontext

Aufgaben sind ein wesentlicher Bestandteil des Unterrichts und tragen entscheidend zur Unterrichtskultur bei. Sie sind sichtbarer, materieller Ausdruck von Überlegungen zur Gestaltung von Lehr-Lernarrangements. Dabei sind sie in zweierlei Hinsicht wirksam: „Erstens tragen sie zur Bündelung und Fokussierung von Aufmerksamkeit auf bestimmte Ausschnitte aus dem zu erwerbenden Gegenstandsbereich bei und zweitens initiieren sie die (möglichst lernwirksamen) Tätigkeiten, die spezifische Kompetenzen zugleich fordern und fördern." (Hinney u. a. 2008, S. 113)

Leistung von Aufgaben

Aufgaben schaffen so eine Beziehung zwischen den Lerngegenständen, dem Schüler und der Lehrperson. Sie ermöglichen dem Einzelnen eine subjektiv sinnvolle Auseinandersetzung mit Lerngegenständen. Man geht davon aus, dass es keine direkte Übertragung einer Aufgabenstellung vom Lehrer auf den Schüler gibt, vielmehr interpretieren die Schüler eine gestellte Aufgabe zunächst für sich und konstruieren so ihre eigene Lernaufgabe, die sie dann bearbeiten (vgl. Bruder 2003). Dennoch weisen Aufgaben dem Lerner inhaltlich und formal eine Richtung, deswegen sind die Auswahl und Formulierung von Aufgaben zentrale Elemente der Unterrichtsgestaltung.

Aufgaben stiften Beziehung

Es ist eine hoch komplexe Anforderung, für die Gestaltung von Lehr-Lernarrangements passende Aufgaben auszuwählen, denn Aufgaben stehen nicht für sich alleine. Vielmehr sind sie verknüpft mit einem Geflecht verschiedener Faktoren, von denen sie maßgeblich beeinflusst werden (→ ABBILDUNG 37). Es sind bestimmte Grundhaltungen, Vorstellungen und Konzepte von Sprache und Sprachunterricht, die in Aufgaben zum Lesen, Schreiben, Sprechen oder zur Reflexion über Sprache zum Ausdruck kommen. Wie der Begriff „Geflecht" signalisiert, sind diese Faktoren nicht hierarchisch zu denken. Sie liegen auf unterschiedlichen Ebenen, wirken einerseits – in unterschiedlichem Maße – auf die Aufgaben ein und beeinflussen sich andererseits gegenseitig. Das abgebildete Modell lässt sich deskriptiv nutzen, um Aufgaben in ihren Zusammenhängen zu beschreiben.

Verknüpfung von Aufgaben

Mit jeder Aufgabe sind bestimmte Kompetenzen, Einstellungen oder Haltungen verknüpft, die mit dieser Aufgabe erworben werden sollen. Dabei muss man unterscheiden zwischen Fähigkeiten, Fertigkeiten oder Strategien, die nur „Mittel zum Zweck" sind, und den eigentlichen Kompetenzen, um deren Erwerb es geht. So ist z. B. die Strategie, „Partiturzeichen" zur Vorbereitung des gestaltenden Vorlesens zu nutzen, für sich genommen keine Kompetenz, die es zu erwerben gilt.

Zu erwerbende Kompetenz

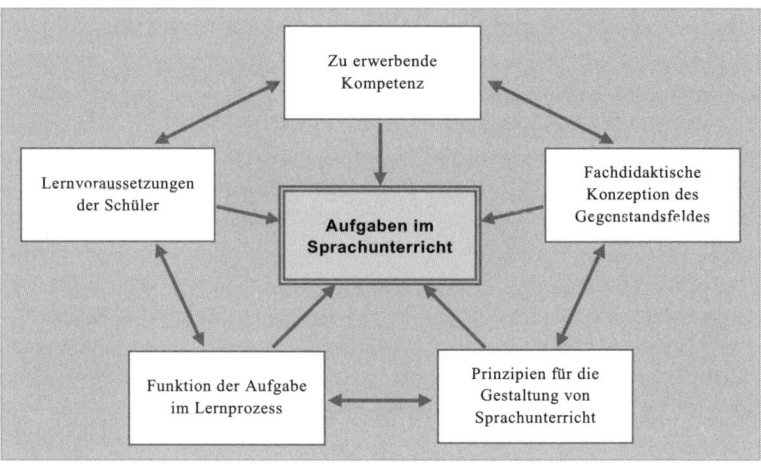

Abbildung 37: Einflussfaktoren auf Aufgaben

Sie erhält ihren Sinn erst dann, wenn sie tatsächlich dazu dient, einen Text gestaltend vorzulesen (vgl. Behrens / Eriksson 2009a, S. 205f.).

Fachdidaktische Konzeption

Mit jedem Gegenstandsfeld sind fachdidaktische Konzeptionen verbunden. Sie profilieren die Gegenstandsfelder, indem sie die Lerngegenstände auf fachwissenschaftlicher Basis modellieren, Ziele formulieren und Erwerbsverläufe oder Kompetenzmodelle zur Verfügung stellen (→ KAPITEL 5–9). Aufgaben verweisen auf fachdidaktische Konzeptionen, weil sich in ihnen bestimmte Haltungen zum Lerngegenstand Sprache, grundlegende linguistische und didaktische Vorstellungen eines Gegenstandsfeldes und damit verbundene Ziele manifestieren. Eine Aufgabe aus dem Schreibunterricht wie „Überarbeite deinen Text mit der Textlupe" verweist auf einen prozessorientierten Schreibunterricht, in dem die Entfaltung der Formulierungs- und Revisionskompetenz eine wichtige Rolle spielt.

Gestaltungsprinzipien

Mithilfe von Aufgaben lassen sich die Gestaltungsprinzipien für den Sprachunterricht verwirklichen (→ KAPITEL 12). Aufgaben sind daher Ausdruck von Gestaltungsentscheidungen bei der Planung von Lehr-Lernarrangements. Mit der Aufgabe „Überarbeite deinen Text mit der Textlupe" gestaltet die Lehrperson ein kooperativ angelegtes Lehr-Lernarrangement, das den Schülern sozialen und kommunikativen Austausch ermöglicht.

Funktion im Lernprozess

In einer Aufgabe wird auch ihre Funktion im Lernprozess sichtbar. Man unterscheidet zunächst zwischen Lern- und Leistungsaufgaben. Leistungsaufgaben sind dazu da, Gelerntes zu überprüfen. Sie können unterschiedlichen Zwecken dienen. Einerseits erstellen Lehrpersonen Leistungsaufgaben, um die Leistungen ihrer Schüler fördernd oder benotend zu beurteilen (→ KAPITEL 11). Andererseits konstruieren Mitarbeiter von Bildungsverwaltungen mit Unterstützung von Forschern Leistungsaufgaben für Vergleichsarbeiten oder zentrale Bildungsabschlüsse, und schließlich entwickeln Wissenschaftler Kompetenzmodelle und darauf aufbauende Leistungsaufgaben für standardisierte Tests, die dann Einsatz bei Individualtests oder bei empirischen Schulleistungsstudien wie PISA oder DESI finden.

Lernaufgaben dagegen sind dazu da, Lernprozesse in Gang zu bringen, indem sie lernwirksame Tätigkeiten generieren. Man kann dabei zwischen Erarbeitungs-, Übungs-, Transfer- und Reflexionsaufgaben unterscheiden. Erarbeitungsaufgaben dienen dem Erwerb von neuen Fähigkeiten, Fertigkeiten oder von neuem Wissen und stehen damit am Beginn eines Lernprozesses. Übungsaufgaben ermöglichen dem Schüler, zuvor Gelerntes einzuüben, indem es wiederholt oder automatisiert wird. Transferaufgaben regen dazu an, das neu Gelernte in einem anderen Kontext anzuwenden. Reflexionsaufgaben schließlich stellen das Nachdenken über das eigene Lernen, das Denken und Tun während der Aufgabenbearbeitung in den Mittelpunkt. Im Sprachunterricht kommt es damit zu einer doppelten Belegung des Begriffs der Reflexionsaufgabe. Da nicht nur das eigene Lernen, Denken und Tun Gegenstand des Nachdenkens sein soll, sondern vor allem die Sprache und der Sprachgebrauch (→ KAPITEL 9), muss beim Begriff der Reflexionsaufgabe immer näher bestimmt werden, ob sich die Reflexion auf den Lernprozess oder auf die Sprache und deren Gebrauch bezieht. *(Lernaufgaben)*

Jede Lernaufgabe knüpft an bestimmte Lernvoraussetzungen an, über die der Schüler verfügen muss, um die Aufgabe zu bewältigen. Diese umfassen zunächst sprachliche Kompetenzen im entsprechenden Gegenstandsfeld und Wissensstrukturen, die ein Schüler zur Aufgabenlösung benötigt. Die erfolgreiche Bearbeitung einer Aufgabe setzt aber auch entsprechende Arbeitstechniken und soziale Kompetenzen (beispielsweise für Partner- oder Gruppenarbeit) voraus. Darüber hinaus steht jede Aufgabe in einem bestimmten Verhältnis zu den umfassenden persönlichen, kognitiven und sozialen Lernbedingungen eines Schülers wie beispielsweise seiner Motivations- oder Interessenlage. *(Lernvoraussetzungen der Schüler)*

Grundsätzlich lässt sich an jeder Aufgabe zeigen, wie die bisher genannten Einflussfaktoren wirksam werden. Bei der Einführungsseite aus dem Lehrwerk *Lesen. Das Training, Teil 3: Lesestrategien* (Bert- *(Aufgabenbeispiel)*

Wie arbeitest Du in diesem Heft?

Du lernst hier 6 Lesestrategien kennen.
Man braucht sie …
… vor dem Lesen
… während des Lesens
… nach dem Lesen.
Bearbeite die Aufgaben in diesem Heft
also von vorne nach hinten!

Eine Strategie besteht immer aus 3 Schritten,
damit du sie dir leichter merken kannst.

Jede Strategie bearbeitest du zweimal:
1. Durchgang:
    mit Hilfen, zum Beispiel von deiner
    Lehrerin oder deinem Lehrer,
    oder gemeinsam in der Klasse
2. Durchgang:
    möglichst selbständig, damit du
    sicherer wirst.

Probiere danach die Strategien möglichst oft
an verschiedenen Texten aus!

Abbildung 38: Einführungsseite aus: *Lesen. Das Training, Teil 3: Lesestrategien*
(Bertschi-Kaufmann u. a. 2008)

schi-Kaufmann u. a. 2008, S. 2) wird dies besonders deutlich (→ AB-
BILDUNG 38). Bei der zu erwerbenden Kompetenz handelt es sich um
ausgewählte Lesestrategien. Die Autoren orientieren sich dabei an
kognitionspsychologischen Lesemodellen (→ KAPITEL 6.1). Ihre fachdidaktische Konzeption explizieren sie in einem Kommentar für Lehrpersonen: Sie sehen ein Lesetraining vor, das gezielt drei Aspekte des
Lesens fördert: die elementare Lesekompetenz, die Lesegeläufigkeit
und schließlich das Textverstehen mit Lesestrategien. Der vorliegende
Ausschnitt stammt aus dem dritten Bereich. Es ist ein Beispiel für die
Integration von konstruktiven und instruktiven Anteilen bei der Gestaltung von Lehr-Lernarrangements. Die direkte Instruktion wird
hier durch einen vorgegeben Ablauf verwirklicht, bei dem die Lehrperson die Schüler schrittweise anleitet. Dies findet auf konstruktiver
Basis statt, da es mit dem Textverstehen um die Bearbeitung einer
komplexen, realen Problemstellung geht und die Aneignung durch
den Austausch mit der Lehrperson als Expertin unterstützt wird

(→ KAPITEL 12). Die Situierung der Aufgaben im Lernprozess ist klar geregelt. Während es sich beim ersten Durchgang jeweils um eine Erarbeitungsaufgabe handelt, ist der zweite Durchgang eine Übungsmöglichkeit, bei der die Texte und Fragen bereits vorgegeben sind. Die Aufforderung im letzten Abschnitt schließlich dient dem Transfer, da weder Übungssituation noch Texte weiterhin vorgegeben sind. Die Aufgaben sind voraussetzungsreich. Die Aufgabensteller gehen davon aus, dass die Schüler u. a. über basale Lesefertigkeiten verfügen und in der Lage sind, Wörter und Sätze zu identifizieren. Für einen zweiten Durchgang und erst recht für die weiteren Durchgänge wird vom Schüler ein hohes Maß an Selbstständigkeit und Selbststeuerung verlangt. Mit der (hier nicht sichtbaren) Auswahl von fiktionalen und nichtfiktionalen Texten aus unterschiedlichen Bereichen versuchen die Autoren u. a., einen hohen Aufforderungscharakter zu erzielen, an die Interessen der Schüler anzuknüpfen und sie zu motivieren.

13.2 Aufgaben systematisch analysieren

Aufgaben lassen sich nicht nur inhaltlich-konzeptionell beschreiben, sondern auch auf der formalen Ebene. So bestehen Aufgaben aus mindestens zwei Teilen: dem sogenannten Informations- und dem Fragefeld (vgl. Sacher 2009, S. 61). Bei einigen Aufgaben (besonders bei Leistungsaufgaben) kommt ein Antwortfeld mit Antwortvorschlägen dazu, aus denen die passende Antwort ausgewählt werden kann. Das Informationsfeld dient dazu, die Ausgangsbedingungen für die Aufgabe darzustellen. Die vorgegebenen Informationen bestehen bei Aufgaben im Sprachunterricht zum Beispiel aus Texten mit oder ohne Illustrationen, aus einzelnen Wörtern, aus einem oder mehreren Bildern, einem mündlichen Input oder aus vorgegebenen Verfahren, Regeln oder Strategien. Meist sind in den Aufgaben mehrere Informationen in unterschiedlicher Form vorgegeben. Das Fragefeld generiert den konkreten Arbeitsauftrag. Dabei unterscheidet man zwischen der materiellen Tätigkeit, die der Schüler auf der Oberfläche sichtbar ausführt (z. B. unterstreichen von Textstellen) und der geistigen Operation, die hinter einer solchen Tätigkeit steckt (z. B. den Text lesen, analysieren und auswählen, was unterstreichenswert sein könnte; vgl. Köster 2005, S. 184f.).

Aufgaben für den Sprachunterricht können verschiedene Formate haben. Sie lassen sich aufgrund des Antwortfeldes nach Kriterien syste-

Formale Analyse

Informationsfeld

Fragefeld

Aufgabenformate

matisieren (vgl. Sacher 2009, S. 62–65). Wenn das Antwortfeld besetzt ist und bereits die möglichen Antworten vorgibt, spricht man von geschlossenen Aufgaben. Der Schüler muss dann zum Beispiel die richtigen Antworten ankreuzen oder unterstreichen, sie richtig zuordnen oder in die richtige Reihenfolge bringen. Wenn es keine vorgegebenen Antwortvarianten aber eine – vorher bestimmte – richtige Lösung gibt, spricht man von halboffenen Aufgaben. Dabei müssen die Schüler beispielsweise Fragen kurz beantworten, Lücken ausfüllen oder Korrekturen vornehmen. Bei diesen Aufgabenformaten sind die Ergebnisse und meist auch die Handlungsfolgen, die zu den Ergebnissen führen, relativ stark festgelegt. Offene Aufgaben dagegen ermöglichen in mehr oder weniger großem Umfang verschiedene Lösungen und Lösungswege, da auch der Aufgabensteller nicht über eine konkrete, bereits definierte Antwort verfügt. So lassen sie viel Raum für die Planung und Durchführung eigener Handlungsfolgen. Zu diesem Aufgabenformat gehören vor allem Langtext-Aufgaben wie Texte schreiben oder Fragen zum Textverständnis beantworten, aber auch Sammel- oder Suchaufgaben und Reflexionsaufträge. Bei offenen Aufgaben haben die Vorgaben unterschiedliche Funktionen. Sie können zu gestaltenden, kreativen Antworten anregen, Aufforderung zur Deutung beinhalten oder als Reize zur assoziativen Bearbeitung dienen.

Trägermedium

Jede Aufgabe ist auf ein Trägermedium angewiesen. Viele Aufgaben im Unterricht werden mündlich gestellt, das Trägermedium ist die Stimme der Lehrperson. Es gibt auch Aufgaben, die über Audioaufnahmen transportiert werden. Schriftliche Trägermedien sind meist das Schulbuch, Arbeitsblätter in verschiedensten Formen (auch Karteien, Karten), Materialien zum selbstständigen Lernen oder digitale Medien. In vielen Fällen und besonders bei letzteren findet auch eine Mischung zwischen mündlichen und schriftlichen Aufgabenstellungen statt. Manche dieser Medien sind mit bestimmten Aufgabenformaten fest verknüpft. So lassen Selbstlernmaterialien aufgrund ihrer Selbstkontrollmöglichkeit hauptsächlich geschlossene Aufgabenstellungen zu – ein Format, das auch in digitalen Medien breit vertreten ist, obwohl diese eigentlich durch ihre Interaktivität ganz neue Möglichkeiten der Aufgabenstellung ermöglichen würden. Vom Trägermedium

Medialität der Aufgabenlösung

zu unterscheiden ist die Medialität der Aufgabenlösung. Auch sie kann entweder mündlich erfolgen, wie es beim Klassengespräch oder bei Partner- oder Gruppenarbeiten häufig der Fall ist, oder schriftlich wie beim Verfassen von Texten oder dem Beantworten von Fragen.

Schwierigkeitsgrad einer Aufgabe

Der Schwierigkeitsgrad einer Aufgabe wird sowohl von der Aufgabe selbst als auch von ihrer Formulierung und Darstellung bestimmt. Je umfangreicher und komplexer die Vorgaben sind und je mehr Details es zu berücksichtigen gilt, desto schwieriger ist eine Aufgabe. Auch im Hinblick auf die verlangten Operationen lassen sich unterschiedliche Schwierigkeitsstufen gewinnen, sie sind bestimmt durch die Anzahl der notwendigen Schritte sowie durch die Zuordnung der erforderlichen Operationen zu Anforderungsbereichen wie Wiedergeben, Anwenden, Reflektieren und Beurteilen (vgl. z. B. KMK 2004b, S. 18). Es besteht allerdings keine Einigkeit darüber, ob es sich bei diesen Anforderungsbereichen tatsächlich um aufeinander aufbauende Stufen handelt. Die Schwierigkeit einer Anwendungsaufgabe scheint beispielsweise stark von der Weite des Transfers abhängig zu sein. Zudem gibt es Reflexionsaufgaben, die sich ohne Weiteres ohne das vorherige Wiedergeben oder Anwenden bearbeiten lassen (vgl. Metz u. a. 2009). Durch die Einbettung in einen vertrauten Kontext und eine gut strukturierte, übersichtliche Darstellung wird eine Aufgabe einfacher. Bei der sprachlichen Formulierung der Aufgabe entscheiden der im Fragefeld verwendete Wortschatz und die syntaktische Komplexität über die Schwierigkeit der Aufgabe (vgl. Krelle 2009, S. 279).

Anforderungsbereiche

Betrachtet man die Aufgabenschwierigkeit in einem umfassenderen Sinne, so müssen neben der Aufgabe auch der Kontext, in dem sie gestellt wird, und der Lerner, der sie lösen soll, berücksichtigt werden. Die eigentliche Aufgabenschwierigkeit entsteht erst in der Interaktion zwischen Aufgaben-, Kontext- und Lernermerkmalen (vgl. Astleitner 2008). So spielen beim Kontext Faktoren wie die Verfügbarkeit von Lösungshilfen, die zur Verfügung stehende Zeit oder die sozialen Anforderungen eine Rolle, beim Lerner sind es Faktoren wie seine vorhandenen Wissensstrukturen, seine Motivation und seine Zuversicht, die Aufgabe zu bewältigen.

Abhängigkeit der Aufgabenschwierigkeit

Eine Möglichkeit, um den Schwierigkeitsgrad und mögliche Stolperstellen einer Aufgabenstellung zu klären, besteht darin, die gewählten Aufgaben zuvor selbst zu lösen. Im Sprachunterricht gilt dies besonders für Such-, Sammel- und Schreibaufträge, deren Komplexität oft erst im eigenen Lösungsversuch erfahrbar wird.

13.3 Qualitätskriterien für gute Lernaufgaben

Nach den großen Schulleistungsstudien wie PISA, IGLU oder DESI und der Festlegung der Bundesländer auf eine Überwachung des Bildungssystems durch regelmäßige Vergleichsarbeiten hat sich in der Fachdidaktik eine Diskussion über Qualitätskriterien für Leistungsaufgaben etabliert (vgl. z. B. Köster / Lindauer 2008). Für die einzelne Lehrperson steht aber die viel zentralere Frage nach der Qualität von Lernaufgaben im Vordergrund. Damit ist ein Wechsel der Blickrichtung verbunden. Nicht mehr die deskriptive Beschreibung von Aufgaben und deren Einbettung, sondern eine *normative* Festlegung von Qualitätskriterien wird fokussiert. Eine solche normative Festlegung kann nur vor dem Hintergrund eines begründet gesetzten Denkrahmens erfolgen. Die Kriterien für gute Lernaufgaben ergeben sich damit aus ihrer Einbettung in einem Geflecht von Einflussfaktoren und aus ihrer formalen Beschaffenheit, die beide im Hinblick auf das Leitziel des reflexiven Sprachhandelns (→ KAPITEL 2.4) eine normative Rahmung erfahren müssen.

Normative Festlegung

Das bedeutet zunächst, dass gute Lernaufgaben einen Beitrag zum Leitziel des reflexiven Sprachhandelns leisten. Sie beschränken sich damit nicht auf den Erwerb von (messbaren) Kompetenzen. Vielmehr ermöglichen sie dem Schüler auch, Einstellungen und Haltungen zu entwickeln, die dem reflexiven Sprachhandeln dienen. Sie regen ihn dazu an, Interesse an der Sprache, Sprachneugier und Sprachaufmerksamkeit zu entdecken und zu entfalten. Das lässt sich vermutlich nicht für jede einzelne Aufgabe zeigen, aber zumindest bei der Zielfestlegung von längeren Planungssequenzen sollte dieser Bezug für alle am Unterricht Beteiligten sichtbar werden.

Beitrag zum reflexiven Sprachhandeln

Dazu gehört auch, dass gute Lernaufgaben die Schüler zur Reflexion über die Ergebnisse sowie über die eigenen und fremden Lösungswege einerseits und über das verwendete Sprachmaterial andererseits anregen. Reflexionsprozesse sind nicht nur im Hinblick auf reflexives Sprachhandeln unverzichtbar, sondern sie spielen im Sinne metakognitiver Strategien auch beim Kompetenzerwerb eine wichtige Rolle (→ KAPITEL 12.1). Reflexive Prozesse sind auf den Austausch mit anderen angewiesen. Gute Lernaufgaben fördern deshalb diesen Austausch. Sie liefern Ergebnisse, die zur Weiterarbeit ausgelegt sind, über die die Schüler untereinander oder mit der Lehrperson in Dialog treten können. „Lernaufgaben entfalten ihr Potenzial oft erst in der Debatte unterschiedlicher Erträge und den daraus gewonnenen Anschlussaufgaben." (Köster 2008, S. 10)

Reflexionsprozesse anregen

Austausch fördern

Richtet man den Blick auf das Geflecht aus Einflussfaktoren, ergeben sich weitere Qualitätskriterien. So kommt in gelungenen Lernaufgaben eine gute Passung zwischen den angestrebten Aspekten der zu erwerbenden Kompetenz auf der einen Seite und der ausgewählten fachdidaktischen Konzeption auf der anderen Seite zum Ausdruck: Wer einen prozessorientierten Schreibunterricht durchführen

Passung

will, muss entsprechende Aufgaben stellen, in denen die einzelnen Teilprozesse auch tatsächlich erworben, eingeübt und angewandt werden können (→ KAPITEL 7).

Damit verbunden ist die Frage nach den Zielen, die mit einer Lernaufgabe erreicht werden sollen. Für die Qualität des Unterrichts, und damit auch für gute Lernaufgaben, ist es wichtig, dass die Lehrperson über klare Zielvorstellungen und Leistungserwartungen verfügt (vgl. Meyer 2005). Sie muss wissen, welche Ziele sie mit einer Lernaufgabe verfolgt, und sie muss überprüfen, ob sich die Aufgabe auch tatsächlich für die Erreichung ihrer Ziele eignet. Das gilt für ihre selbst hergestellten Aufgaben, es gilt aber auch für Aufgaben aus Schulbüchern oder Unterrichtsmaterialien. Diese Aufgaben müssen kritisch reflektiert werden und die Lehrperson muss prüfen, ob sie mit diesen Aufgaben fachdidaktisch sinnvoll ihre Ziele erreichen kann. Wichtig ist dabei die Unterscheidung zwischen Operationen bzw. materiellen Tätigkeiten als „Mittel zum Zweck" und tatsächlich zu erwerbenden Kompetenzen. In guten Lernaufgaben nehmen solche „Zweck-Operationen" und materiellen Tätigkeiten nur den ihnen angemessenen Raum ein und werden nicht heimlich zum eigentlichen Lerngegenstand.

Wenn eine Lehrperson über eine klare Zielvorstellung für ihren Unterricht verfügt und für sich selbst geklärt hat, welche Aspekte davon mit einer bestimmten Aufgabe realisiert werden sollen, kann sie auch die Schüler über das Ziel der gemeinsamen Arbeit informieren. **Zielorientierung für die Schüler** Gerade leistungsschwächere Schüler sind auf eine klare Angabe darüber, was gelernt oder geübt werden soll, angewiesen, damit sie sich im Lernprozess orientieren können (vgl. Behrens / Eriksson 2009b, S. 61).

Eine gute Passung der Lernaufgabe ist auch im Hinblick auf ihre Funktion im Lernprozess zentral. Erarbeitungsaufgaben unterscheiden sich deutlich von Übungsaufgaben. Bei Erarbeitungsaufgaben ist **Erarbeitungsaufgaben** es entscheidend, dass das Neue, das daran erarbeitet werden kann, nicht bereits Voraussetzung zur Lösung der Aufgabe ist. So wird etwa in der Grammatikdidaktik immer wieder betont, dass die Bestimmung von Objekten mit der Frage „wen oder was?" nur diejenigen Schüler erarbeiten können, die die Struktur der Sätze (zumindest implizit) bereits verstanden haben (vgl. Granzow-Emden 2006). Für Erarbeitungsaufgaben, die oft auch zum Einstieg in ein Thema gestellt werden, ist es zudem wichtig, dass die Schüler auf die „richtige Spur" geführt und nicht durch die Einbettung der Aufgabe verwirrt werden. Wer die Doppelkonsonantenschreibung einführen will und dazu verschiedene reale Gegenstände wie Tassen, Messer oder Kassen mitbringt, geht von der falschen Annahme aus, dass die Schüler ohne Weiteres von deren Bedeutung abstrahieren können und sich automatisch auf die formale Ebene der (Recht-)Schreibung begeben. Statt die Schüler auf die „richtige Spur" zu führen, können Erarbeitungsaufgaben aber auch gezielt die bisherigen Schemata der Schüler irritieren. Das bietet sich immer dann an, wenn es um die Erweiterung und Neuorganisation bereits erworbener Strukturen geht (z. B. bei der Thematisierung von Fremdwortschreibungen in der Sekundarstufe I).

Übungsaufgaben Übungsaufgaben dienen zum Wiederholen oder zum Automatisieren. Sie sollen das neu Gelernte verankern und mit den vorhandenen Wissensstrukturen verknüpfen. Das erfordert eher geringe Transferleistungen, die Anforderungen bleiben ähnlich gestaltet. Für gute Übungsaufgaben zum Wiederholen und Automatisieren muss gewährleistet sein, dass die zu übende geistige Operation auch tatsächlich in hoher Frequenz durchgeführt werden kann, dass beispielsweise eine Rechtschreibstrategie wie das Verlängern von Wörtern bei der Auslautverhärtung immer wieder vollzogen wird. Das gelingt nur dann, wenn die Aufgabe nicht große Anteile an „fremden" materiellen Tätigkeiten enthält (z. B. Abschreiben eines längeren Textes) oder geistige Operationen erfordert, die in keinem direkten Zusammenhang mit der Aufgabe stehen (z. B. die Aufforderung, einen Text zu verfassen, in dem zehn Wörter mit Auslautverhärtung vorkommen).

Transferaufgaben Das eigentliche Ziel des Kompetenzerwerbs ist die selbstständige Anwendung des Gelernten in neuen Situationen. Dieser Transfer erfolgt aber nicht automatisch. Deshalb spielen Transferaufgaben für den Kompetenzerwerb eine wichtige Rolle. Damit Transferprozesse wahrscheinlich werden, müssen entsprechende Aufgaben zur Dekontextualisierung des Erworbenen beitragen und den Transfer explizit anregen (vgl. Steiner 2006, S. 197f.). Dekontextualisierung meint, dass die Schüler lernen müssen, von den konkreten Umständen einer Aufgabe abzusehen und das dahinterstehende Prinzip erkennen sollen. Zunächst aber müssen den Transferaufgaben Übungsphasen vorausgegangen sein, in denen das zu Erlernende gefestigt werden konnte. Gute Transferaufgaben verlangen vom Schüler zu Beginn keine eigenständigen Übertragungen auf andere Situationen. Vielmehr fragen sie im Anschluss an das Üben nach anderen Situationen, in denen das Geübte eine Rolle spielen könnte und tragen somit zur Dekontextualisierung von Fähigkeiten, Wissen oder Strategien bei. Wenn beim Argumentieren für eine Debatte über die Handynutzung

o. Ä. das Sammeln von Pro- und Contra-Argumenten eingeführt und geübt wurde, leitet eine Transferaufgabe dazu an, nach anderen Kontexten in der Schule und im Leben zu suchen, in denen eine solche Pro- und Contra-Liste hilfreich sein könnte. Gute Transferaufgaben thematisieren immer wieder den Vergleich mit vorher gelösten Aufgaben, fragen nach Gemeinsamkeiten und Unterschieden und machen die Schüler so auf analoge Strukturen einer Aufgabe aufmerksam. Bei der Darstellung von neuen Anforderungssituationen wird bei guten Transferaufgaben der Schüler auf das zu Transferierende aufmerksam gemacht und dazu angeregt, beim Lösen auf Bekanntes zurückzugreifen, indem etwa bei der Auswahl eines Themas für eine Präsentation auf die bereits bekannte Pro- und Contra-Liste hingewiesen wird.

Für gute Lernaufgaben wiederum spielt auch der Aspekt der Lernvoraussetzungen eine wichtige Rolle. Gute Lernaufgaben sorgen für eine angemessene kognitive Aktivierung der Schüler, indem sie die vorhandenen Wissensstrukturen der Schüler berücksichtigen und sich daran orientieren. Sie knüpfen am aktuellen Lernstand an und führen gleichzeitig darüber hinaus. Lernaufgaben dürfen also etwas schwieriger sein als Leistungsaufgaben, da zur Lösung unterschiedliche Hilfen – auch durch die Mitschüler oder durch die Lehrperson – zur Verfügung stehen. Damit lassen gute Lernaufgaben auch Raum für Fehler und deren individuelle oder kollektive Bearbeitung. Eine angemessene kognitive Aktivierung ist besonders wichtig bei Übungsaufgaben. Wer die Schreibung der Wörter mit Auslautverhärtung in den meisten Fällen sicher beherrscht, muss die Verlängerungsstrategie nicht mehr in weiteren Aufgaben üben. Eine Unterforderung von guten Schülern ist hier ebenso demotivierend wie die dauerhafte Überforderung eines schwachen Lerners. Wer diese Verlängerungsstrategie noch nicht verstanden hat oder nicht anwenden kann (z. B. aufgrund seiner Sprachkenntnisse), darf nicht mit für ihn unlösbaren Übungsaufgaben allein gelassen werden. Deshalb beinhalten gute Lernaufgaben eine Rückmeldung über die Qualität der geleisteten Arbeit durch den Schüler selbst (Selbstkontrolle), durch die Mitschüler oder durch die Lehrperson. Komplexe Lernaufgaben sollen zudem die Möglichkeit bieten, dass der Schüler bereits während des Arbeitsprozesses ein Feedback erhält und dass von ihm oder der Lehrperson Überarbeitungsschleifen einlegt werden können, wenn dies notwendig erscheint (vgl. Bräuer 2003). So können während der Bearbeitung Korrekturen an der Aufgabenstellung vorgenommen oder zusätzliche Hilfen eingesetzt werden. Damit wird eine bessere Passung

Kognitive Aktivierung

Raum für Fehler

Rückmeldung an den Schüler

zwischen den Lernvoraussetzungen der Schüler und der Aufgaben-stellung erreicht.

Die Lernvoraussetzungen der Schüler zu berücksichtigen heißt aber nicht nur, eine angemessene kognitive Aktivierung zu gewähren. Neben der Einbindung in sinnvolle Kontexte ermöglichen gute Lern-aufgaben dem Schüler differenzierende Zugänge zum Lerngegenstand und zur Aufgabe selbst. Indem die Aufgabenstellung einen angemes-senen Freiraum für Entscheidungen nach eigenem Interesse und per-sönlichen Neigungen lässt, gibt sie dem Schüler die Gelegenheit zu selbstständigem, eigeninitiativem Handeln. Neben der Wahl unter-schiedlicher Themen in Bezug auf einen Lerngegenstand kann sich dies auch im Hinblick auf verschiedene Zugangsweisen äußern (→ KA-PITEL 12.3).

Fokussiert man stärker die Form der Aufgaben, ergeben sich da-raus weitere Qualitätskriterien. Für das Informationsfeld gilt, dass die ausgewählten Materialien (Texte, Wörter, Bilder, Beispiele) bei guten Lernaufgaben nicht beliebig, sondern bewusst gewählt sind. Sie sorgen zum einen für die Einbindung in einen thematisch-inhalt-lich sinnvollen Kontext. Zum anderen sind gut gewählte Texte, Wör-ter, Bilder oder Beispiele exemplarisch für das, was an ihnen gelernt werden soll. Wird beispielsweise eine Beschreibung analysiert oder verfasst, muss dafür ein Kontext zur Verfügung stehen, in dem Be-schreibungen typischerweise notwendig sind, wie zum Beispiel das Fundbüro oder ein Augenzeugenbericht bei der Polizei. Bei Aufgaben zur Rechtschreibung soll das ausgewählte Wortmaterial exemplarisch für das behandelte Phänomen sein (z. B. zunächst aus dem Kern-bereich stammen → KAPITEL 8.2) und die Schüler dazu anregen, die Strukturen zu erkennen, statt sie mit Ausnahmen abzulenken. Für die Verständlichkeit der Aufgabenstellung ist dabei hilfreich, wenn das Informationsfeld vom Fragefeld deutlich getrennt ist (vgl. Sacher 2009, S. 71). Die eigentliche Aufgabenstellung im Fragefeld sollte klar und eindeutig formuliert, gut strukturiert und damit verständlich sein. Ein angemessener Wortschatz gehört genauso dazu wie eine an-gemessene Länge und Komplexität der einzelnen Sätze.

Im Hinblick auf das Aufgabenformat spielt wieder die Frage der Passung eine entscheidende Rolle für die Qualität von Lernaufgaben. Das gewählte Format muss es ermöglichen, das angestrebte Ziel tat-sächlich und auch in fachdidaktisch begründeter Weise zu erreichen. Für Lernaufgaben im Sprachunterricht bieten sich tendenziell eher halboffene und offene Aufgabenformate an, denn in ihnen lassen sich die bisher genannten Qualitätskriterien besser verwirklichen. Ge-

Differenzierende Zugänge

Exemplarität des Informationsfeldes

Gut verständliches Fragefeld

Passung Aufgabenformat und Ziel

schlossene Aufgabenformate eignen sich eher für Übungsphasen oder für Leistungsaufgaben.

Der Aspekt der Passung bezieht sich auch auf das Trägermedium. Dabei muss nicht nur das Aufgabenformat zum Trägermedium passen. Gute Lernaufgaben nutzen in allen Bereichen (von der Formulierung bis zu möglichen Hilfestellungen) die Ressourcen und Möglichkeiten des jeweiligen Mediums und beachten auch dessen Grenzen. So können beispielsweise mündliche Aufgabenstellungen nicht beliebig lang sein, da sie sonst die Aufmerksamkeitsleistung der Schüler überfordern.

Passung Aufgabenformat und Trägermedium

Fragen und Anregungen

- Welche Faktoren beeinflussen eine Aufgabe?

- Nennen Sie Qualitätskriterien für gute Lernaufgaben im Sprachunterricht.

- Wählen Sie aus einem Themenbereich des Sprachunterrichts eine Aufgabe und untersuchen Sie diese hinsichtlich der genannten Einflussfaktoren (→ ABBILDUNG 37).

- Nehmen Sie ein Sprachbuch ihrer Zielstufe und versuchen Sie herauszufinden, welcher fachdidaktischen Konzeption das Sprachbuch im Bereich „Sprache und Sprachgebrauch reflektieren" folgt. Suchen Sie entsprechende Aufgabenbeispiele.

- Suchen sie sich ein sprachdidaktisches Thema aus und überlegen Sie sich eine Lernaufgabe, die den oben ausgeführten Kriterien für gute Lernaufgaben entspricht.

Lektüreempfehlungen

- **Aufgaben. Lernen fördern – Selbstständigkeit entwickeln,** Friedrich Jahresheft 21, 2003. *Dieses Themenheft gibt einen vielfältigen Einblick in die Diskussion um Aufgaben in den unterschiedlichen Fachdidaktiken.*

- **Martin Fix: Fragen zur Analyse von Freiarbeitsmaterialien unter fachdidaktischer Perspektive,** in: Praxis Deutsch 24, 1997, Heft 141, S. 13–17. *Martin Fix stellt Kriterien zur Verfügung, mit* *denen man Freiarbeitsmaterialien auf ihre Eignung für den eigenen Unterricht hin überprüfen kann.*

- Marc Kleinknecht: **Lernumgebung und Aufgabenkultur reflektieren und weiterentwickeln. Empirische Befunde und didaktische Konzepte zum Einsatz von Aufgaben und Lernmaterialien,** in: Werner Knapp / Heidi Rösch (Hg.), Sprachliche Lernumgebungen gestalten, Freiburg 2010, S. 13–23. *In diesem Beitrag werden unter anderem Kriterien für die Auswahl und den Einsatz von Aufgaben theoretisch und empirisch begründet dargestellt.*

- Juliane Köster / Thomas Lindauer: **Zum Stand der wissenschaftlichen Aufgabenreflexion aus deutschdidaktischer Perspektive,** in Didaktik Deutsch 14, 2008, Sonderheft, S. 148–161. *Die beiden Autoren geben aus deutschdidaktischer Sicht einen Überblick über den aktuellen Forschungsstand zu Leistungsaufgaben und formulieren offene Problembereiche.*

14 Sprachunterricht planen

Abbildung 39: Istvan Banyai: Bildfolge aus *Zoom* (1995)

In seinen Bilderbüchern „Zoom" und „Re-Zoom" führt uns Istvan Banyai durch die Welt, vom Kleinen zum Großen und – blättert man von hinten nach vorne – wieder zurück. Aus unterschiedlicher Entfernung kann der Betrachter immer wieder Neues und Überraschendes entdecken.

Bei der Planung von Sprachunterricht gehen Lehrpersonen ähnlich vor wie die Betrachter Banyais Bilderbuch. Sie blicken aus unterschiedlicher Distanz auf den Sprachunterricht. Planungsprozesse beginnen mit einer längerfristigen Planung, die sich auf ein Schuljahr oder sogar auf die Schulzeit an einer Schule beziehen. In einem ersten Zoom-Schritt verkleinern Lehrpersonen diese großen Planungseinheiten und nehmen einzelne Unterrichtseinheiten in den Blick. In weiteren Zoom-Schritten fokussieren sie immer kleinere Einheiten, bis sie zum Schluss einzelne Phasen einer Unterrichtsstunde gestalten. Aber auch das ‚Zurückzoomen‘ spielt bei der Planung von Sprachunterricht eine wichtige Rolle. Die einzelnen Planungsentscheidungen müssen immer wieder aus der Distanz betrachtet und reflektiert werden. Dabei stellen sich zwei zentrale Fragen: Passt die Planung in den Rahmen des Leitziels des reflexiven Sprachhandelns? Passen die einzelnen Planungsteile zueinander? Eine Sonderform unterrichtlicher Planung ist der schriftliche Unterrichtsentwurf. Hier werden die Überlegungen und Entscheidungen beim ‚Zoomen‘ schriftlich dargelegt und begründet.

14.1 Längerfristige Planung des Sprachunterrichts

Unterricht als zielgerichtetes Lehr-Lernarrangement im Rahmen der Institution Schule ist darauf angewiesen, dass er zuvor geplant wurde. Unter Berücksichtigung aktueller Bedingungen müssen vorher vielfältige Entscheidungen getroffen werden. Diese Planungsentscheidungen müssen so beschaffen sein, dass sie eine konkrete, gut durchdachte und begründete Gestaltung einer Lernumgebung ermöglichen, ohne zu einem starren Korsett zu werden, das der Lehrperson keine Möglichkeit mehr lässt, auf die Schüler zu reagieren und situationsangemessenen zu handeln. Es ist daher sinnvoll, bereits bei der Planung unterschiedliche Reaktionen der Schüler zu antizipieren und entsprechende Alternativen zu bedenken. Das ermöglicht es, während des Unterrichts das eigene Handeln flexibel den situativen Gegebenheiten anzupassen.

Planung als Grundlage flexiblen Handelns

Planungsentscheidungen im Vorfeld des Unterrichts beziehen sich auf die begründete Festlegung von Lernzielen, Lerngegenständen, Themen sowie Methoden und den damit verbundenen konkreten Aufgaben(formaten) mit unterschiedlichem Sprachmaterial. Bei der Planung von Unterricht gilt es, Auswahlentscheidungen zu treffen und unter Beachtung der Gestaltungsprinzipien für den Sprachunterricht (→ KAPITEL 12) das konkrete Lehr-Lernarrangement zu gestalten. Dabei sind die Bildungsstandards als politische Vorgaben des Bundes und der Länder (→ KAPITEL 3.2) verbindlich zu berücksichtigen.

Die Planung unterrichtlicher Prozesse kann sich auf verschiedene Zeiträume beziehen. Das Kollegium einer Grundschule oder die Fachkonferenz einer Realschule oder eines Gymnasiums nimmt beispielsweise die Zeitspanne in den Blick, die die Schüler an der entsprechenden Schule verbringen werden. Gemeinsam legen die Kollegien fest, welche Kompetenzen schwerpunktmäßig in welchem Schuljahr erworben werden sollen. An vielen Schulen ist es üblich, in einem schulinternen Curriculum gemeinsam festzulegen, woran und wie die in den Bildungsstandards und den Bildungsplänen vorgegebenen Kompetenzen erworben werden sollen. Oft werden auf dieser Ebene auch weitere verpflichtende Entscheidungen getroffen: Für den Sprachunterricht kann damit beispielsweise die Festlegung von bestimmten Lesestrategien verbunden sein, die in einer Klassenstufe eingeführt und anschließend von allen Lehrpersonen (in allen Fächern) immer wieder angewendet werden. In der Primarstufe können sich solche Festlegungen etwa auf eine Konzeption des Schriftspracherwerbs oder auf eine bestimmte Methode des Rechtschreiberwerbs beziehen.

Schulinternes Curriculum

Vereinbarungen auf Schulebene

**Planungs-
verantwortung**

In den Verantwortungsbereich der einzelnen Lehrperson fällt es, sich an diesen Vorgaben zu orientieren (oder deren Weiterentwicklung anzustreben) und für ihre konkrete Klasse eine Planung zu erstellen, die sich von der Jahresplanung über die Planung einzelner Unterrichtssequenzen oder -einheiten bis zur Gestaltung der einzelnen Unterrichtsstunde erstreckt. In den letzten Jahren haben Bildungsstandards die traditionellen Lehrpläne abgelöst (→ KAPITEL 3.2). Für die Jahresplanung stehen Lehrkräfte deshalb vor der großen Herausforderung, Lerngegenstände und Themen festzulegen, an denen die jeweiligen Kompetenzen sinnvoll erworben werden können und die das Leitziel des reflexiven Sprachhandelns (→ KAPITEL 2.4) berücksichtigen. Diese Planungsarbeit kann unter verschiedenen Gesichtspunkten strukturiert werden: Sie kann sich eher an Lerngegenständen orientieren oder eher an Themen.

**Lerngegenstand
und Thema**

Im Sprachunterricht ist der Lerngegenstand häufig nicht mit dem Thema einer Unterrichtseinheit oder -stunde gleichzusetzen. Lerngegenstände sind das zu erwerbende Wissen, die Fähigkeiten und Fertigkeiten sowie die Strategien in den einzelnen Gegenstandsfeldern Sprechen und Zuhören, Lesen, Texte schreiben, Richtig schreiben sowie Sprache und Sprachgebrauch reflektieren. Die Situierung des Lernens in authentischen, sinn- und bedeutungsvollen Kontexten führt dazu, dass sprachliches Lernen meist mit Themen verknüpft ist: Der Lerngegenstand „Argumentieren" lässt sich sinnvoll nur an Themen wie „Handynutzung" oder „Taschengeld" etc. erlernen. Auch eine Lesestrategie ist als Lerngegenstand bei der Vermittlung und beim Erwerb auf Sachtexte und damit auf ein Thema angewiesen.

**Themenorientierte
Planung**

Bei einer themenorientierten Jahresplanung werden ausgehend von Themen verschiedene sprachliche Lernmöglichkeiten in den unterschiedlichen Gegenstandsfeldern generiert und in diesen Sachzusammenhang eingebunden. Dabei müssen alle für die Klassenstufe relevanten Kompetenzen angemessen erworben werden können. Viele Lehrwerke sind nach diesem Prinzip aufgebaut (z. B.: *Klartext* von Westermann, *Wortstark* von Schroedel, *deutsch.punkt* von Klett) und bieten den Lehrpersonen somit eine umfassende Planungs- und Strukturierungshilfe an. Gleichzeitig diktieren sie mit ihrer Konzeption und Themenauswahl weite Teile des Unterrichts und schränken die Lehrperson in ihren Entscheidungsmöglichkeiten ein.

**Gegenstands-
orientierte Planung**

Umgekehrt können auch Lerngegenstände oder sprachliche Kompetenzen, die erworben werden sollen, den Ausgangspunkt bilden, von dem aus geeignete Themen gesucht werden. Einige Lehrwerke sind so angelegt, dass sie nach sprachsystematischen Gesichtspunkten geordnet sind und (zumindest im Schülerband) keine thematische Orientierung mehr bieten, sondern sich als systematisches Werkzeug- und Nachschlagebuch für von der Lehrperson thematisch zu strukturierende Lerneinheiten verstehen (z. B. *Sprachfenster* vom Zürcher Lehrmittelverlag).

Der Zusammenhang zwischen Thema und Lerngegenstand kann unterschiedliche Qualitäten aufweisen. Es kann ein enger, innerer Zusammenhang bestehen, wie beispielsweise beim Thema „Bewerbung" und der Bearbeitung der Textsorte Bewerbungsschreiben. Der Zusammenhang zwischen Thema und Lerngegenstand kann exemplarisch sein, indem die sprachlichen Fähigkeiten an einem Thema erworben werden, das zur adäquaten Bearbeitung auf genau diese sprachlichen Phänomene oder Kompetenzen angewiesen ist, wie die Verknüpfung des Themas „Schule früher und heute" mit grammatischen Zeiten. Schließlich können Thema und Lerngegenstand aber auch nur in einem losen Zusammenhang stehen, der die thematische Einbettung aus motivationalen Gründen aufrechterhält, ohne dass eine innere Notwendigkeit dazu besteht. Das ist etwa dann der Fall, wenn mit dem Thema „Ritter" die Konsonantgraphem-Verdopplung verknüpft wird. An dieser Stelle stößt die thematische Einbettung von sprachlichen Lerngegenständen an ihre Grenzen. Dann ist es meist angebracht, den Lerngegenstand selbst zum Thema zu machen. Bei einem solchen fokussierten sprachlichen Lernen werden systematisch bestimmte sprachliche Lerngegenstände herausgehoben, isoliert eingeführt, eingeübt und danach wieder in sinnvolle Lernkontexte integriert. Das gilt nicht nur für die Behandlung von Themen aus den Gegenstandsfeldern der Rechtschreibung oder Sprachreflexion. Auch Strategien wie Lese- oder Schreibstrategien müssen explizit eingeführt und eingeübt werden. Zentral dabei ist, dass die Einbindung in sinnvolle Kontexte immer wieder berücksichtigt wird. Eine wichtige Rolle im Sprachunterricht spielen auch routinierte Handlungsabläufe wie die Durchführung einer Schreibkonferenz, der Umgang mit Rechtschreibfehlern, regelmäßiges Lesetraining usw. Diese Routinen müssen ebenfalls zunächst isoliert und explizit erworben werden, bevor sie im Unterricht eingebettet routiniert zur Ausführung kommen können. Anteile fokussierten sprachlichen Lernens findet man in fast allen Lehrwerken, meist in Form von extra abgesetzten Teilen, die sich z. B. „Werkstatt" (*Wortstark* von Schroedel) oder „Lernstationen" (*deutsch.punkt* von Klett) nennen.

Ein weiterer relevanter Aspekt für die längerfristige Planung von Sprachunterricht ist schließlich die Berücksichtigung von regelmäßig

Zusammenhang zwischen Thema und Lerngegenstand

Fokussiertes sprachliches Lernen

Ausbildung von Routinen

Regelmäßige Lernangebote

wiederkehrenden Lernangeboten wie freien Lese- und / oder Schreibzeiten, Freiarbeitsphasen, individuellen Übungsphasen, regelmäßigen
Gesprächsphasen usw. Sie schöpfen ihr Potenzial aus der zuverlässi-
gen Verankerung im Unterrichtsgeschehen und müssen bei der Planung schon sehr früh berücksichtigt werden, da sie zeitaufwendig
sind und die Gesamtkonzeption des Sprachunterrichts maßgeblich
bestimmen.

14.2 Vom Jahresplan zur Unterrichtsstunde

Die noch vagen Angaben im Jahresplan müssen zunächst für größere
Unterrichtssequenzen und schließlich für einzelne Unterrichtsstunden
konkretisiert werden. Jede Unterrichtsplanung beginnt mit einer bestimmten Intention der Lehrperson. Sie hat zunächst ein Ziel, das sie
im Unterricht mit ihren Schülern erreichen will und das sich aus den
Vorgaben des Jahresplanes oder aus aktuellem Anlass ergibt. Dieses
Ziel ist nicht unbedingt mit einem Lernziel identisch. Aus dem Jahresplan sind dabei meist die angestrebten (Teil-)Kompetenzen (z. B.
mündlich argumentieren können, Stoffsammlung mithilfe eines Clus-
ters erstellen können) und die damit verbundenen Themen („Schule
früher und heute" zur Bearbeitung der grammatischen Zeiten) bereits
festgelegt. Aus dem bisherigen Verlauf des Unterrichts, aus Beobachtungen des Lehr-Lernprozesses (z. B. Feststellung von Defiziten im
Bereich des Leseverstehens) oder aus aktuellen, für die Schüler bedeutsamen Anlässen kommen neue Ziele dazu. Die Lehrperson kann

Unterschiedliche Ausgangspunkte also mit ihrem konkreten Planungsprozess für Unterrichtseinheiten
und -stunden an unterschiedlichen Stellen ansetzen: bei einer der im
Bildungsplan aufgeführten Kompetenzbeschreibungen, bei einem bestimmten (Lern-)Ziel, bei einem Thema oder Gestaltungsgedanken,
bei der Vorentscheidung für ein bestimmtes methodisches Vorgehen,
bei besonderen Lernvoraussetzungen der Schüler, ihren Stärken oder
Schwächen usw. Wichtiger als die Frage, in welcher Reihenfolge
Lerngegenstände, Lernziele, Themen und Methoden festgelegt werden, ist die Frage, ob die Lehrperson mit all diesen Elementen ein

Passung der einzelnen Entscheidungen stimmiges Lehr-Lernarrangement gestalten kann. Denn die einzelnen
Festlegungen müssen so getroffen werden, dass sie zusammenpassen.
Dabei ist zu beachten, dass die Wahl eines bestimmten Lernziels, eines Lerngegenstandes, einer bestimmten Methode oder einer bestimmten Aufgabenform jeweils eine Reihe weiterer Festlegungen
nach sich zieht, die es zu berücksichtigen gilt.

Jede Unterrichtsplanung bezieht sich auf einen bestimmten Lerngegenstand. Mit der Entscheidung für einen Lerngegenstand ist eine fachwissenschaftliche und fachdidaktische Auseinandersetzung verbunden. Die Lehrperson muss sich vergewissern, welches die fachwissenschaftlichen Grundlagen sind und wie das Gegenstandsfeld fachdidaktisch modelliert ist. Dazu gehören nicht nur Fragen der Sachstruktur, sondern auch Fragen nach der Erwerbsstruktur des Gegenstandes und nach entsprechenden Zugangsmöglichkeiten für Lernende. So wird es für die Lehrperson möglich, die Aspekte des Lerngegenstandes auszuwählen, die im Unterricht behandelt werden sollen (→ KAPITEL 5–9).

Analyse des Lerngegenstands

Eine entscheidende Frage für die Planung von Unterricht ist jene nach den Lernzielen: Welche Lernprozesse sollen angeregt und welche Lernergebnisse sollen erreicht werden? Auch hier kann die Festlegung im Planungsprozess von zwei Seiten ausgehen. „Was sollen die Schüler in der Auseinandersetzung mit einem Lerngegenstand genau lernen?" (→ KAPITEL 5–9) kann ebenso die Frage sein, wie „Welche Lerngegenstände und Themen eignen sich besonders gut, um im Bildungsplan vorgegebene Kompetenzen anzubahnen oder ein übergeordnetes Ziel wie ‚Interesse an Sprache' zu erreichen?" Im Hinblick auf größere Planungszeiträume bilden die Vorgaben der Bildungspläne den zentralen, verbindlichen Orientierungspunkt. Die Zielsetzungen für Unterrichtseinheiten oder -stunden müssen aber konkreter sein, sie markieren eine Etappe auf dem Weg zur angestrebten Kompetenz, der Haltung oder Einstellung, die in dem geplanten Zeitraum zurückgelegt werden soll.

Festsetzung der Lernziele

Ein wichtiger Bestandteil der Planungsüberlegungen sind methodische Entscheidungen zur Gestaltung eines Lehr-Lernarrangements. Es muss in den Dimensionen Verlaufsformen, Handlungsmuster und Sozialformen (vgl. Meyer 2005, S. 74–80) und vor dem Hintergrund der Gestaltungsprinzipien des Sprachunterrichts (→ KAPITEL 12.1) konkretisiert werden. Verlaufsformen strukturieren den Unterricht in unterschiedliche Phasen, Stufen oder Schritte, sie werden auch als Artikulationsschemata bezeichnet (vgl. Gonschorek / Schneider 2007, S. 186–193). Die einzelnen Phasen müssen dann durch verschiedene Handlungsmuster im Sinne von konkreten Aktivitäten gefüllt werden, zu deren Ausführung Entscheidungen für Aufgaben, Materialien, Medien und Sozialformen notwendig sind. All diese methodischen Festlegungen sind voneinander und von der Entscheidung für Lernziele, Lerngegenstände und Themen abhängig. Die Aufgaben und die damit verbundene Auswahl von Sprachmaterial spielen dabei eine besondere Rolle. Sie tragen wesentlich zur Gestaltung der Lernumgebung bei,

Entscheidung für Methoden

weil sich in ihnen die vorangegangenen Entscheidungen sichtbar manifestieren (→ KAPITEL 13).

Sämtliche Entscheidungen im Planungsprozess müssen begründet werden können. Die besonderen Bedingungen der Institution Schule, etwa deren Bildungsauftrag oder die allgemeine Schul*pflicht,* machen es erforderlich, dass sich Unterricht legitimieren muss. Festlegungen von Lerngegenständen, Themen und Methoden müssen vor dem Hintergrund aktueller und zukünftiger Bedürfnisse des Einzelnen und der Gesellschaft begründet werden. Sie weisen immer auf übergeordnete Bildungs- und Erziehungsziele hin: Mit der Festlegung auf das Bildungsziel der Persönlichkeitsentwicklung und auf das Leitziel des Reflexiven Sprachhandelns ist ein erster Rahmen gesteckt und begründet worden (→ KAPITEL 2.4). Sprachliches Lernen im Sinne umfassender sprachlicher Bildung umfasst neben dem Kompetenzerwerb auch den Erwerb von Haltungen und Einstellungen, etwa Interesse an Sprache, Sprachneugier oder Sprachaufmerksamkeit. In diesem Feld bewegen sich alle weiteren Planungsentscheidungen, und vor diesem Hintergrund müssen sie konsequent bis zur einzelnen Aufgabenstellung reflektiert werden. Auch methodische Entscheidungen müssen sich im Hinblick auf übergeordnete Bildungs- und Erziehungsziele legitimieren lassen. Die gewählten Methoden sollen dazu beitragen, die Schüler zu zunehmender Selbstständigkeit im Denken und Handeln zu führen und lebenslanges, selbstständiges Lernen zu ermöglichen.

Planungsentscheidungen und deren Begründung sind aber immer nur mit Blick auf eine konkrete Klasse, also bestimmte Kinder und Jugendliche und deren aktuelle Lebenssituation möglich. Zentral für jede Planung von Unterricht sind deshalb die Bedingungen, unter denen die Schüler leben. Das sind zum einen ihre persönlichen, sozialen und kulturellen Lernvoraussetzungen, aber auch die sozialen und materiellen Bedingungen ihrer Lebenswelt und der Schule. Für das sprachliche Lernen sind besonders die Herkunft aus bildungsfernen Familien und die Mehrsprachigkeit (→ KAPITEL 10) zwei Herausforderungen, auf die der Unterricht entsprechend reagieren muss, um Schulerfolg zu ermöglichen. Wie wenig das bisher gelingt, zeigen alle Studien, die eine deutliche Abhängigkeit des Schulerfolges von der sozialen Herkunft nachweisen (vgl. z. B. Baumert u. a. 2001).

Eine wichtige Rolle für die Planung des Sprachunterrichts spielt der Lernstand der Schüler im mündlichen und schriftlichen Sprachgebrauch. Er umfasst auch vorhandene Wissensstrukturen, allgemeine und fachspezifische Arbeitstechniken und nicht zuletzt Einstellungen, Haltungen und motivationale Aspekte im Hinblick auf die Sprache und das Lernen. Bei der Planung muss die Lehrperson den Lernstand antizipieren und versuchen, mit ihren Planungsentscheidungen daran anzuknüpfen. Hinweise dazu liefern Beobachtungen aus dem Unterricht oder Analysen von Schülerprodukten, die im Rahmen des fördernden Beurteilens im Unterricht entstanden sind (→ KAPITEL 11.2). Die Überlegungen zum Lernstand der Schüler finden ihren Niederschlag in Differenzierungsmaßnahmen, die in allen Dimensionen methodischer Entscheidungen eingeplant werden können (→ KAPITEL 12.3). | **Beobachtung des sprachlichen Lernstandes**

An vielen Stellen in diesem Planungsprozess können die Schüler miteinbezogen werden. Gerade bei der Festlegung von Themen bietet es sich an, den Schülern Mitsprachemöglichkeiten einzuräumen. Aber auch an anderen Stellen sollen die Schüler die Möglichkeit haben, selbst Verantwortung für den Lernprozess zu übernehmen. Das kann einerseits erfolgen, indem Phasen eingeplant werden, die explizit solche Wahlmöglichkeiten vorsehen und verlangen, etwa beim Projektunterricht oder bei Freiarbeitsphasen. Andererseits sollen auch die alltäglichen Lernangebote so gestaltet sein, dass sie differenzierte Lernmöglichkeiten eröffnen (→ KAPITEL 12.3). | **Beteiligung der Schüler**

All diese Entscheidungen müssen in der täglichen Vorbereitung getroffen werden. Auch die jeweiligen Begründungen muss eine Lehrperson auf Nachfrage von Schülern, Eltern oder Vorgesetzen zu erläutern imstande sein. Allerdings ist es unrealistisch und auch nicht notwendig, diese Entscheidungs- und Begründungsprozesse im Alltag schriftlich zu dokumentieren – viel wichtiger ist die tatsächliche Reflexion während des Planungsprozesses. Während Notizen zum Ablauf und zur Organisation des Unterrichts auch bei erfahrenen Lehrpersonen die Regel sind, bleiben schriftlich ausgearbeitete Darstellungen des Planungsprozesses, sogenannte „schriftliche Unterrichtsentwürfe", die Ausnahme. Dennoch kann es für Berufsanfänger hilfreich sein, entscheidende Stellen wie Erklärungen zu sprachlichen Phänomenen, Arbeitsanweisungen, wichtige Impulse usw. vorher wörtlich zu notieren. Dies dient „der schärferen gedanklichen Durchdringung, dem sorgfältigeren Abwägen der sprachlichen Äußerungen, Impulse, Anweisungen usw., macht die Lehrersprache knapper und präziser und ist zu diesen Zwecken unerlässlich" (Glöckel u. a. 1992, S. 38). | **Schriftform als Ausnahme**

14.3 Der schriftliche Unterrichtsentwurf

Bei einem schriftlichen Unterrichtsentwurf handelt es sich um eine Textsorte, die spezifisch für die Ausbildung im Lehrberuf ist. Sie dient dazu, die subjektiven didaktisch-methodischen Entscheidungen einer Unterrichtsstunde oder -sequenz zu begründen und für andere – z. B. Mitstudierende, Dozierende oder Praxislehrpersonen – nachvollziehbar zu machen. Somit hat ein Unterrichtsentwurf stark argumentativen, problemorientierten Charakter: Er bietet idealerweise eine begründete Darstellung des unterrichtlichen Vorhabens, „in der fachwissenschaftliche, fachdidaktische, pädagogische, psychologische und subjektive Aspekte zu einem schlüssigen […] und zusammenhängenden (kohärenten) Handlungsentwurf integriert" (Lange 2002, S. 44) sind. Der Unterrichtsentwurf stellt sozusagen das textliche Endprodukt des unterrichtsbezogenen Klärungs- und Planungsprozesses dar.

Bindung an institutionellen Rahmen

Schriftliche Unterrichtsentwürfe sind immer an einen institutionellen Rahmen gebunden, in dem ihre Erstellung verlangt wird: an Praxisphasen im Studium, an Besuchsstunden in der zweiten Ausbildungsphase oder an Bewertungsstunden durch Vorgesetzte. Damit ist diese Textsorte in ihren Anforderungen an die konkrete Ausführung stärker an die Vorgaben der Institution gebunden als an allgemeingültige oder wissenschaftliche Kriterien. Informationen über den ‚richtigen' Aufbau und die ‚richtige' Terminologie eines konkreten schriftlichen Unterrichtsentwurfs können daher nur die Bestimmungen der Institution (Hochschule, Seminar, Schulamt usw.) liefern. Die nachfolgenden Ausführungen sind insofern nicht als Vorgabe, sondern vielmehr als eine Orientierungshilfe zu verstehen.

Ein schriftlicher Unterrichtsentwurf bezieht sich auf eine konkrete Unterrichtsstunde und umfasst meist die unten aufgeführten Punkte. Die Abfolge dieser Teile im Text ist zwar nicht völlig beliebig, im konkreten Fall jedoch von den institutionellen Vorgaben und / oder vom Ausgangs- bzw. Ansatzpunkt des Planungsprozesses abhängig. Entscheidend ist, dass die Gliederungspunkte nicht unverbunden nebeneinander stehen, sondern argumentativ aufeinander aufbauen.

Bestandteile eines Unterrichtsentwurfs

- Darstellung der Rahmenbedingungen
- Analyse der Lernbedingungen der Schüler
- Sachanalyse
- Didaktische Analyse
- Beschreibung der Lernziele
- Methodische Entscheidungen und deren Begründung
- Verlaufsplanung
- Reflexion der Unterrichtsstunde
- Literaturverzeichnis
- Anhang

Auf dem Titelblatt oder im Vorspann werden alle relevanten, eher organisatorischen Angaben zur Stunde vermerkt. Dazu gehören zum Beispiel Ort, Zeit, Thema und die Namen aller Beteiligten.

Besonders wichtig für die konkrete Unterrichtsplanung ist die Klärung der Lernbedingungen und -voraussetzungen der Schüler. Bei der Beschreibung des sprachlichen Lernstandes und der sprachlichen Lernbedingungen ist darauf zu achten, dass diese Beschreibungen nicht allgemein bleiben, sondern im Hinblick auf den Lerngegenstand und das Thema der Stunde erfolgen. Sie sollten so formuliert sein, dass sie bereits vorhandene Kompetenzen in den Blick nehmen und nicht die noch vorhandenen Defizite. Die an dieser Stelle beschriebenen individuellen Lernvoraussetzungen müssen in der methodischen Planung der Stunde in Differenzierungsangebote umgesetzt werden. *Analyse der Lernbedingungen der Schüler*

Die Sachanalyse bezieht sich auf den ausgewählten Lerngegenstand und nicht auf das damit verbundene Thema. Der Lerngegenstand muss unter fachdidaktischem Blickwinkel fachwissenschaftlich reflektiert werden. Das bedeutet, dass nicht alle fachwissenschaftlich interessanten Aspekte relevant sind, sondern zentrale Aspekte vor dem Hintergrund von Erwerbs- und Aneignungsprozessen ausgewählt werden (→ KAPITEL 5–9). Wenn es etwa beim Thema „Argumentieren" in der Stunde um den Unterschied zwischen Thesen und Argumenten gehen soll (vgl. *deutsch.punkt 4*, S. 29), so muss die Sachanalyse keine umfassende Geschichte der Argumentationstheorie darstellen und auch nicht auf die Funktion von Argumenten im Bereich der Justiz verweisen, sondern sich auf diese beiden Begriffe, deren Bedeutung und Genese sowie eventuell vorhandene Kompetenzmodelle in diesem Gegenstandsfeld (vgl. z. B. Krelle u. a. 2007) konzentrieren. Sollen die Schüler in der geplanten Stunde Texte verfassen, müssen die sprachlichen, formalen und gestalterischen Besonderheiten der gewählten Textsorte dargestellt und die sprachlichen Gestaltungsmöglichkeiten analysiert werden. *Sachanalyse*

Die didaktische Analyse begründet die Auswahl von Lerngegenstand und Thema. Sie weist immer auf übergeordnete Bildungs- und Erziehungsziele hin (→ KAPITEL 2.4, 3.3). Der Didaktiker Wolfgang Klafki hat 1958 Fragen zur Bestimmung des Bildungswerts eines Unterrichtsgegenstandes formuliert, die – mittlerweile zum Klassiker geworden – noch immer hilfreich sind: *Didaktische Analyse*

1. Worin liegt die gegenwärtige Bedeutung des ausgewählten Lerngegenstandes für die Schüler?
2. Worin könnte eine Zukunftsbedeutung für die Schüler liegen?
3. Worin liegt die exemplarische Bedeutung? Kann exemplarisch ein Prinzip, eine Grundeinsicht gewonnen werden? (vgl. Klafki 1958)

Die didaktische Analyse beschreibt darüber hinaus Zugangsmöglichkeiten zum Lerngegenstand und Überlegungen zur didaktischen Reduktion. Dabei wird begründet, welche Teilaspekte des (komplexen) Lerngegenstandes für die geplante Stunde ausgewählt wurden. Das schließt mit ein, dass Alternativen genannt und begründet verworfen werden.

Beschreibung der
Lernziele

Für die Darstellung der Lernziele gilt es zunächst, die Kompetenz(en) aus den Bildungsstandards aufzuführen, deren Erwerb mit der geplanten Unterrichtsstunde angestrebt wird. Allerdings sind Kompetenzen keine Ziele für eine einzelne Unterrichtsstunde. Das Stundenziel muss konkreter sein; es markiert eine Etappe auf dem Weg zu der angestrebten Kompetenz, die in der geplanten Stunde zurückgelegt werden soll.

Methodische
Entscheidungen und
deren Begründung

Unter dem Punkt „Methodische Entscheidungen und deren Begründung" werden Überlegungen angestellt, wie oder genauer: mit welchem Unterrichtsaufbau und mit welchen Methoden die formulierten Lernziele erreicht werden können. Wichtig ist dabei, dass die methodischen Entscheidungen sowohl dargestellt als auch begründet werden. Dazu gehört auch, dass Alternativen vorbereitet und reflektiert werden, um in der Unterrichtsstunde selbst flexibel auf unterschiedliche Situationen reagieren zu können. Eine wichtige Rolle spielt an dieser Stelle die Berücksichtigung der Gestaltungsprinzipien des Sprachunterrichts. Das führt dazu, dass besonders Fragen nach Differenzierungsmaßnahmen, Lern- und Vermittlungshilfen beantwortet werden müssen.

Verlaufsplanung

Im Rahmen der Verlaufsplanung werden die Struktur des Unterrichts erläutert und die einzelnen Phasen konkretisiert. Vorlagen für Verlaufspläne gibt es viele. Eine einfache Form ist eine dreispaltige Tabelle, in der die Zeitschiene, Lehrer- und Schüleraktivitäten sowie organisatorische Hinweise notiert werden. Denkbar wäre auch eine von der Tabellenform losgelöste grafische Darstellung, die stärker verschiedene mögliche Lernwege und die jeweiligen Lern- und Vermittlungshilfen darzustellen versucht und die verschiedenen Stränge wieder in gemeinsame Aktivitäten münden lässt.

Reflexion der
Unterrichtsstunde

Alle Bemühungen der Unterrichtsplanung zielen darauf ab, das Lehren und Lernen im Unterricht möglichst optimal zu gestalten. Der tatsächliche Verlauf des Unterrichts ist aufgrund des komplexen Geschehens damit aber weder vorhersehbar noch vollständig bestimmbar. „Angesichts der technischen Unverfügbarkeit der Person im Rahmen der Lehr-Lernsituation ist daher eine partielle Unplanbarkeit des Unterrichts auf der Handlungsebene der Unterrichtsmethode konstitutiv gegeben. [...] Unterricht ist planungsbedürftig, aber nicht vollständig planbar." (Wiechmann 2009, S. 162). Den Abschluss eines Unterrichtsentwurfs bildet daher die Reflexion über die Passung didaktischer und methodischer Entscheidungen untereinander und vor allem im Hinblick auf die Schüler. „Was sollten die Schüler lernen, was konnten sie tatsächlich lernen?" ist eine der zentralen Fragestellungen." Auch das Verhältnis von Planung und Durchführung wird analysiert und im Hinblick auf die folgenden Unterrichtsstunden muss gefragt werden, wie an den bearbeiteten Lerngegenständen weiter gearbeitet werden kann und welche Ziele als nächstes angestrebt werden müssen.

Bei einem Unterrichtsentwurf handelt es sich um eine wissenschaftliche Textsorte, für die die üblichen Standards wissenschaftlichen Arbeitens gelten. Dazu gehören u. a. das korrekte Zitieren und ein vollständiges, sorgfältig erstelltes Literaturverzeichnis. Ein Anhang ergänzt den Unterrichtsentwurf mit allen verwendeten Arbeitsblättern, Auszügen aus Lehrwerken und Grundlagen zur Stunde (z. B. Tafelbilder, vorangegangene Arbeitsblätter).

Literaturverzeichnis und Anhang

Diese bewährten allgemeindidaktischen Planungsschemata dürfen nicht darüber hinwegtäuschen, dass jede Unterrichtsplanung die Spezifika des unterrichteten Fachs berücksichtigen und dazu auf fachdidaktische Theorien referieren muss (vgl. Sandfuchs 2009, S. 516). Für den Sprachunterricht bedeutet dies, dass sich die Planung auf die didaktischen Modellierungen der einzelnen Gegenstandsfelder beziehen muss, selbst wenn dies die Vorgaben der Institutionen so nicht explizit vorsehen.

Fragen und Anregungen

- Welche Planungszeiträume kann man im Bereich der Unterrichtsplanung unterscheiden und wer ist schwerpunktmäßig für die Planung darin verantwortlich?

- Welche Aspekte erscheinen Ihnen für die Planung von Sprachunterricht zentral?

- Versuchen Sie, eine themenorientierte oder eine gegenstandsorientierte Jahresplanung für Ihre Zielstufe zu entwerfen. Diskutieren Sie Ihre Ergebnisse mit Lehrpersonen in der Praxis.

- Nehmen Sie einen eigenen oder fremden schriftlichen Unterrichtsentwurf, der sich auf den Sprachunterricht bezieht. Vergleichen Sie ihn im Hinblick auf Aufbau und Argumentation mit den hier gemachten Vorschlägen.

Lektüreempfehlungen

- **Michael Kämper-van den Boogaart: Unterrichtsplanung,** in: Michael Kämper-van den Boogaart (Hg.), Deutsch-Didaktik. Leitfaden für die Sekundarstufe I und II, Berlin 2008, S. 281–292. *Der Autor setzt sich kritisch mit den verbreiteten Vorstellungen von Unterrichtsplanung auseinander und macht alternative Vorschläge.*

- **Wolfgang Klafki: Neue Studien zur Bildungstheorie und Didaktik. Zeitgemäße Allgemeinbildung und kritisch-konstruktive Didaktik,** Weinheim 1985, 6., neu ausgestattete Auflage 2007. *Klafkis Reflexionen über Bildung und Unterricht sind zum Klassiker geworden.*

- **Wolfgang Steinig / Hans-Werner Huneke: Sprachdidaktik Deutsch. Eine Einführung,** Berlin 2001, 3. Auflage 2007. *Im Kapitel „Deutschunterricht planen und vorbereiten" geben die beiden Autoren ausführliche Hinweise zur Erstellung eines Unterrichtsentwurfs im Fach Deutsch.*

15 Serviceteil

15.1 Allgemeine bibliografische Hilfsmittel

Lexika und Handbücher

- Ursula Bredel / Hartmut Günther / Peter Klotz / Jakob Ossner / Gesa Siebert-Ott (Hg.): Didaktik der deutschen Sprache. Ein Handbuch, 2 Bände, Paderborn 2003, 2., durchgesehene Auflage 2006. *Handbuch mit Grundlagenartikeln zu allen Bereichen der Sprachdidaktik, in denen das Gegenstandsfeld jeweils aus historischer und aktueller Perspektive und unter Berücksichtigung von Mehrsprachigkeit und Lernschwierigkeiten umfassend dargestellt wird.*

- Bodo Franzmann / Klaus Hasemann / Dietrich Löffler (Hg.): Handbuch Lesen, München 1999, genehmigte Lizenzausgabe Baltmannsweiler 2001. *Umfassendes Handbuch, in dem alle relevanten Aspekte des Lesens, des Lesers und der Lesekultur thematisiert werden, u. a. mit Beiträgen zur Lesepsychologie, zur Lese- und Mediensozialisation, zur (institutionellen) Leseförderung und zur Geschichte des Lesens.*

- Volker Frederking / Hans Werner Huneke / Axel Krommer / Christel Meier (Hg.): Taschenbuch des Deutschunterrichts, 3 Bände (Bd. 1: Sprach- und Mediendidaktik, Bd. 2: Literatur- und Mediendidaktik, Bd. 3: in Vorbereitung), Baltmannsweiler 2010. *Kompendium mit grundlegenden Artikeln zu den Bereichen des Faches Deutsch, bei denen neben fachlichen Inhalten auch Lehr-Lernprozesse und darauf bezogene didaktische Konzeptionen dargestellt werden.*

- Dietlinde H. Heckt / Karl Neumann (Hg.): Deutschunterricht von A bis Z, Braunschweig 2001. *Nachschlagewerk, das in über 160 Stichwörtern Inhalte, Methoden und didaktische Konzeptionen des Faches Deutsch beschreibt.*

- Heinz-Jürgen Kliewer / Inge Pohl (Hg.): Lexikon Deutschdidaktik, 2 Bände, Baltmannsweiler 2006. *Nachschlagewerk, das in über 400 Einträgen relevante Themen der Deutschdidaktik und des Deutschunterrichts unter Berücksichtigung von Forschungsdebatten abhandelt.*

- **Winfried Ulrich (Hg.): Deutschunterricht in Theorie und Praxis (DTP)**, 11 Bände, Baltmannsweiler 2008ff. *Mehrbändiges Standardwerk, in dem der aktuelle Forschungs- und Entwicklungsstand der verschiedenen deutschdidaktischen Arbeitsfelder ausführlich dargestellt und um praxisbezogene Modelle der methodischen Umsetzung und der Leistungsüberprüfung ergänzt werden.*

  1. Herbert Günther (Hg.): Deutsche Sprache in Kindergarten und Vorschule [in Vorbereitung].
  2. Christa Röber (Hg.): Schriftsprach- und Orthographieerwerb: Erstlesen, Erstschreiben [in Vorbereitung].
  3. Michael Becker-Mrotzek (Hg.): Mündliche Kommunikation und Gesprächsdidaktik, Baltmannsweiler 2009.
  4. Helmuth Feilke / Thorsten Pohl (Hg.): Schriftlicher Sprachgebrauch / Texte verfassen [in Vorbereitung].
  5. Ursula Bredel (Hg.): Weiterführender Orthographieerwerb [in Vorbereitung].
  6. Hildegard Gornik (Hg.): Sprachreflexion und Grammatikunterricht [in Vorbereitung].
  7. Inge Pohl / Winfried Ulrich (Hg.): Wortschatzarbeit, Baltmannsweiler 2011.
  8. Volker Frederking / Thomas Möbius / Axel Krommer (Hg.): Digitale Medien im Deutschunterricht [in Vorbereitung].
  9. Bernt Ahrenholz / Ingelore Oomen-Welke (Hg.): Deutsch als Zweitsprache, Baltmannsweiler 2008, 2., überarbeitete Auflage 2010.
  10. Bernt Ahrenholz / Ingelore Oomen-Welke (Hg.): Deutsch als Fremdsprache [in Vorbereitung].
  11. Kaspar Spinner / Michael Kämper-van den Boogaart (Hg.): Lese- und Literaturunterricht, 3 Teilbände, Baltmannsweiler 2010.

Einführungen und Gesamtdarstellungen

- **Ulf Abraham / Ortwin Beisbart / Gerhard Koß / Dieter Marenbach: Praxis des Deutschunterrichts. Arbeitsfelder – Tätigkeiten – Methoden**, Donauwörth 1998, 6., überarbeitete und erweiterte Auflage 2009. *Nachschlagewerk, das einen Überblick über die Lernbereiche des Deutschunterrichts und über Grundzüge der integrativen Unterrichtsgestaltung gibt und Beispiele aus der Praxis und Anleitungen zur Gestaltung von Unterrichtseinheiten enthält.*

- Horst Bartnitzky: Sprachunterricht heute. Sprachdidaktik – Unterrichtsbeispiele – Planungsmodelle, Berlin 2000, 4., aktualisierte und überarbeitete Auflage 2006. *Handbuch zur Sprachdidaktik der Primarstufe, das praxisbezogene Hilfen zu allen Bereichen des Sprachunterrichts bietet.*

- Horst Bartnitzky: Deutschunterricht, Baltmannsweiler 2008, 2., korrigierte Auflage 2009. *Leitfaden für einen kompetenzorientierten Deutschunterricht in der Primarstufe, in dem ausgehend von allgemeinen Überlegungen zu kompetenzorientiertem Deutschunterricht konkrete Vorschläge für alle Gegenstandsfelder des Sprachunterrichts gemacht werden.*

- Ortwin Beisbart / Dieter Marenbach (Hg.): Bausteine der Deutschdidaktik. Ein Studienbuch, Donauwörth 2003, 3., überarbeitete Neuauflage 2009. *Studienbuch, in dem in 30 Bausteinen der Deutschunterricht mit seinen Inhalten, Lernprozessen und seiner Einbettung in Gesellschaft und Wissenschaft thematisiert wird.*

- Michael Kämper-van den Boogaart / Jürgen Baurmann / Gisela Beste (Hg.): Deutschdidaktik. Leitfaden für die Sekundarstufe I und II, Berlin 2003, völlige Neubearbeitung 2008. *Überblick über fachdidaktische Kernfragen, der zunächst allgemeine Aspekte des Deutschunterrichts thematisiert, um danach konkreter auf Lernprozesse und Inhalte in den Bereichen Literatur und Sprache einzugehen.*

- Harro Müller-Michaels: Grundkurs Lehramt Deutsch, Stuttgart 2009. *Grundkurs, der in die Vielfalt und Komplexität der Probleme des Deutschunterrichts und der Deutschdidaktik einführt.*

- Günther Lange / Swantje Weinhold (Hg.): Grundlagen der Deutschdidaktik. Sprachdidaktik – Mediendidaktik – Literaturdidaktik, Baltmannsweiler 2005, 4., korrigierte Auflage 2010. *Kompakte Einführung in die Grundlagen der Deutschdidaktik, in der auf fachwissenschaftlicher Grundlage die didaktische Diskussion entfaltet, methodische Fragen erörtert und Hinweise auf Basisliteratur gegeben werden.*

- Jakob Ossner: Sprachdidaktik Deutsch. Eine Einführung für Studierende, Paderborn 2006, 2., überarbeitete Auflage 2008. *Studienbuch, das die relevanten fachdidaktischen Inhalte und die fachwissenschaftlichen Bezüge darstellt und sich dabei an spezifischen Kompetenzen eines Deutschlehrers orientiert.*

- **Wolfgang Steinig / Hans-Werner Huneke: Sprachdidaktik Deutsch. Eine Einführung**, Berlin 2003, 3., neu bearbeitete und erweiterte Auflage 2007. *Einführung, die zu den Gegenstandsfeldern des Sprachunterrichts fachwissenschaftliche und fachdidaktische Grundlagen darstellt und unterrichtspraktische Anregungen gibt.*

15.2 Reihen und Jahrbücher

Lehrbuchreihen

- **Lehrerbücherei Grundschule**, Berlin 1983ff. [Cornelsen Scriptor]. *Praxisorientierte Buchreihe, die in komprimierter Form wissenschaftlich fundierte Anregungen und Hilfen zu ausgewählten grundschuldidaktischen und -pädagogischen Themen bietet.*

- **Reihe Praxis Deutsch**, Seelze 1997ff. [Kallmeyer Verlag in Verbindung mit Klett]. *Buchreihe für Deutschlehrkräfte aller Schularten, in der fachdidaktisches Grundlagenwissen zu ausgewählten Aufgaben des Deutschunterrichts dargestellt und exemplarisch in Form von Unterrichtsvorschlägen und -materialien konkretisiert wird.*

- **StandardWissen Lehramt**, Paderborn 2006ff. [Schöningh UTB]. *Studienbuchreihe für das Lehramtsstudium und die Berufseinstiegsphase, in der sowohl fachdidaktische als auch pädagogisch-psychologische Themen vertreten sind.*

Jahrbücher

- **Jahrbücher „lesen und schreiben"** der Deutschen Gesellschaft für Lesen und Schreiben (DGLS), Seelze 1986ff. [Kallmeyer Verlag; vormals: Libelle Verlag / Lengwil]. *Unregelmäßig erscheinende Jahrbuchreihe mit bislang neun Bänden, die Forschungs- und Praxisberichte zu wechselnden Schwerpunktthemen rund um den Schriftspracherwerb versammelt.*

- **Jahrbücher Deutsch als Fremdsprache. Intercultural German Studies**, München 1975ff. [iudicum Verlag]. *Interdisziplinär angelegte Jahrbuchreihe, die einen umfassenden Überblick über die aktuellen Entwicklungen des Faches Deutsch als Fremdsprache bzw. der Interkulturellen Germanistik im In- und Ausland bietet.*

Zeitschriften

Forschungs-orientierte Zeitschriften

- **Der Deutschunterricht.** Beiträge zu seiner Praxis und wissenschaftlichen Grundlegung, Seelze 1948ff. *Zeitschrift mit vorwiegend* *theorie- bzw. forschungsorientierter Ausrichtung, die aktuelle Fachdiskussionen aufgreift und über neueste Erkenntnisse literatur- und sprachdidaktischer Forschung informiert.*

- **Didaktik Deutsch.** Halbjahresschrift für die Didaktik der deutschen Sprache und Literatur, Baltmannsweiler 1996ff. *Zeitschrift des Symposions Deutschdidaktik e. V., in der neben ausgewählten Debatten- und Forschungsbeiträgen zu aktuellen Fragen der Deutschdidaktik auch Berichte und Ankündigungen des Vereins sowie Rezensionen und Neuerscheinungen zu finden sind.*

- **Informationen zur Deutschdidaktik (ide).** Zeitschrift für den Deutschunterricht in Wissenschaft und Schule, Innsbruck 1976ff. *Zeitschrift aus Österreich, die neben deutschdidaktischen Fachbeiträgen auch Praxisberichte und Unterrichtsmodelle zum jeweiligen Heftschwerpunkt bietet.*

- **Osnabrücker Beiträge zur Sprachtheorie (OBST),** Oldenburg 1976ff. *Sprachwissenschaftliche Zeitschrift mit ausgeprägt didaktischer Orientierung, die aktuelle Fragen der Sprachwissenschaft mit Blick auf unterrichtliche Lehr-Lern-Kontexte diskutiert.*

- **Praxis Deutsch.** Zeitschrift für den Deutschunterricht, Seelze 1973ff. *Nach einem einleitenden Basisartikel, der das Thema des jeweiligen Heftes aus fachlicher und didaktischer Sicht aufbereitet, werden in praxiserprobten Unterrichtsmodellen innovative Ideen für den Deutschunterricht (vorrangig für die Klassen der Sekundarstufen I und II) vorgestellt.*

  Praxisorientierte Zeitschriften

- **Deutschunterricht.** Zeitschrift für den Deutschunterricht in Sek. I und Sek. II, Braunschweig 1948ff. *Jede Ausgabe bietet einen Basisbeitrag zum gewählten Schwerpunktthema sowie Unterrichtsanregungen und -materialien für die verschiedenen Klassenstufen.*

- **Deutsch 5 bis 10,** Seelze 2004ff. *Stark materialorientierte Zeitschrift, die bis ins Detail ausgearbeitete Unterrichtsvorschläge zum jeweiligen Heftthema bereithält.*

- **Deutschmagazin,** München 2000ff. *Das Magazin bietet Ideen und Materialien für die Unterrichtspraxis in den Klassen 5–13.*

- **Deutsch differenziert,** Braunschweig 2006ff. *Die Zeitschrift versammelt fachdidaktische und unterrichtsbezogene Beiträge zu ausgewählten Schwerpunktthemen und liefert ein differenziertes Materialangebot für die Förderung der Schüler in den Klassen 1–6.*

- **Grundschule Deutsch**, Seelze 2004ff. *Die Zeitschrift enthält themenbezogene Unterrichtsvorschläge und Materialien für den Deutschunterricht in den Klassen 1–6.*

- **Grundschulunterricht Deutsch**, München 2008ff. *Die Themenhefte bieten vorrangig praxisbezogene Beiträge zum Deutschunterricht in der Grundschule.*

Zeitschriften zu Deutsch als Zweitsprache

- **Deutsch als Zweitsprache**, Baltmannsweiler 2001ff. *Vom Bundesamt für Migration und Flüchtlinge herausgegebene Zeitschrift, die Informationen und Beiträge zu allen DaZ-relevanten Themen (inklusive der Zweitspracherwerbsdidaktik) enthält.*

- **Frühes Deutsch**, Bielefeld 2004ff. *Vom Goethe-Institut herausgegebene Fachzeitschrift für Deutsch als Fremd- und Zweitsprache im Primarbereich mit konkreten Vorschlägen und Anregungen für den Unterricht.*

- **Zielsprache Deutsch**, Tübingen 1970ff. *Internationale Zeitschrift für Deutsch als Fremdsprache und Deutsch als Zweitsprache.*

15.3 Institutionen und Verbände

Deutschdidaktik / Deutschunterricht

- **Symposion Deutschdidaktik**, Web-Adresse: www.symposion-deutschdidaktik.de. *Verein zur Förderung des wissenschaftlichen Austausches in der Deutschdidaktik, dessen Mitglieder in Deutschland, Österreich und der Schweiz das Fach Deutsch in Theorie und Praxis erforschen, lehren und weiterentwickeln; veranstaltet alle zwei Jahre die internationale Tagung „Symposion Deutschdidaktik ".*

- **Fachverband Deutsch im Deutschen Germanistenverband**, Web-Adresse: www.fachverband-deutsch.de. *Organisation der Deutschlehrer im Deutschen Germanistenverband (DGV), die mit fachdidaktischem Schwerpunkt zum Deutschen Germanistentag beiträgt, der alle drei Jahre stattfindet.*

- **Deutsche Gesellschaft für Lesen und Schreiben (DGLS)**, Web-Adresse: www.dgls.de. *Sektion der International Reading Association (IRA), die sich für die Förderung der Schrift- und Sprachkultur einsetzt und jährlich zwei Tagungen durchführt, bei denen Einblicke in neuere wissenschaftliche Arbeiten und Entwicklungen in der Praxis zum Schriftspracherwerb im Mittelpunkt stehen.*

- **Gesellschaft für Angewandte Linguistik (GAL)**, Web-Adresse: www.gal-ev.de. *Sprachwissenschaftlicher Fachverband, dessen Mitglieder sich mit der Forschung, Lehre und Praxis der Angewandten Linguistik beschäftigen und eine jährlich stattfindende Tagung durchführen; die Sektion Sprachdidaktik widmet sich verstärkt einer Didaktik der Mehrsprachigkeit.*

- **Gesellschaft für deutsche Sprache (GfdS)**, Web-Adresse: www.gfds.de. *Von Bund und Ländern geförderte Vereinigung zur Pflege der deutschen Sprache, die deren Entwicklung erforscht, Empfehlungen für den Sprachgebrauch gibt und einen Sprachberatungsdienst anbietet.*

- **Stiftung Lesen**, Web-Adresse: www.stiftunglesen.de. *Gemeinnützige Organisation, die Projekte entwickelt und unterstützt, um das Lesen in der Medienkultur zu stärken, und zwar in allen Bevölkerungskreisen und unter Einbeziehung der neuen Medien.*

- **Internationaler Deutschlehrerverband (IDV)**, Web-Adresse: www.idvnetz.org. *Internationaler Dachverband der Deutschlehrerverbände weltweit, der den Austausch auf wissenschaftlicher und kultureller Ebene in der Zweit- und Fremdsprachendidaktik und der Sprachdidaktik Deutsch fördert, ein elektronisches Diskussionsforum für Deutschlehrende unterhält und alle vier Jahre die Internationale Deutschlehrer Tagung (IDT) durchführt.*

  Deutsch als Fremd- bzw. Zweitsprache

- **Fachverband für Deutsch als Fremdsprache (FaDaF)**, Web-Adresse: www.fadaf.de. *Verein, der Forschung und Lehre in den Bereichen DaF, DaZ, Mehrsprachigkeit und Interkulturelle Bildung unterstützt und die Aus- und Fortbildung von DaF- und DaZ-Lehrkräften fördert.*

- **Association for Language Awareness (ALA)**, Web-Adresse: www.languageawareness.org. *Internationale Vereinigung, deren Mitglieder zum LA-Ansatz beim Erst-, Zweit- und Fremdspracherwerb arbeiten und Empfehlungen an Bildungsinstitutionen geben sowie alle zwei Jahre einen internationalen Kongress organisieren.*

- **Institut zur Qualitätsentwicklung im Bildungswesen (IQB)**, Web-Adresse: www.iqb.hu-berlin.de. *Institut, das die Arbeiten der Bundesländer bei der Sicherung der Bildungsqualität unterstützt, indem es hauptsächlich an der Weiterentwicklung, Operationalisierung, Normierung und Überprüfung von Bildungsstandards arbeitet.*

  Bildungsbereich

- **Gesellschaft für Fachdidaktik e.V. (GFD)**, Web-Adresse: gfd.physik.rub.de. *Dachverband, der die Zusammenarbeit der Fachdidaktiken in Forschung und Praxis sowie in der Gestaltung von Aus-, Fort- und Weiterbildungsgängen fördert und organisiert und in der Öffentlichkeit übergreifende Interessen der Fachdidaktiken wahrnimmt.*

- **Deutsches Institut für Internationale Pädagogische Forschung (dipf)**, Web-Adresse: www.dipf.de. *Außeruniversitäres wissenschaftliches Institut, das eigene Forschungen im Bildungswesen leistet und beispielsweise mit der frei zugänglichen Literaturdatenbank FIS Bildung zu einem umfassenden Wissenstransfer im Bildungswesen beiträgt.*

- **Deutscher Bildungsserver**, Web-Adresse: www.bildungsserver.de. *Gemeinschaftsservice der Länder und des Bundes, der Bildungsberichte und übergreifende Informationen zum deutschen und internationalen Bildungswesen und zur Bildungspolitik sowie umfangreiche Verweise auf wissenschaftliche und praxisbezogene Datenbanken bietet.*

- **VdS Bildungsmedien e.V.**, Web-Adresse: www.vds-bildungsmedien.de. *Verband der Schulbuchverlage und Hersteller von Bildungsmedien, der auf der Homepage Informationen über die für den Deutschunterricht relevanten Verlage zur Verfügung stellt.*

16 Anhang

→ ASB
Akademie Studienbücher, auf die der vorliegende Band verweist

ASB HÖHLE   Barbara Höhle (Hg.): Psycholinguistik, Berlin 2010.

ASB LEUBNER/SAUPE/RICHTER   Martin Leubner/Anja Saupe/Matthias Richter: Literaturdidaktik, Berlin 2010.

ASB RÖSCH   Heidi Rösch: Deutsch als Zweit- und Fremdsprache, Berlin 2011.

16.1 Zitierte Literatur

Abraham u. a. 2007   Ulf Abraham/Jürgen Baurmann/Helmuth Feilke/Clemens Kammler/Astrid Müller: Kompetenzorientiert unterrichten. Überlegungen zum Schreiben und Lesen, in: Praxis Deutsch 34, 2007, Heft 203, S. 6–14.

Abraham/Kupfer-Schreiner 2007   Ulf Abraham/Claudia Kupfer-Schreiner (Hg.): Schreibaufgaben. Für die Klassen 1 bis 4, Berlin 2007.

Amtliches Regelwerk 2006   Deutsche Rechtschreibung. Regeln und Wörterverzeichnis. Entsprechend den Empfehlungen des Rats für deutsche Rechtschreibung, 2006. www.ids-mannheim.de/service/reform/ [Zugriff vom 23. 3. 2010].

Andresen 1990   Helga Andresen: Lust an der Sprache – Unlust an der Grammatik, in: Die Grundschulzeitschrift 4, 1990, Heft 32, S. 8–12.

Andresen 2005   Helga Andresen: Vom Sprechen zum Schreiben. Sprachentwicklung zwischen dem vierten und siebten Lebensjahr, Stuttgart 2005.

Andresen/Funke 2003   Helga Andresen/Reinold Funke: Entwicklung sprachlichen Wissens und sprachlicher Bewusstheit, in: Ursula Bredel u. a. (Hg.), Didaktik der deutschen Sprache. Ein Handbuch, Bd. 1, Paderborn 2003, S. 438–451.

Astleitner 2008   Hermann Astleitner: Die lernrelevante Ordnung von Aufgaben nach der Aufgabenschwierigkeit, in: Josef Thonhauser (Hg.), Aufgaben als Katalysatoren von Lernprozessen. Eine zentrale Komponente organisierten Lehrens und Lernens aus der Sicht von Lernforschung, Allgemeiner Didaktik und Fachdidaktik, Münster 2008, S. 65–80.

Auernheimer 2006   Georg Auernheimer (Hg.): Schieflagen im Bildungssystem. Die Benachteiligung der Migrantenkinder, Opladen 2003, 2., überarbeitete und erweiterte Auflage, Wiesbaden 2006.

Balhorn 1995   Heiko Balhorn: Wie Kinder recht schreiben lernen, in: Grundschulmagazin 17, 1995, Heft 2, S. 4–6.

Balhorn u. a. 1997   Heiko Balhorn/Wiebke Köhn/Meinolf Kröhner/Michael Stuewer: Werkzeuge zum Rechtschreiben. Überlegungen zum Lernen in der Sekundarstufe, in: Heiko Balhorn/Heide Niemann (Hg.), Sprachen werden Schrift. Mündlichkeit – Schriftlichkeit – Mehrsprachigkeit, Lengwil am Bodensee 1997, S. 181–197.

Baumert u. a. 2001   Jürgen Baumert/Eckhard Klieme/Michael Neubrand/Manfred Prenzel/Ulrich Schiefele/Wolfgang Schneider/Petra Stanat/Klaus-Jürgen Tillmann/Manfred Weiß (Hg.): PISA 2000. Basiskompetenzen von Schülerinnen und Schülern im internationalen Vergleich, Opladen 2001.

Baumert u. a. 2002   Jürgen Baumert/Cordula Artelt/Eckhard Klieme/Michael Neubrand/Manfred Prenzel/Ulrich Schiefele/Wolfgang Schneider/Klaus-Jürgen Tillmann/Manfred Weiß (Hg.): PISA 2000. Die Länder der Bundesrepublik Deutschland im Vergleich, Opladen 2002.

Baurmann 1990 Jürgen Baurmann: Aufsatzunterricht als Schreibunterricht. Für eine neue Grundlegung des Schreibens in der Schule, in: Praxis Deutsch 17, 1990, Heft 104, S. 7–12.

Baurmann 2002 Jürgen Baurmann: Schreiben – Überarbeiten – Beurteilen. Ein Arbeitsbuch zur Schreibdidaktik, Seelze 2002.

Baurmann 2007 Jürgen Baurmann: Kooperatives Lernen im Deutschunterricht, in: Praxis Deutsch 34, 2007, Heft 205, S. 6–11.

Baurmann/Ludwig 1984 Jürgen Baurmann/Otto Ludwig: Texte überarbeiten. Zur Theorie und Praxis von Revisionen, in: Dietrich Boueke/Norbert Hopster (Hg.), Schreiben – Schreiben lernen, Tübingen 1984, S. 254–276.

Baurmann/Ludwig 1996 Jürgen Baurmann/Otto Ludwig: Schreiben. Texte und Formulierungen überarbeiten, in: Praxis Deutsch 23, 1996, Heft 137, S. 13–21.

Baurmann/Ludwig 2001 Jürgen Baurmann/Otto Ludwig: Schreibaufgaben und selbst organisiertes Schreiben, in: Praxis Deutsch 28, 2001, Heft 168, S. 6–11.

Baurmann/Müller 1998 Jürgen Baurmann/Astrid Müller: Zum Schreiben motivieren – das Schreiben unterstützen, in: Praxis Deutsch 25, 1998, Heft 149, S. 16–22.

Baurmann/Weingarten 1995 Jürgen Baurmann/Rüdiger Weingarten (Hg.): Schreiben. Prozesse, Prozeduren und Produkte, Opladen 1995.

Becker 2008 Tabea Becker: Modelle des Schriftspracherwerbs. Eine kritische Bestandsaufnahme, in: Didaktik Deutsch 14, 2008, Heft 25, S. 78–95.

Becker-Mrotzek 1997 Michael Becker-Mrotzek: Zum Verhältnis von Sprachwissenschaft und Sprachdidaktik, in: Didaktik Deutsch 2, 1997, Heft 3, S. 16–32.

Becker-Mrotzek 2008 Michael Becker-Mrotzek: Gesprächskompetenz vermitteln und ermitteln. Gute Aufgaben im Bereich „Sprechen und Zuhören", in: Albert Bremerich-Vos/Dietlinde Granzer/Olaf Köller (Hg.), Lernstandsbestimmung im Fach Deutsch. Gute Aufgaben für den Unterricht, Weinheim 2008, S. 52–77.

Becker-Mrotzek 2009a Michael Becker-Mrotzek: Mündliche Kommunikationskompetenz, in: ders. (Hg.), Mündliche Kommunikation und Gesprächsdidaktik, Baltmannsweiler 2009, S. 66–83.

Becker-Mrotzek 2009b Michael Becker-Mrotzek: Unterrichtskommunikation als Mittel der Kompetenzentwicklung, in: ders. (Hg.), Mündliche Kommunikation und Gesprächsdidaktik, Baltmannsweiler 2009, S. 103–115.

Becker-Mrotzek/Böttcher 2006 Michael Becker-Mrotzek/Ingrid Böttcher: Schreibkompetenz entwickeln und beurteilen. Praxishandbuch für die Sekundarstufe I und II, Berlin 2006.

Becker-Mrotzek/Brünner 2006 Michael Becker-Mrotzek/Gisela Brünner: Gesprächsanalyse und Gesprächsführung. Eine Unterrichtsreihe für die Sekundarstufe II, 2006. www.verlag-gespraechsforschung.de/2006/pdf/raabits.pdf [Zugriff vom 3.12.2010].

Becker-Mrotzek/Vogt 2001 Michael Becker-Mrotzek/Rüdiger Vogt: Unterrichtskommunikation. Linguistische Analysemethoden und Forschungsergebnisse, Tübingen 2001.

Behr u. a. 1975 Klaus Behr/Peter Grönwoldt/Ernst Nündel/Richard Röseler/Werner Schlotthaus: Folgekurs für deutschlehrer: Didaktik und methodik der sprachlichen kommunikation. Begründung und beschreibung des projektorientierten deutschunterrichts, Weinheim 1975.

Behrens/Eriksson 2009a Ulrike Behrens/Brigit Eriksson: Kompetenzorientiert unterrichten – Aufgaben profilieren: Aufgabenkultur im Bereich Zuhören im Visier, in: Michael Krelle/Carmen Spiegel (Hg.), Sprechen und Kommunizieren. Entwicklungsperspektiven, Diagnosemöglichkeiten und Lernszenarien in Deutschunterricht und Deutschdidaktik, Baltmannsweiler 2009, S. 204–219.

Behrens/Eriksson 2009b Ulrike Behrens/Brigit Eriksson: Sprechen und Zuhören, in: Albert Bremerich-Vos/Dietlinde Granzer/Ulrike Behrens/Olaf Köller (Hg.), Bildungsstandards für die Grundschule: Deutsch konkret. Aufgabenbeispiele – Unterrichtsanregungen – Fortbildungsideen, Berlin 2009, S. 43–74.

Beisbart/Marenbach 2003 Ortwin Beisbart/Dieter Marenbach (Hg.): Bausteine der Deutschdidaktik. Ein Studienbuch, Donauwörth 2003.

Bergk/Meiers 1985 Marion Bergk/Kurt Meiers: Schulanfang ohne Fibeltrott. Überlegungen und Praxisvorschläge zum Lesenlernen mit eigenen Texten, Bad Heilbrunn 1985.

Berkemeier 2009 Anne Berkemeier: Präsentieren lehren. Vorschläge und Materialien für den Deutschunterricht, Baltmannsweiler 2009.

Berkemeier u. a. 2009 Anne Berkemeier/Thorsten Bohl/Reinold Funke: Modulare Sprachförderung an Hauptschulen: Bausteine Lesen und Schreiben – Eine Projektskizze, in: Karl Schneider/Götz Schwab/Martin Weingardt (Hg.), Hauptschulforschung konkret. Themen – Ergebnisse – Perspektiven, Baltmannsweiler 2009, S. 159–169.

Bertschi-Kaufmann 2005 Andrea Bertschi-Kaufmann: Umgang mit Heterogenität im Fach Deutsch, in: Die Grundschulzeitschrift 19, 2005, Heft 183, S. 6–9.

Bertschi-Kaufmann u. a. 2008 Andrea Bertschi-Kaufmann/Petra Hagendort/Gerd Kruse/Katharina Rank/Maria Riss/Thomas Sommer: Lesen. Das Training. Stufe I und II, Seelze 2007, 2., unveränderte Auflage 2008.

Birkel 2009 Peter Birkel: Rechtschreibleistung im Diktat – eine objektiv beurteilbare Leistung?, in: Didaktik Deutsch 15, 2009, Heft 27, S. 5–32.

Blatt 2006 Inge Blatt: Am Dehnungs-h zweifeln, aber nicht verzweifeln. Kinder erforschen, üben und festigen das Dehnungs-h, in: Praxis Deutsch 33, 2006, Heft 198, S. 28–35.

Boettcher 2009a–c Wolfgang Boettcher: Grammatik verstehen. 3 Bde. (I – Wort, II – Einfacher Satz, III – Komplexer Satz), Tübingen 2009.

Boettcher u. a. 1973 Wolfgang Boettcher/Jean Firges/Horst Sitta/Hans Josef Tymister: Schulaufsätze – Texte für Leser, Düsseldorf 1973.

Boettcher u. a. 1976 Wolfgang Boettcher/Gunter Otto/Horst Sitta/Hans Josef Tymister: Lehrer und Schüler machen Unterricht, München 1976.

Bräuer 2003 Gerd Bräuer: Wenn konkrete Nutzer existieren … Textarbeit in Realsituationen, in: Aufgaben. Lernen fördern – Selbstständigkeit entwickeln, Friedrich Jahresheft 21, 2003, S. 23–24.

Bräuer 2006 Gerd Bräuer: Keine verordneten Hochglanz-Portfolios, bitte! Die Korruption einer schönen Idee?, in: Ilse Brunner/Thomas Häcker/Felix Winter (Hg.), Das Handbuch Portfolioarbeit. Konzepte, Anregungen, Erfahrungen aus Schule und Lehrerbildung, Seelze-Velber 2006, S. 257–261.

Bredel u. a. 1999 Ursula Bredel u. a.: „Didaktik der deutschen Sprache. Ein Handbuch" – Diskussionsvorschlag, in: Didaktik Deutsch 4, 1999, Heft 7, S. 87–93.

Bredel u. a. 2003 Ursula Bredel/Hartmut Günther/Peter Klotz/Jakob Ossner/Gesa Siebert-Ott (Hg.): Didaktik der deutschen Sprache, 2 Bde., Paderborn 2003.

Bredel/Günther 2006 Ursula Bredel/Hartmut Günther: Orthographietheorie und Rechtschreibunterricht, in: dies. (Hg.), Orthographietheorie und Rechtschreibunterricht, Tübingen 2006, S. 197–215.

Bremerich-Vos 1999a Albert Bremerich-Vos: Nachdenken über Sprache: kontrastiv. Grundschulkinder untersuchen Aspekte des Spracherwerbs, in: Grundschule 31, 1999, Heft 5, S. 27–30.

Bremerich-Vos 1999b Albert Bremerich-Vos: Zum Grammatikunterricht in der Grundschule: wie gehabt, gar nicht, anders?, in: ders. (Hg.), Zur Praxis des Grammatikunterrichts. Materialien für Lehrer und Schüler, Freiburg 1999, S. 13–80.

Bremerich-Vos/Böhme 2009 Albert Bremerich-Vos/Katrin Böhme: Kompetenzdiagnostik im Bereich „Sprache und Sprachgebrauch untersuchen", in: Albert Bremerich-Vos/Dietlinde Granzer/Olaf Köller (Hg.), Bildungsstandards Deutsch und Mathematik. Leistungsmessung in der Grundschule, Weinheim 2009, S. 376–392.

Bruder 2003   Regina Bruder: Konstruieren – auswählen – begleiten. Über den Umgang mit Aufgaben, in: Aufgaben. Lernen fördern – Selbstständigkeit entwickeln, Friedrich Jahresheft 21, 2003, S. 12–15.

Brügelmann/Brinkmann 1998   Hans Brügelmann/Erika Brinkmann: Die Schrift erfinden. Beobachtungshilfen und methodische Ideen für einen offenen Anfangsunterricht im Lesen und Schreiben, Lengwil am Bodensee 1998.

Bruner 1978   Jerome Bruner: The Role of Dialogue in Language Acquisition, in: Anne Sinclair/Robert J. Jarvella/Willem J. M. Levelt (Hg.), The Child's Conception of Language, New York 1978.

Bruner 2002   Jerome Bruner: Wie das Kind sprechen lernt, Bern 1987, 2., ergänzte Auflage 2002.

Brünner 1982   Gisela Brünner: „Wer oder was kennst du?" Probleme des Grammatikunterrichts in der Grundschule, in: Klaus Deternig/Jürgen Schmidt-Redefeldt/Wolfgang Sucharowski (Hg.), Sprache beschreiben und erklären, Tübingen 1982, S. 136–146.

Budde 2000   Monika Budde: Sprachsensibilisierung. Eine Übertragung des Language Awareness-Konzepts auf den Deutschunterricht multikultureller Klassen in der Sekundarstufe I. Entwicklung und Evaluation eines sprachsensibilisierenden Curriculums, Kassel 2000.

Budde/Schulte-Bunert 2009   Monika Budde/Ellen Schulte-Bunert: Curriculare Grundlagen für Deutsch als Zweitsprache, Kiel 2009.

Büchel/Isler 2002   Elsbeth Büchel/Dieter Isler: Sprachfenster. Lehrmittel für den Sprachunterricht auf der Unterstufe, Zürich 2002.

Bühler 1934   Karl Bühler: Sprachtheorie. Die Darstellungsfunktion der Sprache, Jena 1934, ungekürzter Neudruck Stuttgart 1982.

Chlosta/Ostermann 2008   Christoph Chlosta/Torsten Ostermann: Grunddaten zur Mehrsprachigkeit im deutschen Bildungssystem, in: Bernt Ahrenholz/Ingelore Oomen-Welke (Hg.), Deutsch als Zweitsprache, Baltmannsweiler 2008, S. 17–32.

Christmann 2010   Ursula Christmann: Lesepsychologie, in: Michael Kämper-van den Boogaart/Kaspar H. Spinner (Hg.), Lese- und Literaturunterricht. Teil 1. Geschichte und Entwicklung. Konzeptionelle und empirische Grundlagen, Baltmannsweiler 2010, S. 148–200.

Christmann/Groeben 2001   Ursula Christmann/Norbert Groeben: Psychologie des Lesens, in: Bodo Franzmann (Hg.), Handbuch Lesen, Baltmannsweiler 2001, S. 145–223.

Claussen 2001   Claus Claussen: Gut Vorlesen und gern Zuhören – Zwei Seiten einer Medaille!, in: Die Grundschulzeitschrift 15, 2001, Heft 150, S. 11–13.

Comenius 1658   Johann Amos Comenius: Orbis sensualium pictus. Nachdruck der Erstausgabe von 1658, Dortmund 1991.

Cummins 1979   Jim Cummins: Cognitive Academic Language Proficiency. Linguistic Interdependence, the Optimal Age Question and some other Matters, in: Working Papers on Bilingualism, 1979, Heft 19, S. 197–205.

Deci/Ryan 1993   Edward L. Deci/Richard M. Ryan: Die Selbstbestimmungstheorie der Motivation und ihre Bedeutung für die Pädagogik, in: Zeitschrift für Pädagogik 39, 1993, Heft 2, S. 223–238.

Dehn/Hüttis-Graff 2006   Mechthild Dehn/Petra Hüttis-Graff: Zeit für die Schrift, Bd. 2, Beobachtung und Diagnose, Berlin 2006.

deutsch.punkt 4   Gymnasium. Sprach-, Lese- und Selbstlernbuch, Stuttgart 2006.

Dírím/Müller 2007   Incí Dírím/Astrid Müller: Sprachliche Heterogenität. Deutsch lernen in mehrsprachigen Kontexten, in: Praxis Deutsch 34, 2007, Heft 202, S. 6–14.

Döll 2009   Marion Döll: Beobachtung und Dokumentation von Kompetenz und Kompetenzzuwachs im Deutschen als Zweitsprache mit den Niveaubeschreibungen DaZ, in: Drorit Lengyel/Hans H. Reich/Hans-Joachim Roth/Marion Döll (Hg.), Von der Sprachdiagnose zur Sprachförderung, Münster 2009, S. 109–114.

Downing 1984   John Downing: Task Awareness in the Development of Reading Skill, in: John Downing / Renate Valtin (Hg.), Language Awareness and Learning to Read, New York 1984, S. 27–56.

Edmondson / House 1993   Willis J. Edmondson / Juliane House: Einführung in die Sprachlehrforschung, Tübingen 1993.

Ehlich 2005   Konrad Ehlich: Sprachaneignung und deren Feststellung bei Kindern mit und ohne Migrationshintergrund: Was man weiß, was man braucht, was man erwarten kann, in: Bundesministerium für Bildung und Forschung (Hg.), Anforderungen an Verfahren der regelmäßigen Sprachstandsfeststellung als Grundlage für die frühe und individuelle Förderung von Kindern mit und ohne Migrationshintergrund, Bonn 2005, S. 11–75.

Ehlich / Rehbein 1986   Konrad Ehlich / Jochen Rehbein: Muster und Institution. Untersuchungen zur schulischen Kommunikation, Tübingen 1986.

Eichler 1991   Wolfgang Eichler: Nachdenken über das Schreiben. Innere Regel- und Regelfehlbildung beim Orthographieerwerb, in: Diskussion Deutsch 22, 1991, Heft 117, S. 34–44.

Eichler 2007   Wolfgang Eichler: Sprachbewusstheit bei DESI, in: Heiner Willenberg (Hg.), Kompetenzhandbuch für den Deutschunterricht, Baltmannsweiler 2007, S. 124–133.

Eichler / Henze 1998   Wolfgang Eichler / Walter Henze: Sprachwissenschaft und Sprachdidaktik, in: Günter Lange / Karl Neumann / Werner Ziesenis (Hg.), Taschenbuch des Deutschunterrichts. Grundfragen und Praxis der Sprach- und Literaturdidaktik, Baltmannsweiler 1972, 6., vollständig überarbeitete Auflage 1998, S. 101–123.

Einecke 1999   Günther Einecke: Auf die sprachliche Ebene lenken. Gesprächssteuerung, Erkenntniswege und Übungen im integrierten Grammatikunterricht, in: Albert Bremerich-Vos (Hg.), Zur Praxis des Grammatikunterrichts. Materialien für Lehrer und Schüler, Freiburg 1999, S. 125–191.

Eisenberg 2009   Peter Eisenberg: Der Buchstabe und die Schriftstruktur des Wortes, in: Dudenredaktion (Hg.), Grammatik der deutschen Gegenwartssprache, Mannheim 2009, S. 61–94.

Eisenberg u. a. 2005   Peter Eisenberg / Helmuth Feilke / Wolfgang Menzel: Zeichen setzen – Interpunktion, in: Praxis Deutsch 32, 2005, Heft 191, S. 6–15.

Eisenberg / Feilke 2001   Peter Eisenberg / Helmuth Feilke: Rechtschreiben erforschen, in: Praxis Deutsch 28, 2001, Heft 170, S. 6–15.

Eisenberg / Fuhrhop 2007   Peter Eisenberg / Nanna Fuhrhop: Schulorthographie und Graphematik, in: Zeitschrift für Sprachwissenschaft 26, 2007, Heft 26, S. 15–41.

Eisenberg / Klotz 1993   Peter Eisenberg / Peter Klotz (Hg.): Sprache gebrauchen – Sprachwissen erwerben, Stuttgart 1993.

Fairclough 1992   Norman Fairclough: Critical Language Awareness, London 1992.

Fiehler 1998   Reinhard Fiehler: Bewertungen und Normen als Problem bei der Förderung von Gesprächsfähigkeiten, in: Der Deutschunterricht 50, 1998, Heft 1, S. 53–64.

Fienemann / Kügelgen 2003   Jutta Fienemann / Rainer von Kügelgen: Formen mündlicher Kommunikation in Lehr- und Lernprozessen, in: Ursula Bredel u. a. (Hg.), Didaktik der deutschen Sprache. Ein Handbuch, Bd. 1, Paderborn 2003, S. 133–147.

Fix 2006   Martin Fix: Texte schreiben. Schreibprozesse im Deutschunterricht, Paderborn 2006.

Fix 2008   Martin Fix: Lernen durch Schreiben, in: Praxis Deutsch 35, 2008, Heft 210, S. 6–15.

Frederking u. a. 2008   Volker Frederking / Axel Krommer / Klaus Maiwald: Mediendidaktik Deutsch. Eine Einführung, Berlin 2008.

Frith 1985   Uta Frith: Beneath the Surface of developmental Dyslexia, in: Karalyn E. Patterson / John C. Marshall / Max Coltheart (Hg.), Surface Dyslexia. Neuropsychological and Cognitive Studies of Phonological Reading, London 1985, S. 301–330.

Funke 2008 Reinold Funke: Sprachliche Bildung – ein Konzept und Fragen, die es aufwirft, in: Gerhard Härle / Bernhard Rank (Hg.), „Sich bilden ist nichts anders, als frei werden." Sprachliche und literarische Bildung als Herausforderung für den Deutschunterricht, Baltmannsweiler 2008, S. 5–9.

Gibbons 2006 Pauline Gibbons: Unterrichtsgespräche und das Erlernen neuer Register in der Zweitsprache, in: Paul Mecheril / Thomas Quehl (Hg.), Die Macht der Sprachen. Englische Perspektiven auf die mehrsprachige Schule, Münster 2006, S. 269–290.

Glöckel 1996 Hans Glöckel: Vom Unterricht, Bad Heilbrunn 1989, 3., überarbeitete und ergänzte Auflage 1996, S. 296.

Glöckel u. a. 1992 Hans Glöckel / Reinhold Drescher / Rainer Rabenstein / Heinz Kreiselmeyer (Hg.): Vorbereitung des Unterrichts, Bad Heilbrunn 1989, 2., erweiterte Auflage 1992.

Gogolin 2005 Ingrid Gogolin: FÖRMIG – ein Portrait. Rede zur feierlichen Eröffnung des BLK-Programms „Förderung von Kindern und Jugendlichen mit Migrationshintergrund – FÖRMIG" in Haus Rissen, Hamburg, 3. 2. 2005. www.blk-foermig.uni-hamburg.de/cosmea/core/corebase/mediabase/foermig/dokumente/Dokumentation_Gogolin_Auftakt_2005.pdf [Zugriff vom 20. 11. 2010].

Gold u. a. 2004 Andreas Gold / Judith Mokhlesgerami / Katja Rühl / Elmar Souvignier: Wir werden Textdetektive. Lehrermanual und Arbeitsheft, Göttingen 2004.

Gold u. a. 2010 Andreas Gold / Daniel Nix / Carola Rieckmann / Cornelia Rosebrock: Bedingungen des Textverstehens bei leseschwachen Zwölfjährigen mit und ohne Zuwanderungshintergrund, in: Didaktik Deutsch 6, Heft 28, S. 59–74, 2010

Gonschorek / Schneider 2007 Gernot Gonschorek / Susanne Schneider: Einführung in die Schulpädagogik und die Unterrichtsplanung, Donauwörth 2000, 5. Auflage 2007.

Gornik / Granzow-Emden 2008 Hildegard Gornik / Matthias Granzow-Emden: Sprachthematisierung und grammatische Begriffe, in: Didaktik Deutsch 14, 2008, Sonderheft 2, S. 127–138.

Gorschlüter 2001 Sabine Gorschlüter: Wir bitten die Zuschauer nicht zu fotografieren. Einen Komma-Krimi verfassen, in: Praxis Deutsch 28, 2001, Heft 170, S. 44–46.

Granzow-Emden 2006 Matthias Granzow-Emden: Wer oder was erschlägt man besser nicht mit einer Klappe? Kasus und Satzglieder im Deutschunterricht, in: Tabea Becker / Corinna Peschel (Hg.), Gesteuerter und ungesteuerter Grammatikerwerb, Baltmannsweiler 2006, S. 105–127.

Groeben 2004 Norbert Groeben: Einleitung: Funktionen des Lesens – Normen der Gesellschaft, in: Norbert Groeben / Bettina Hurrelmann (Hg.), Lesesozialisation in der Mediengesellschaft. Ein Forschungsüberblick, Weinheim 2004, S. 11–35.

Groeben / Hurrelmann 2004 Norbert Groeben / Bettina Hurrelmann: Fazit: Lesen als Schlüsselqualifikation?, in: dies. (Hg.), Lesesozialisation in der Mediengesellschaft. Ein Forschungsüberblick, Weinheim 2004, S. 440–465.

Haarmann 1996 Harald Haarmann: Identität, in: Hans Goebel / Peter Nelde / Zdeněk Starý / Wolfgang Wölck (Hg.), Kontaktlinguistik. Ein internationales Handbuch zeitgenössischer Forschung, 1. Halbband, Berlin 1996, S. 218–233.

Haarmann 2006 Harald Haarmann: Weltgeschichte der Sprachen. Von der Frühzeit des Menschen bis zur Gegenwart, München 2006.

Hanke 2001 Petra Hanke: Öffnung des Unterrichts, in: Wolfgang Einsiedler / Margarete Götz / Hartmut Hacker / Joachim Kahlert / Rudolf W. Keck / Uwe Sandfuchs (Hg.), Handbuch Grundschulpädagogik und Grundschuldidaktik, Bad Heilbrunn 2001, S. 376–385.

Hanke 2003 Petra Hanke: Methoden des Rechtschreibunterrichts, in: Ursula Bredel u. a. (Hg.), Didaktik der deutschen Sprache, Paderborn 2003, S. 785–801.

Härle / Rank 2008   Gerhard Härle / Bernhard Rank (Hg.): „Sich bilden ist nichts anders, als frei werden." Sprachliche und literarische Bildung als Herausforderung für den Deutschunterricht, Baltmannsweiler 2008.

Haueis 1985   Eduard Haueis: Sprachspiele und die didaktische Modellierung von Wissensstrukturen, in: Georg Stötzel (Hg.), Germanistik – Forschungsstand und Perspektiven. 1. Teil, Berlin 1985, S. 658–667.

Haueis 2007   Eduard Hauseis: Unterricht in der Landessprache. Beiträge zur Orientierung des didaktischen Denkens, Baltmannsweiler 2007.

Hausendorf / Quasthoff 2005   Heiko Hausendorf / Uta M. Quasthoff: Sprachentwicklung und Interaktion. Eine linguistische Studie zum Erwerb von Diskursfähigkeiten, 2005. www.verlag-gespraechsforschung.de/2005/pdf/spracherwerb.pdf [Zugriff vom 3. 12. 2010].

Hawkins 1985   Eric Hawkins: Awareness of Language. An Introduction, Cambridge 1985.

Hayes / Flower 1980   John Hayes / Linda Flower: Identifying the Organization of Writing Processes, in: Lee Gregg / Erwin Steinberg (Hg.), Cognitive Processes in Writing, Hillsdale 1980, S. 3–30.

Helmers 1966   Hermann Helmers: Didaktik der deutschen Sprache. Einführung in die Theorie der muttersprachlichen und literarischen Bildung, Stuttgart 1966.

Henrici 1995   Gert Henrici: Spracherwerb durch Interaktion? Eine Einführung in die fremdsprachenerwerbsspezifische Diskursanalyse, Baltmannsweiler 1995.

Henrici / Riemer 2003   Gert Henrici / Claudia Riemer: Zweitspracherwerbsforschung, in: Karl-Richard Bausch / Herbert Christ / Hans-Jürgen Krumm (Hg.), Handbuch Fremdsprachenunterricht, Tübingen 1989, 4., vollständig neu bearbeitete Auflage 2003, S. 38–43.

Hildebrand-Nilshon 1980   Martin Hildebrand-Nilshon: Die Entwicklung der Sprache: Phylogenese und Ontogenese, Frankfurt a. M. 1980.

Hinney 1997   Gabriele Hinney: Neubestimmung von Lerninhalten für den Rechtschreibunterricht. Ein fachdidaktischer Beitrag zur Schriftaneignung als Problemlösungsprozess, Frankfurt a. M. 1997.

Hinney 2004   Gabriele Hinney: Das Ganze ist mehr als die Summe der Teile. Das Konzept der Schreibsilbe und seine didaktische Modellierung, in: Ursula Bredel / Gesa Siebert-Ott / Tobias Thelen (Hg.), Schriftspracherwerb und Orthographie, Baltmannsweiler 2004, S. 72–90.

Hinney u. a. 2008   Gabriele Hinney / Hans-Werner Huneke / Astrid Müller / Swantje Weinhold: Definition und Messung von Rechtschreibkompetenz, in: Didaktik Deutsch 14, 2008, Sonderheft 2, S. 107–126.

Hinnrichs 2002   Jens Hinnrichs (Hg.): Fara und Fu, Braunschweig 2002.

Hoffmann 2004   Ludger Hoffmann: Funktionaler Grammatikunterricht in der Grundschule, in: Grundschule 36, 2004, Heft 10, S. 39.

Hölderlin 1800   Johann Christian Friedrich Hölderlin: Abendphantasie, in: Johann Hadermann (Hg.), Brittischer Damenkalender und Taschenbuch für das Jahr Achtzehnhundert, Frankfurt a. M. 1800, S. 94.

Holle 2009   Karl Holle: Psychologische Lesemodelle und ihre lesedidaktischen Implikationen, in: Christine Garbe / Karl Holle / Tatjana Jesch (Hg.), Texte lesen. Lesekompetenz – Textverstehen – Lesedidaktik – Lesesozialisation, Paderborn 2009, S. 103–165.

Holzbrecher 2008   Alfred Holzbrecher: Interkulturelles Lernen, in: Bernt Ahrenholz / Ingelore Oomen-Welke (Hg.), Deutsch als Zweitsprache, Baltmannsweiler 2008, S. 118–132.

Hurrelmann 2002   Bettina Hurrelmann: Leseleistung – Lesekompetenz. Folgerungen aus PISA mit einem Plädoyer für ein didaktisches Konzept des Lesens als kultureller Praxis, in: Praxis Deutsch 29, 2002, Heft 176, S. 6–18.

Hurrelmann 2007   Bettina Hurrelmann: Modelle und Merkmale der Lesekompetenz, in: Andrea Bertschi-Kaufmann (Hg.), Lesekompetenz – Leseleistung – Leseförderung. Grundlagen, Modelle und Materialien, Seelze-Velber 2007, S. 18–28.

Imhof 2003   Margarete Imhof: Zuhören. Psychologische Aspekte auditiver Informationsverarbeitung, Göttingen 2003.

Ivo 1975   Hubert Ivo: Handlungsfeld Deutschunterricht. Argumente und Fragen einer praxisorientier ten Wissenschaft, Frankfurt a. M. 1975.

Ivo 2000   Hubert Ivo: Die Bedeutung der interkulturellen Herausforderung für Deutschdidaktik und Deutschunterricht. Grundlegende Fragen, die beantwortet sein müssen, um über diese Herausforderung fachdidaktisch angemessen zu reden, in: Norbert Griesmayer / Werner Wintersteiner (Hg.), Jenseits von Babylon: Wege zu einer interkulturellen Deutschdidaktik, Innsbruck 2000, S. 23–31.

Jakobson 1971   Roman Jakobson: Linguistik und Poetik, in: Jens Ihwe (Hg.), Literaturwissenschaft und Linguistik. Ergebnisse und Perspektiven, Bd. 2 (1,1), Frankfurt a. M. 1971, S. 142–178.

James / Garret 1992   Carl James / Peter Garrett: Language Awareness in the Classroom. Applied Linguistics and Language Study, London 1992.

Johnson / Johnson 2008   David W. Johnson / Roger T. Johnson: Wie kooperatives Lernen funktioniert. Über die Elemente einer pädagogischen Erfolgsgeschichte, in: Individuell lernen – kooperativ arbeiten, Friedrich Jahresheft 26, 2008, S. 16–20.

Kintsch 1974   Walter Kintsch: The Representation of Meaning in Memory, Hillsdale 1974.

Kintsch / van Dijk 1983   Walter Kintsch / Teun A. van Dijk: Strategies of Discourse Comprehension, New York 1983.

Kirsch u. a. 1998   Irwin S. Kirsch / Ann Jungeblut / Peter B. Mosenthal: The Measurement of Adult Literacy, in: Irwin S. Kirsch / Lynn B. Jenkins / T. Scott Murray (Hg.), Adult Literacy in OECD Countries: Technical Report on the first International Adult Literacy Survey, Washington DC 1998.

Kirschhock 2004   Eva Kirschhock: Entwicklung schriftsprachlicher Kompetenzen im Anfangsunterricht, Bad Heilbrunn 2004.

Klafki 1958   Wolfgang Klafki: Didaktische Analyse als Kern der Unterrichtsvorbereitung, in: Die deutsche Schule 50, 1958, Heft 10, S. 450–471.

Klafki 2007   Wolfgang Klafki: Neue Studien zur Bildungstheorie und Didaktik. Zeitgemäße Allgemeinbildung und kritisch-konstruktive Didaktik, Weinheim 1985, 6., neu ausgestattete Auflage 2007.

Klartext   Sprach-Lesebuch Deutsch, Braunschweig 2009.

Kliewer / Pohl 2006   Heinz-Jürgen Kliewer / Inge Pohl (Hg.): Lexikon Deutschdidaktik, 2 Bde., Baltmannsweiler 2006.

Klotz 2004   Peter Klotz: Sprachreflexionskompetenz und kompetenter Sprachgebrauch, in: Michael Kämper-van den Boogaart (Hg.), Deutschunterricht nach der PISA-Studie, Frankfurt a. M. 2004, S. 153–168.

KMK 2003   Sekretariat der Ständigen Konferenz der Kultusminister der Länder in der Bundesrepublik Deutschland (Hg.): Bildungsstandards im Fach Deutsch für den Mittleren Schulabschluss. Beschluss vom 4. 12. 2003, München 2004.

KMK 2004a   Sekretariat der Ständigen Konferenz der Kultusminister der Länder in der Bundesrepublik Deutschland (Hg.): Bildungsstandards im Fach Deutsch für den Primarbereich. Beschluss vom 15. 10. 2004, München 2005.

KMK 2004b   Sekretariat der Ständigen Konferenz der Kultusminister der Länder in der Bundesrepublik Deutschland (Hg.): Bildungsstandards im Fach Deutsch für den Hauptschulabschluss. Beschluss vom 15. 10. 2004, München 2005.

KMK 2005 Sekretariat der Ständigen Konferenz der Kultusminister der Länder in der Bundesrepublik Deutschland (Hg): Bildungsstandards der Kultusministerkonferenz. Erläuterungen zur Konzeption und Entwicklung, München 2005.

Knapp-Potthoff / Liedke 1997 Annelie Knapp-Potthoff / Martina Liedke (Hg.): Aspekte interkultureller Kommunikationsfähigkeit, München 1997.

Kniffka / Siebert-Ott 2007 Gabriele Kniffka / Gesa Siebert-Ott: Deutsch als Zweitsprache. Lehren und Lernen, Paderborn 2007.

Koch / Oesterreicher 1994 Peter Koch / Wulf Oesterreicher: Schriftlichkeit und Sprache, in: Hartmut Günther / Otto Ludwig (Hg.), Schrift und Schriftlichkeit. Ein interdisziplinäres Handbuch internationaler Forschung, 1. Halbband, Berlin 1994, S. 587–604.

Kochan 1974 Detlef C. Kochan: Sprache als soziales Handeln, in: Detlef C. Kochan / Wulf Wallrabenstein (Hg.), Ansichten eines kommunikationsbezogenen Deutschunterrichts, Kronberg 1974, S. 52–61.

Köster 2005 Juliane Köster: Evaluation von Kompetenzen im Deutschunterricht – neues Etikett oder bildungspolitische Wende?, in: Heidi Rösch (Hg.), Kompetenzen im Deutschunterricht. Beiträge zur Literatur-, Sprach- und Mediendidaktik, Frankfurt a. M. 2005, S. 175–193.

Köster 2008 Juliane Köster: Lern- und Leistungsaufgaben im Deutschunterricht, in: Deutschunterricht 61, 2008, Heft 5, S. 4–10.

Köster / Lindauer 2008 Juliane Köster / Thomas Lindauer: Zum Stand wissenschaftlicher Aufgabenreflexion aus deutschdidaktischer Perspektive, in: Didaktik Deutsch 14, 2008, Sonderheft, S. 148–161.

Krelle 2009 Michael Krelle: Zum Beurteilen von Sprechen und Kommunizieren in Lernkontexten, in: Michael Krelle / Carmen Spiegel (Hg.), Sprechen und Kommunizieren. Entwicklungsperspektiven, Diagnosemöglichkeiten und Lernszenarien in Deutschunterricht und Deutschdidaktik, Baltmannsweiler 2009, S. 276–291.

Krelle u. a. 2007 Michael Krelle / Rüdiger Vogt / Heiner Willenberg: Argumentative Kompetenz im Mündlichen, in: Heiner Willenberg (Hg.), Kompetenzhandbuch für den Deutschunterricht. Auf der empirischen Basis des DESI-Projekts, Baltmannsweiler 2007, S. 96–106.

Krumm / Jenkins 2001 Hans-Jürgen Krumm / Eva-Maria Jenkins (Hg.): Kinder und ihre Sprachen – lebendige Mehrsprachigkeit: Sprachenportraits, Wien 2001, S. 79.

Kruse 2009 Norbert Kruse: Sprachbetrachtung und Grammatik mit Kindern, in: Grundschulunterricht Deutsch 56, 2009, Heft 3, S. 4–6.

Küspert / Schneider 2000 Petra Küspert / Wolfgang Schneider: Hören, lauschen, lernen. Sprachspiele für Kinder im Vorschulalter, Göttingen 2000.

Lange 2002 Bernward Lange: Funktionen des schriftlichen Unterrichtsentwurfs, in: Grundschule 34, 2002, Heft 11, S. 44–45.

Linke u. a. 2004 Angelika Linke / Markus Nussbaumer / Paul R. Portmann: Studienbuch Linguistik, Tübingen 1991, 5., erweiterte Auflage 2004.

Linke / Voigt 1991 Angelika Linke / Gerhard Voigt: Sprachen in der Sprache. Soziolinguistik heute: Varietäten und Register, in: Praxis Deutsch 18, 1991, Heft 110, S. 12–20.

Löffler / Meyer-Schepers 1992 Ilona Löffler / Ursula Meyer-Schepers: DoRA. Dortmunder Rechtschreibfehler-Analyse zur Ermittlung des Schriftsprachstatus rechtschreibschwacher Schüler. Ein Arbeitsbuch für die Hand des Lehrers, Dortmund 1992.

Luchtenberg 1999 Sigrid Luchtenberg: Interkulturelle kommunikative Kompetenz. Kommunikationsfelder in Schule und Gesellschaft, Opladen 1999.

Luchtenberg 2008 Sigrid Luchtenberg: Language Awareness, in: Bernt Ahrenholz / Ingelore Oomen-Welke (Hg.), Deutsch als Zweitsprache, Baltmannsweiler 2008, S. 107–117.

Ludwig 1983 Otto Ludwig: Einige Gedanken zu einer Theorie des Schreibens, in: Siegfried Grosse (Hg.), Schriftsprachlichkeit, Düsseldorf 1983, S. 37–73.

Maas 1992 Utz Maas: Grundzüge der deutschen Orthographie, Tübingen 1992.

Maas / Wunderlich 1972 Utz Maas / Dieter Wunderlich: Pragmatik und sprachliches Handeln. Mit einer Kritik am Funkkolleg „Sprache", Frankfurt a. M. 1972.

Mandl / Friedrich 2006 Heinz Mandl / Helmut F. Friedrich (Hg.): Handbuch Lernstrategien, Göttingen 2006.

Marthaler 1962 Theodor Marthaler: Es gibt sechs Aufsatzarten, in: Der Deutschunterricht 14, 1962, Heft 4, S. 53–63.

May 2010 Peter May: Hamburger Schreibprobe 1–9. Diagnose orthographischer Kompetenz zur Erfassung der grundlegenden Rechtschreibstrategien. Neustandardisierung 2001, Stuttgart 2010.

Mead 1995 George Herbert Mead: Geist, Identität und Gesellschaft aus der Sicht des Sozialbehaviorismus, Frankfurt a. M. 1934, 10. Auflage 1995.

Menzel 1999 Wolfgang Menzel: Grammatik-Werkstatt. Theorie und Praxis eines prozessorientierten Grammatikunterrichts für die Primar- und Sekundarstufe, Seelze 1999.

Merz-Grötsch 2001 Jasmin Merz-Grötsch: Schreiben als System. Die Wirklichkeit aus Schülersicht, Freiburg 2001.

Merz-Grötsch 2010 Jasmin Merz-Grötsch: Texte schreiben lernen. Grundlagen, Methoden, Unterrichtsvorschläge, Seelze 2010.

Metz u. a. 2009 Kerstin Metz / Uwe Maier / Marc Kleinknecht: Kognitiver Anspruch von Aufgaben im Deutschunterricht, in: Informationen zur Deutschdidaktik (ide) 33, 2009, Heft 3, S. 74–87.

Metze 2002 Wilfried Metze (Hg.): Tobi-Fibel, Berlin 2002.

Meyer 2005 Hilbert Meyer: Was ist guter Unterricht?, Berlin 2004, 2., durchgesehene Auflage 2005.

Ministerium für Jugend, Kultus und Sport Baden-Württemberg 2010 Ministerium für Jugend, Kultus und Sport Baden-Württemberg: Bildungsplan Werkrealschule 2010, www.bildung-staerkt-menschen. de/service/downloads/Bildungsplaene/wrs2010/BP_WRS.pdf [Zugriff vom 11. 1. 2011].

Möller / Schiefele 2004 Jens Möller / Ulrich Schiefele: Motivationale Grundlagen der Lesekompetenz, in: Ulrich Schiefele / Cordula Artelt / Wolfgang Schneider / Petra Stanat (Hg.), Struktur, Entwicklung und Förderung von Lesekompetenz. Vertiefende Analysen im Rahmen von PISA 2000, Wiesbaden 2004, S. 101–124.

Müller 2010 Astrid Müller: Rechtschreiben lernen. Die Schriftstruktur entdecken – Grundlagen und Übungsvorschläge, Seelze 2010.

Neuland 1992 Eva Neuland: Sprachbewußtsein und Sprachreflexion innerhalb und außerhalb der Schule. Zur Einführung in die Themenstellung, in: Der Deutschunterricht 44, 1992, Heft 4, S. 3–14.

Neuland 1993 Eva Neuland: Sprachbewußtsein und Sprachvariation. Zur Entwicklung und Förderung eines Sprachdifferenzbewußtseins, in: Peter Klotz / Peter Sieber (Hg.), Vielerlei Deutsch. Umgang mit Sprachvarietäten in der Schule, Stuttgart 1993, S. 173–191.

Neuland 2002 Eva Neuland: Sprachbewusstsein – eine zentrale Kategorie für den Sprachunterricht, in: Der Deutschunterricht 54, 2002, Heft 3, S. 4–10.

Neuland u. a. 2009 Eva Neuland / Petra Balsliemke / Anka Baradaranossadat: Schülersprache, Schulsprache, Unterrichtssprache, in: Michael Becker-Mrotzek (Hg.), Mündliche Kommunikation und Gesprächsdidaktik, Baltmannsweiler 2009, S. 392–407.

Noack 2006 Christina Noack: „Aber Wie-Wörter schreibt man doch klein!", in: Praxis Deutsch 33, 2006, Heft 198, S. 36–43.

Nussbaumer / Sieber 1994 Markus Nussbaumer / Peter Sieber: Texte analysieren mit dem Zürcher Textanalyseraster, in: Peter Sieber (Hg.), Sprachfähigkeiten – Besser als ihr Ruf und nötiger denn je! Ergebnisse und Folgerungen aus einem Forschungsprojekt, Aarau 1994, S. 141–186.

Oomen-Welke 1999 Ingelore Oomen-Welke: Sprachen in der Klasse, in: Praxis Deutsch 26, 1999, Heft 157, S. 14–23.

Oomen-Welke 2003 Ingelore Oomen-Welke: Entwicklung sprachlichen Wissens und Bewusstseins im mehrsprachigen Kontext, in: Ursula Bredel u. a. (Hg.), Didaktik der deutschen Sprache. Ein Handbuch, Bd. 1, Paderborn 2003, S. 452–463.

Oomen-Welke 2008a Ingelore Oomen-Welke: Didaktik der Sprachenvielfalt, in: Bernt Ahrenholz / Ingelore Oomen-Welke (Hg.), Deutsch als Zweitsprache, Baltmannsweiler 2008, S. 479–492.

Oomen-Welke 2008b Ingelore Oomen-Welke: Deutsch und andere Sprachen im Vergleich, in: Bernt Ahrenholz / Ingelore Oomen-Welke (Hg.), Deutsch als Zweitsprache, Baltmannsweiler 2008, S. 33–48.

Ossner 1993 Jakob Ossner: Praktische Wissenschaft, in: Albert Bremerich-Vos (Hg.), Handlungsfeld Deutschunterricht im Kontext, Frankfurt a. M. 1993, S. 186–199.

Ossner 2001 Jakob Ossner: Elemente eines Denkstils für didaktische Entscheidungen, in: Cornelia Rosebrock / Martin Fix (Hg.), Tumulte. Deutschdidaktik zwischen den Stühlen, Baltmannsweiler 2001, S. 17–32.

Ossner 2003 Jakob Ossner: Unsere Schrift begreifen lernen. Annäherung in Etappen, in: Schüler Jahresheft 2003, S. 54–57.

Ossner 2006 Jakob Ossner: Sprachdidaktik Deutsch. Eine Einführung, Paderborn 2006.

Ott 2008 Margarete Ott: DaZ als Integrationskonzept? Integrativer Deutschunterricht in Regelklassen, in: Bernt Ahrenholz / Ingelore Oomen-Welke (Hg.), Deutsch als Zweitsprache, Baltmannsweiler 2008, S. 200–214.

Pabst-Weinschenk 2009 Marita Pabst-Weinschenk: Konzept einer Lernbox Präsentieren, in: Michael Krelle / Carmen Spiegel (Hg.), Sprechen und Kommunizieren. Entwicklungsperspektiven, Diagnosemöglichkeiten und Lernszenarien in Deutschunterricht und Deutschdidaktik, Baltmannsweiler 2009, S. 171–188.

Palincsar / Brown 1984 Annemarie S. Palincsar / Ann L. Brown: Reciprocal Teaching of Comprehension-Fostering and Comprehension-Monitoring Activities, in: Cognition and Instruction 1, 1984, S. 117–175.

Peyer 2007 Ann Peyer: Grammatikunterricht, in: Günter Lange / Swantje Weinhold (Hg.), Grundlagen der Deutschdidaktik. Sprachdidaktik – Mediendidaktik – Literaturdidaktik, Baltmannsweiler 2007, S. 73–100.

Peyer 2010 Ann Peyer: Texttheorie, in: Michael Kämper-van den Boogaart / Kaspar H. Spinner (Hg.), Lese- und Literaturunterricht. Teil 1. Geschichte und Entwicklung. Konzeptionelle und empirische Grundlagen, Baltmannsweiler 2010, S. 238–268.

Philipp 2008 Maik Philipp: Lesen, wenn anderes und andere wichtiger werden. Empirische Erkundungen zur Leseorientierung in der peer group bei Kindern aus fünften Klassen, Münster 2008.

Polz 2009 Marianne Polz. Methodenübersicht, in: Michael Becker-Mrotzek (Hg.), Mündliche Kommunikation und Gesprächsdidaktik, Baltmannsweiler 2009, S. 223–250.

Portmann-Tselikas 1998 Paul Portmann-Tselikas: Sprachförderung im Unterricht. Handbuch für den Sach- und Sprachunterricht in mehrsprachigen Klassen, Zürich 1998.

Portmann-Tselikas / Schmölzer-Eibinger 2002 Paul Portmann-Tselikas / Sabine Schmölzer-Eibinger (Hg.): Textkompetenz. Neue Perspektiven für das Lernen und Lehren, Innsbruck 2002.

Quasthoff 2003 Uta Quasthoff: Entwicklung mündlicher Fähigkeiten, in: Ursula Bredel u. a. (Hg.), Didaktik der deutschen Sprache. Ein Handbuch, Bd. 1, Paderborn 2003, S. 107–120.

Quasthoff 2009 Uta Quasthoff: Entwicklung der mündlichen Kommunikationskompetenz, in: Michael Becker-Mrotzek (Hg.), Mündliche Kommunikation und Gesprächsdidaktik, Baltmannsweiler 2009, S. 84–100.

Reich u. a. 2008 Hans H. Reich / Hans-Joachim Roth / Christoph Gantefort: Auswertungshinweise ‚Der Sturz ins Tulpenbeet‘ (Deutsch), in: Thorsten Klinger / Knut Schwippert / Birgit Leiblein (Hg.),

Evaluation im Modellprogramm FörMig. Planung und Realisierung eines Evaluationskonzepts. För-Mig Edition 4, Münster 2008, S. 209–237.

Reich u. a. 2009 Hans H. Reich / Hans-Joachim Roth / Marion Döll: Auswertungshinweise ‚Fast Catch Bumerang' (Deutsch), in: Drorit Lengyel, Hans H. Reich, Hans-Joachim Roth, Marion Döll (Hg.), Von der Sprachdiagnose zur Sprachförderung. Förmig Edition 5, Münster 2009, S. 209–241.

Reich / Roth 2007 Hans H. Reich / Hans-Joachim Roth: HAVAS 5 – das Hamburger Verfahren zur Analyse des Sprachstandes bei Fünfjährigen. Verfahren zur Analyse von Sprachständen im Kontext von Zweisprachigkeit. FörMig Edition 3, Münster 2007, S. 71–94.

Reichen 1982 Jürgen Reichen: Lesen durch Schreiben, Zürich 1982.

Reichen 2001 Jürgen Reichen: Hannah hat Kino im Kopf. Die Reichen-Methode „Lesen durch Schreiben" und ihre Hintergründe für LehrerInnen, Studierende und Eltern, Hamburg 2001.

Reinmann / Mandl 2006 Gabi Reinmann / Heinz Mandl: Unterrichten und Lernumgebungen gestalten, in: Andreas Krapp / Bernd Weidenmann (Hg.), Pädagogische Psychologie. Ein Lehrbuch, München 1986, 5., vollständig überarbeitete Auflage, Weinheim 2006, S. 613–658.

Reuschling 2000 Gisela Reuschling: Schreibkonferenzen in der Sekundarstufe I, in: Deutschunterricht 53, 2000, Heft 1, S. 5–14.

Richards 1974 Jack C. Richards (Hg.): Error Analysis: Perspectives on Second Language Acquisition, London 1974.

Rico 1984 Gabriele L. Rico: Garantiert schreiben lernen. Sprachliche Kreativität methodisch entwickeln – ein Intensivkurs auf der Grundlage der modernen Gehirnforschung, Reinbek 1984.

Rijlaarsdam u. a. 2008 Gert Rijlaarsdam / Martine Braaksma / Michel Couzijn / Tanja Janssen / Mariet Raedts / Elke van Steendam / Anne Toorenaar / Huub van den Bergh: Observation of Peers in learning to write: Practise and Research, in: Journal of Writing Research 1, 2008, Heft 1, S. 53–83.

Röber 2009 Christa Röber: Die Leistungen der Kinder beim Lesen- und Schreibenlernen. Grundlagen der Silbenanalytischen Methode. Ein Arbeitsbuch mit Übungsaufgaben, Baltmannsweiler 2009.

Röber-Siekmeyer 1999 Christa Röber-Siekmeyer: Ein anderer Weg zur Groß- und Kleinschreibung, Leipzig 1999.

Röber-Siekmeyer 2002 Christa Röber-Siekmeyer: Schrifterwerbskonzepte zwischen Pädagogik und Sprachwissenschaft – Versuch einer Standortbestimmung, in: Christa Röber-Siekmeyer / Doris Tophinke (Hg.), Schrifterwerbskonzepte zwischen Sprachwissenschaft und Pädagogik, Baltmannsweiler 2002, S. 10–29.

Rösch 2009 Heidi Rösch (Hg.): Deutsch als Zweitsprache. Sprachförderung in der Sekundarstufe I. Grundlagen – Übungsideen – Kopiervorlagen, Braunschweig 2009.

Rosebrock u. a. 2010 Cornelia Rosebrock / Carola Rieckmann / Daniel Nix / Andreas Gold: Förderung der Leseflüssigkeit bei leseschwachen Zwölfjährigen, in: Didaktik Deutsch 16, Heft 28, 2010, S. 33–58.

Rosebrock / Nix 2008 Cornelia Rosebrock / Daniel Nix: Grundlagen der Lesedidaktik und der systematischen schulischen Leseförderung, Baltmannsweiler 2008.

Roth 2007 Hans-Joachim Roth: Scaffolding – ein Ansatz zur aufbauenden Sprachförderung, in: Schulamt für die Stadt Köln (Hg.), Gemeinschaftsinitiative Equal. Newsletter Februar 2007, S. 33–35. www. kompetenzzentrum-sprachförderung.de [Zugriff vom 20. 11. 2010].

Rothe 2007 Evelyn Rothe: Effekte eines vorschulischen und schulischen Trainings der phonologischen Bewusstheit auf den Schriftspracherwerb in der Schule: Vergleich der Trainingseffekte bei zwei verschiedenen Altersgruppen von Kindergartenkindern, 2007. http://deposit.d-nb.de/cgi-bin/dokserv? idn=984612165 [Zugriff vom 4. 5. 2010].

Sacher 2009 Werner Sacher: Leistungen entwickeln, überprüfen und beurteilen. Bewährte und neue Wege für die Primar- und Sekundarstufe, Bad Heilbrunn 1994, 5., überarbeitete und erweiterte Auflage 2009.

Sächsisches Staatsministerium für Kultus 2004/09 Sächsisches Staatsministerium für Kultus: Lehrplan Mittelschule Deutsch 2004/2009, www.sachsen-macht-schule.de/apps/lehrplandb/downloads/lehrplaene/lp_ms_deutsch_2009.pdf [Zugriff vom 11.1.2011].

Sandfuchs 2009 Uwe Sandfuchs: Grundfragen der Unterrichtsplanung, in: Karl-Heinz Arnold/Uwe Sandfuchs/Jürgen Wiechmann (Hg.), Handbuch Unterricht, Bad Heilbrunn 2006, 2., aktualisierte Auflage 2009, S. 512–519.

Scheerer-Neumann 1998 Gerheid Scheerer-Neumann: Schriftspracherwerb: „The State of the Art" aus psychologischer Sicht, in: Ludowika Huber/Gerd Kegel/Angelika Speck-Hamdan (Hg.), Einblicke in den Schriftspracherwerb, Braunschweig 1998, S. 31–46.

Scheerer-Neumann 2003 Gerheid Scheerer-Neumann: Entwicklung der basalen Lesefähigkeit, in: Ursula Bredel u.a. (Hg.), Didaktik der deutschen Sprache. Ein Handbuch, 2 Bde., Stuttgart 2003, S. 513–524.

Schmölzer-Eibinger 2008 Sabine Schmölzer-Eibinger: Lernen in der Zweitsprache. Grundlagen und Verfahren der Förderung von Textkompetenz in mehrsprachigen Klassen, Tübingen 2008.

Schnotz/Dutke 2004 Wolfgang Schnotz/Stephan Dutke: Kognitionspsychologische Grundlagen der Lesekompetenz: Mehrebenenverarbeitung anhand multipler Informationsquellen, in: Ulrich Schiefele/Cordula Artelt/Wolfgang Schneider/Petra Stanat (Hg.), Struktur, Entwicklung und Förderung von Lesekompetenz. Vertiefende Analysen im Rahmen von PISA 2000, Wiesbaden 2004, S. 61–99.

Schoenke 1991 Eva Schoenke: Didaktik sprachlichen Handelns. Überlegungen zum Sprachunterricht in der Sekundarstufe I, Tübingen 1991.

Schumann 2002 Gabriele Schumann: Wie viele Wörter hat ein Satz? Überprüfungsverfahren und Trainingsmodelle zur phonologischen Bewusstheit, in: Grundschule 34, 2002, Heft 5, S. 14–16.

Seidemann 1927 Walter Seidemann: Der Deutschunterricht als innere Sprachbildung, Leipzig 1927.

Selinker 1972 Larry Selinker: Interlanguage, in: International Review of Applied Linguistics in Language Teaching 10, 1972, Heft 3, S. 209–231.

Sick 2004 Bastian Sick: Der Dativ ist dem Genitiv sein Tod, Köln 2004.

Spiegel 2009 Carmen Spiegel: Zuhören im Gespräch, in: Michael Krelle/Carmen Spiegel (Hg.), Sprechen und Kommunizieren. Entwicklungsperspektiven, Diagnosemöglichkeiten und Lernszenarien in Deutschunterricht und Deutschdidaktik, Baltmannsweiler 2009, S. 189–203.

Spinner 2008 Kaspar H. Spinner: Sprachlich-literarische Bildung oder Lese-, Sprech- und Schreibkompetenz?, in: Gerhard Härle/Bernhard Rank (Hg.), „Sich bilden ist nichts anders, als frei werden." Sprachliche und literarische Bildung als Herausforderung für den Deutschunterricht, Baltmannsweiler 2008, S. 211–223.

Spitta 1992 Gudrun Spitta: Schreibkonferenzen in Klasse 3 und 4. Ein Weg vom spontanen Schreiben zum bewussten Verfassen von Texten, Frankfurt a. M. 1992.

Sprachfenster Lehrmittel für den Unterricht auf der Unterstufe, Zürich 2002.

Statistisches Bundesamt 2009 Statistisches Bundesamt: Bevölkerung und Erwerbstätigkeit. Bevölkerung mit Migrationshintergrund – Ergebnisse des Mikrozensus 2007, Wiesbaden 2009.

Steiner 2006 Gerhard Steiner: Lernen und Wissenserwerb, in: Andreas Krapp/Bernd Weidenmann (Hg.), Pädagogische Psychologie. Ein Lehrbuch, München 1986, 5., vollständig überarbeitete Auflage, Weinheim 2006, S. 137–202.

Steinig/Huneke 2002 Wolfgang Steinig/Werner Huneke: Sprachdidaktik Deutsch. Eine Einführung, Berlin 2002.

Streblow 2004 Lilian Streblow: Zur Förderung von Lesekompetenz, in: Ulrich Schiefele / Cordula Artelt / Wolfgang Schneider / Petra Stanat (Hg.), Struktur, Entwicklung und Förderung von Lesekompetenz. Vertiefende Analysen im Rahmen von PISA 2000, Wiesbaden 2004, S. 275–306.

Switalla 1992 Bernd Switalla: Wie Kinder über die Sprache denken. Über die Entdeckung eines neuen Problems, in: Der Deutschunterricht 44, 1992, Heft 4, S. 24–33.

Tajmel / Starl 2009 Tanja Tajmel / Klaus Starl(Hg.): Science Education Unlimited. Approaches to Equal Opportunities in Learning Science, Münster 2009.

Thomé / Thomé 2004 Günther Thomé / Dorothea Thomé: Die Oldenburger Fehleranalyse (OLFA). Ein Instrument zur Ermittlung der Rechtschreibkompetenz ab Klasse 3 und zur Qualitätssicherung von Rechtschreibfördermaßnahmen, in: Günther Thomé (Hg.), Lese-Rechtschreib-Schwierigkeiten (LRS) und Legasthenie. Eine grundlegende Einführung, Weinheim 2004, S. 128–142.

Tophinke 2009 Doris Tophinke: Sprachwandel, in: Praxis Deutsch 36, 2009, Heft 215, S. 4–13.

Tulodziecki u. a. 2009 Gerhard Tulodziecki / Bardo Herzig / Sigrid Blömeke: Gestaltung von Unterricht. Eine Einführung in die Didaktik, Bad Heilbrunn 2004, 2., durchgesehene Auflage 2009.

Ulrich 1999 Winfried Ulrich: Sprachspiele. Texte und Kommentare. Lese- und Arbeitsbuch für den Deutschunterricht, Aachen 1999.

Valtin 1994 Renate Valtin: Stufen des Lesen- und Schreibenlernens. Schriftspracherwerb als Entwicklungsprozess, in: Dieter Haarmann (Hg.), Handbuch Grundschule, Bd. 2 (Fachdidaktik: Inhalte und Bereiche grundlegender Bildung), Weinheim 1994, S. 68–80.

Valtin 2003 Renate Valtin: Methoden des basalen Lese- und Schreibunterrichts, in: Ursula Bredel u. a. (Hg.), Didaktik der deutschen Sprache, Bd. 2, Paderborn 2003, S. 760–771.

Valtin / Sasse 2007 Renate Valtin / Ada Sasse: Schriftspracherwerb, in: Ulrich Heimlich / Franz B. Wember (Hg.), Didaktik des Unterrichts im Förderschwerpunkt Lernen. Ein Handbuch für Studium und Praxis, Stuttgart 2007, S. 179–190.

Veith 2005 Werner H. Veith: Soziolinguistik. Ein Arbeitsbuch mit 104 Abbildungen, Kontrollfragen und Antworten, Tübingen 2002, 2., überarbeitete Auflage 2005.

Vogt 2009 Rüdiger Vogt: Gesprächskompetenz – Vorschlag eines gesprächsanalytisch fundierten Konzepts, in: Michael Krelle / Carmen Spiegel (Hg.), Sprechen und Kommunizieren. Entwicklungsperspektiven, Diagnosemöglichkeiten und Lernszenarien in Deutschunterricht und Deutschdidaktik, Baltmannsweiler 2009, S. 15–40.

Voss u. a. 2007 Andreas Voss / Inge Blatt / Kerstin Kowalski: Zur Erfassung orthographischer Kompetenz in IGLU 2006: Dargestellt an einem sprachsystematischen Test auf Grundlage von Daten aus der IGLU-Voruntersuchung, in: Didaktik Deutsch 13, 2007, Heft 23, S. 15–33.

Wagner 2006 Roland W. Wagner: Mündliche Kommunikation in der Schule, Paderborn 2006.

Wedel-Wolff 1998 Annegret von Wedel-Wolff: Lesediagnose als Voraussetzung für eine sinnvolle Förderung, in: Claudia Crämer / Iris Füssenich / Gabriele Schumann (Hg.), Lesekompetenz erwerben und fördern, Braunschweig 1998, S. 22–36.

Weinert 2001 Franz E. Weinert: Vergleichende Leistungsmessung in Schulen – eine umstrittene Selbstverständlichkeit, in: ders. (Hg.), Leistungsmessungen in Schulen, Weinheim 2001, S. 17–31.

Weinhold 2006 Swantje Weinhold (Hg.): Schriftspracherwerb empirisch. Konzepte – Diagnostik – Entwicklung, Baltmannsweiler 2006.

Weinhold 2009 Swantje Weinhold: Effekte fachdidaktischer Ansätze auf den Schriftspracherwerb in der Grundschule. Lese- und Rechtschreibleistungen in den Jahrgangsstufen 1–4, in: Didaktik Deutsch 15, 2009, Heft 27, S. 53–75.

Weisgerber 1951 Leo Weisgerber: Das Tor zur Muttersprache, Schwann 1951.

Wember 2007 Franz B. Wember: Didaktische Prinzipien und Qualitätssicherung im Förderunterricht, in: Ulrich Heimlich / Franz B. Wember (Hg.), Didaktik des Unterrichts im Förderschwerpunkt Lernen. Ein Handbuch für Studium und Praxis, Stuttgart 2007, S. 81–95.

Wiechmann 2009 Jürgen Wiechmann: Grundlagen der Unterrichtsmethodik, in: Karl-Heinz Arnold / Uwe Sandfuchs / Jürgen Wiechmann (Hg.), Handbuch Unterricht, Bad Heilbrunn 2006, 2., aktualisierte Auflage 2009, S. 161–164.

Wild u. a. 2006 Elke Wild / Manfred Hofer / Reinhard Pekrun: Psychologie des Lerners, in: Andreas Krapp / Bernd Weidenmann (Hg.), Pädagogische Psychologie. Ein Lehrbuch, München 1986, 5., vollständig überarbeitete Auflage, Weinheim 2006, S. 203–267.

Wolff 2002 Dieter Wolff: Sprachbewusstheit im Fremdsprachenunterricht, in: Der Deutschunterricht 3, 2002, S. 31–38.

Wortstark Themen und Werkstätten für den Deutschunterricht, Braunschweig 2005.

16.2 Abbildungsverzeichnis

Der Verlag hat sich um die Einholung der Abbildungsrechte bemüht. Da in einigen Fällen die Inhaber der Rechte nicht zu ermitteln waren, werden rechtmäßige Ansprüche nach Geltendmachung ausgeglichen.

16.3 Sachregister

16.4 Glossar

Aufgaben Zentrale Steuerungsinstrumente zur Gestaltung von Lehr-Lernarrangements; können als Lernaufgaben in Form von Erarbeitungs-, Übungs-, Transfer- und Reflexionsaufgaben formuliert werden und initiieren entsprechende Lernprozesse; dienen als Leistungsaufgaben der Überprüfung des Lernstandes. → KAPITEL 13

Beurteilen Tätigkeit der Lehrperson, die der Einschätzung der individuellen Lernentwicklung (förderndes Beurteilen) oder der Bewertung des Lernstandes mit einer Note (benotendes Beurteilen) dient. → KAPITEL 11

Bildungsstandards Länderübergreifende Vorgaben der Kultusministerkonferenz (2003/04), die verbindlich festschreiben, über welche Kompetenzen Schüler am Ende eines Bildungsabschnittes verfügen sollen. → KAPITEL 3.2

Gegenstandsfelder Teilbereiche des Sprachunterrichts, die sich systematisch aus der Analyse seines Gegenstandes, der Sprache bzw. dem sprachlichen Handeln, gewinnen lassen; in Lehrplänen häufig auch als Lernbereiche bezeichnet: *Sprechen und Zuhören, Texte schreiben, Richtig schreiben, Lesen, Sprache und Sprachgebrauch reflektieren.* → KAPITEL 3.1

Gestaltungsprinzipien Grundsätze zur Konzeption von Lehr-Lernarrangements: Lernende aktivieren, bedeutungshaltige Lernsituationen schaffen, Selbstständigkeit anregen, Lernangebote mit Lernvoraussetzungen abstimmen, kommunikativen Austausch ermöglichen u. a. → KAPITEL 12.1, 14.1

Grammatikunterricht Teilbereich des → Gegenstandsfeldes *Sprache und Sprachgebrauch reflektieren*, in dem die strukturbezogene (grammatische) Betrachtung von Sprache im Zentrum steht; in der aktuellen Grammatikdidaktik wird die Notwendigkeit der Orientierung an einem funktionalen Grammatikbegriff betont. → KAPITEL 9

Identitätsentwicklung Zentraler Aspekt im Prozess der individuellen Persönlichkeitsentwicklung des Menschen, der die Ausbildung eines reflexiven Bewusstseins seiner selbst beschreibt; wird nach George H. Meads Theorie des Symbolischen Interaktionismus maßgeblich in der sprachlich vermittelten Kommunikation mit anderen herausgebildet. → KAPITEL 2.1

Individualisierung Leitgedanke bei der Gestaltung von Lehr-Lernprozessen, der dem einzelnen Lerner einen ihm entsprechenden Zugang zum → Lerngegenstand ermöglicht; wird durch differenzierte Lernangebote zu verwirklichen versucht. → KAPITEL 12.3

Instruktion – Konstruktion Grundlegende Vorstellungen vom Lehren und Lernen; Instruktion meint das vom Lehrer angeleitete Lernen, das in systematisch aufbereiteten Schritten erfolgt; Konstruktion dagegen verweist auf die eigenaktive kognitive Aufbauleistung des Schülers beim Lernen. → KAPITEL 12.2

Interkulturelle Sprachdidaktik Sprachdidaktische Konzeption, die die erfolgreiche Verständigung von Menschen verschiedener Kulturkreise und Sprachen zum Ziel hat und die in der Klasse vorhandenen Sprachen (Dialekte, Fremd- und Herkunftssprachen) bewusst in den Sprachunterricht einbezieht. → KAPITEL 10.1

Kern- und Peripheriebereich Für die Orthographiedidaktik zentrale Unterscheidung, die den höchst systematisch geregelten „Kern" der deutschen Schriftsprache von den (überschaubaren) Irregularitäten des Peripheriebereichs abgrenzt; im Unterricht steht die verstehende Aneignung des Kernbereichs im Vordergrund. → KAPITEL 8.2

Kompetenzorientierung Als Reaktion auf die PISA-Studie (2000) entstandene Ausrichtung des Bildungswesens, bei der in Form von Standards festgelegt wird, über welche Kompetenzen Schüler am Ende eines Bildungsabschnittes verfügen sollen (Outcome-Orientierung); unter Kompetenzen versteht man dabei Fähigkeiten und Fertigkeiten, die erforderlich sind, um problemhaltige Situationen des gegenwärtigen und zukünftigen Lebens zu bewältigen. → KAPITEL 1.3, 3.2, 12.1

Konstruktion → Instruktion

Kooperative Lern- und Arbeitsformen Unterrichtsformen, die den sozialen und kommunikativen Austausch mit Gleichaltrigen fördern und eine intensive Auseinandersetzung mit den → Lerngegenständen ermöglichen; erfolgreiche Kooperation bedarf einer klaren Strukturierung des Arbeitsprozesses, einer gemeinsamen Zielorientierung, der Verantwortung des Einzelnen für das Gelingen des Ganzen sowie ausreichender sozialer Fähigkeiten. → KAPITEL 12.4

Lerngegenstand Bezeichnung für die Fähigkeit, die Fertigkeit oder das Wissen, das in einer Unterrichtssequenz erworben werden soll; der Lerngegenstand ist nicht zwingend mit dem Thema einer Unterrichtseinheit oder -stunde gleichzusetzen. → KAPITEL 14.1

Leseflüssigkeit Ausdruck des Automatisierungsgrades von hierarchieniedrigen Textverarbeitungsprozessen; wird beim lauten Vorlesen im Lesetempo und in der sinnvollen Gliederung des Satzes erkennbar; bildet die Basis für das Verstehen auf der Textebene. → KAPITEL 6.1, 6.3

Lesestrategien Mentale Werkzeuge, die im Leseprozess gezielt eingesetzt werden, um das Leseverstehen auf den unterschiedlichen Verarbeitungsebenen zu unterstützen; man unterscheidet Lesestrategien im engeren Sinne (Strategien des Textverstehens) und Strategien, die die Verstehenstätigkeit und den Wissenserwerb steuern (metakognitive bzw. selbstregulative Strategien). → KAPITEL 6.1, 6.3

Mentales Modell Kognitive Repräsentation des mündlich oder schriftlich Dargestellten; wird in sinnkonstruierenden Prozessen erzeugt, indem aus Texten Informationen entnommen und mit sprachlichen und kontextuellen Wissensbeständen verknüpft werden. → KAPITEL 6.1

Methoden Verlaufsformen, Handlungsmuster und Sozialformen, die gezielt zur Gestaltung von Lehr-Lernarrangements eingesetzt werden; ihre Auswahl ist abhängig von den → Lerngegenständen, den Lernzielen, den Themen und den Lernvoraussetzungen der Schüler; fachspezifische Methoden für den Sprachunterricht sind z. B. Silbenanalyse, Lautlese-Verfahren oder Schreibkonferenz. → KAPITEL 12, 14

Metasprachliche Funktion Für den Sprachunterricht zentrale Funktion sprachlicher Kommunikation, bei der sich die Aufmerksamkeit der Kommunikationsteilnehmer auf die Sprache selbst richtet. → KAPITEL 2.2

Phonologische Bewusstheit Fähigkeit, die Lautstruktur der gesprochenen Sprache zu analysieren und zu manipulieren; gilt als wichtige Vorläuferfähigkeit für einen gelingenden Schriftspracherwerb und wird daher in vorschulischen Einrichtungen gezielt gefördert. → KAPITEL 4.1

Reflexives Sprachhandeln Sprachgebrauch, der die reflexiven Möglichkeiten von Sprache nutzt; stellt das übergreifende Ziel des Sprachunterrichts dar, dem die Arbeit in allen → Gegenstandsfeldern verpflichtet ist. → KAPITEL 2.3, 2.4, 9

Regularitäten der Schriftsprache Gesetzmäßigkeiten des deutschen Schriftsystems, die sich aus den Schreibungen selbst rekonstruieren lassen; im Deutschen durch das Zusammenspiel von phonographischem, silbischem, morphologischem und syntaktischem Prinzip gekennzeichnet. → KAPITEL 8.1

Schreibaufgabe Ausgangspunkt und wichtige Orientierungshilfe für das Verfassen eines Textes; je nach Schreibfunktion, die bei der konkreten Aufgabe im Vordergrund steht, lassen sich kommunikative, kreative, produktive und funktionale Schreibaufgaben unterscheiden. → KAPITEL 7.3, 7.4

Schreibprozess Komplexer Gesamtprozess der Textproduktion, in dem konzeptionelle, innersprachliche, motorische und redigierende Tätigkeiten ineinandergreifen; erfährt in der neueren Schreibdidaktik besondere Beachtung. → KAPITEL 7.1

Schriftkultur Begriff, der die große Bedeutung von Lesen und Schreiben für die Teilhabe am alltäglichen und kulturellen Leben herausstellt; geht über ein Verständnis von Lesen- und Schreibenkönnen als bloße (Kultur-)Technik hinaus. → KAPITEL 8.2

Schriftlicher Unterrichtsentwurf Spezifische Textsorte im Kontext der Lehrerausbildung, die der Planung, Darstellung, Begründung und Reflexion des Unterrichts dient; dabei werden der institutionelle Rahmen, die Lernvoraussetzungen der Schüler sowie der → Lerngegenstand analysiert und die Lernziele, die didaktisch-methodischen Entscheidungen sowie der geplante Verlauf dargestellt und begründet. → KAPITEL 14.3

Schriftspracherwerb Bezeichnung für den Erwerb basaler Lese- und Schreibfähigkeiten; wird heute als aktiver und konstruktiver Erwerbsprozess modelliert, der bereits in der Vorschulzeit beginnt und in dessen Verlauf sich das Kind nach und nach den → Lerngegenstand Schriftsprache erschließt. → KAPITEL 4.2

Sprachbewusstheit Begriff, der eine angenommene kognitive Disposition beschreibt, die es Menschen ermöglicht, sprachliche Phänomene aus ihrem inhaltlichen Zusammenhang zu lösen und sich auf die Sprache selbst zu beziehen; wird im Sprachunterricht (ausgehend von vor- und außerschulischen Spracherfahrungen) gezielt ausgebildet und gefördert. → KAPITEL 2.3, 9

Sprachdidaktik Wissenschaft vom Lehren und Lernen im Sprachunterricht; auf der Grundlage von sprachwissenschaftlichen und weiteren bezugswissenschaftlichen Erkenntnissen diskutiert sie Ziele für den Sprachunterricht und Kriterien zur Auswahl und Begründung von Inhalten, modelliert den → Lerngegenstand Sprache und entwickelt Konzeptionen für die Gestaltung von sprachlichen Lehr-Lernprozessen. → KAPITEL 1.1

Sprachliche Handlungsmuster Standardlösungen für Sprecher und Zuhörer zur Bewältigung wiederkehrender kommunikativer Ereignisse; sind stark formalisiert, weisen typische sprachliche Strukturen auf und regeln u. a. die Abfolge der Redebeiträge. → KAPITEL 5.1

Sprachreflexion Begriff, der den kognitiven Prozess beschreibt, wenn Menschen über Sprache oder einzelne ihrer Teilaspekte nachdenken; kann in Form beobachtbarer sprachlicher Handlungen, aber auch verdeckt innersprachlich ablaufen. → KAPITEL 2.3

Sprachwissen Wissen, das als unbewusstes Wissen dem Beherrschen einer Sprache zugrunde liegt, oder aber (häufiger) ein Wissen über Sprache, das die Bearbeitung metasprachlicher Aufgaben ermöglicht. → KAPITEL 9.2

Überarbeiten Redigierende Tätigkeiten beim Verfassen eines Textes, die in allen Phasen des → Schreibprozesses zu beobachten sind und sich auf inhaltliche, strukturelle, stilistische und formale Aspekte des Textes beziehen können; werden im Rahmen eines prozessorientierten Schreibunterrichts in besonderem Maße unterstützt. → KAPITEL 7

Zweitspracherwerb Sprachenlernen, das den Erwerb der Sprache der Umgebung meint, die meist migrationsbedingt nicht mit der Familien- bzw. Erstsprache identisch ist; Zweitsprachenlerner nähern sich schrittweise der Zielsprache an und bilden dabei die sogenannten „Lernersprachen". → KAPITEL 10.3

Akademie
Verlag

Ein Wissenschaftsverlag der
Oldenbourg Gruppe

Martin Leubner, Anja Saupe,
Matthias Richter

Literaturdidaktik

2010 | 256 S. | 32 Abb.
broschiert | 19,95 €
ISBN 978-3-05-004542-9

Akademie Studienbücher

- Lehr- und Lernprozesse im Literaturunterricht:
  Kompetenzorientierung und Bildungsziele
- Zieldimensionen des Unterrichts: Zielsystematik,
  Kompetenzmodell für das Textverstehen, Kompetenz-
  erwerb und Lesesozialisation
- Inhalte des Unterrichts: epische, lyrische und dramatische
  Texte, Literaturgeschichte und Kanon, Medien
- Gestaltung des Unterrichts: Methoden und Phasierung,
  Aufgaben, interkulturelle Ausrichtung

Heidi Rösch

Deutsch als Zweit- und
Fremdsprache

2011 | 252 S. | 45 Abb.
broschiert | 24,80 €
ISBN 978-3-05-004544-3

Akademie Studienbücher

- DaZ-DaM-DaF: Gemeinsamkeiten und Unterschiede
- Lernbereiche Sprache, Literatur und Landeskunde
- Didaktik des Lehrens und Lernens
- Mehrsprachigkeit und interkulturelle Kompetenz
- Sprechen und Zuhören, Lesen und Schreiben im DaZ-/DaF-
  Unterricht und im zweitsprachlichen Fachunterricht
- Schlüsselkompetenzen für Studium und Beruf

Bestellen Sie in Ihrer Fachbuchhandlung oder direkt bei uns:
Tel: 089/45051-248 | Fax: 089/45051-333 | orders@oldenbourg.de
www.akademie-verlag.de

Akademie
Verlag

Ein Wissenschaftsverlag der
Oldenbourg Gruppe

Barbara Höhle (Hg.)

Psycholinguistik

2010 | 247 Seiten | 34 Abb.
broschiert | 19,95 €
ISBN 978-3-05-004935-9

Akademie Studienbücher

- Kernfragen und Methoden: Was befähigt den Menschen zum Erwerb und Gebrauch einer Sprache? Wie lässt sich das erforschen?
- Wissensstrukturen und kognitive Prozesse: Sprachwahrnehmung, Produktion und Verstehen
- Wie kommt das Kind zur Sprache? Schritte des Erstspracherwerbs, kognitive und soziale Voraussetzungen
- Sprache und Gehirn: Repräsentation von Sprache, Mehrsprachigkeit, Hirnschädigungen, Sprachstörungen
- Experimentelle Paradigmen, Datenbanken und Analyseprogramme

---

Weitere Akademie-Studienbücher zu den Fächern Literaturwissenschaft, Geschichte, Philosophie und Kulturwissenschaften finden Sie auf unserer Homepage: **www.akademie-studienbuch.de**

Möchten Sie regelmäßig über unsere Neuerscheinungen informiert werden?

Tragen Sie sich einfach für unseren kostenlosen Newsletter ein und erhalten Sie unsere monatlichen Gratis-Leseproben:

 www.akademie-verlag.de/newsletter

Bestellen Sie in Ihrer Fachbuchhandlung oder direkt bei uns:
Tel: 089/45051-248 | Fax: 089/45051-333 | orders@oldenbourg.de
www.akademie-verlag.de

Akademie Verlag

Ein Wissenschaftsverlag der
Oldenbourg Gruppe

Ursula Kocher, Carolin Krehl

Literaturwissenschaft
Studium – Wissenschaft – Beruf

2008 | 224 S. | 19 Abb.
broschiert | 19,95 €
ISBN 978-3-05-004413-2

Akademie Studienbücher

Philip Ajouri

Literatur um 1900
*Naturalismus – Fin de Siècle –
Expressionismus*

2009 | 253 S. | 14 Abb.
broschiert | 19,95 €
ISBN 978-3-05-004536-8

Akademie Studienbücher

Kristin Felsner, Holger Helbig,
Therese Manz

Arbeitsbuch Lyrik

2008 | 297 S. | 26 Abb.
broschiert | 19,95 €
ISBN 978-3-05-004434-7

Akademie Studienbücher

Franziska Schößler

Einführung in die
Gender Studies

2008 | 232 S. | 10 Abb.
broschiert | 19,95 €
ISBN 978-3-05-004404-0

Akademie Studienbücher

www.akademie-verlag.de